운의 원리

돈과 운을 부르는 5가지 인생 전략

The Luck Factor

By Max Gunther

First published in 1977. Published by Harriman House in 2009, reprinted in 2012.

This new Harriman Classics edition first published in 2020.

Copyright © 1977 Max Gunther

www.harriman-house.com

THE LUCK FACTOR

운의 원리

돈과 운을 부르는 5가지 인생 전략

막스 귄터 지음 | 홍보람 옮김

프롬북스
frombooks

낯선 여정을 떠나며

이제부터 우리는 소수의 사람들만이 탐험했던 장소로 함께 여행을 떠날 것이다. 그곳은 바로 '운의 세계'다. 그곳은 지금까지 제대로 탐구된 적이 없다. 많은 사람들이 그곳을 탐험 불가능한 곳이라 생각했기 때문이다. 말하자면, 이해할 수 없는 영역이라 믿었던 것이다. 이런 관점에서 볼때 "운"이라는 단어는 우리 삶에 들이닥쳤다가도 멋대로 사라지는 통제되지 않았던 사건들과 통제할 수 없었던 사건들에 붙인 이름일 뿐이다. 많은 사람들이 바다의 거친 파도보다도 '운'이라는 영역 속 사건들의 지도를 그리는 일이 더 불가능하다고 믿는다. 이를 간략히 체계화한다는 것은, 다시 말해 그 구조를 측정한다는 것은 실패할 게 뻔한 일처럼 보인다.

하지만 이 여정의 끝에 도달하기도 전에 당신은 생각했던 것만큼 운이라는 것이 그렇게 길들이기 어려운 것은 아니라는 사실을 발견하게 될 것이다. 물론 한계는 있지만, 완벽히 현실적인 방식으로 자신의 운에 영향을 주는 것은 가능하다.

운은 이해될 수 있다.

"운은 합리적인 방식으로 다뤄질 수 있다."

운을 다룰 수 있으려면, 그러니까 좋은 운이 올 확률은 높이고 나쁜 운이 올 확률은 줄이려면, 자신의 내면과 주변에 몇 가지 변화를 이뤄내야 한다. 이런 변화들은 서로 맞물려 있기도 하고 서로를 보완해주기도 한다. 이런 변화들이 함께 모이면 내가 "운 조절"이라 부르는 것이 된다.

운 조절 이론은 계속해서 좋은 운을 경험하는 사람들과 반대로 계속 나쁜 운을 겪는 사람들을 관찰한 토대로 만들어진 것이다. 나는 이를 위해 20년 이상 수많은 사람들을 대상으로 관찰을 진행했다. 그 결과, 운이 좋은 사람들에게는 5가지 주요 특징이 있다는 사실을 알아냈다. 반면에, 이 특징들은 운이 나쁜 사람들에게선 무의미할 정도로 미약하게 나타나거나 아예 찾아볼 수 없는 것들이었다. 우리는 이제 이 5가지 특징을 면밀히 살펴 그 구성요소와 작용방식이 무엇인지 확인해볼 것이다.

5가지 특징을 간략히 소개하자면 다음과 같다.

1. 거미줄 구조: 운이 좋은 사람들은 거미줄 구조를 활용하여 행운이 흘러들어올 인간적 통로 역할을 할 수 있게 만든다.

2. 직감능력: 운이 좋은 사람들은 의식적으로 알지 못할 수는 있어

도 본능적으로는 보이는 것 이상을 인지하는 것이 가능하다는 것을 잘 안다.

3. "행운의 여신은 용감한 자를 돕는다" 현상: 일반적으로 운이 좋은 사람의 삶은 일직선이 아니라 지그재그 형태를 띤다.

4. 톱니효과: 운이 좋은 사람들은 불운이 더 악화되는 것을 막기 위해 무의식적으로 톱니효과를 사용한다.

5. 비관주의의 역설: "웃으면 복이 온다"라는 말은 오해의 소지가 매우 많은 표현이다. 객관적으로 운 좋은 삶을 살고 있다 여겨지는 사람들 대부분과는 어울리지 않는 말이기 때문이다. 운이 좋은 사람들은 냉철하고 암울한 비관주의를 생존에 필요한 기본 소양으로 여겨 함양하려 한다.

삶과 내면에 적용되는 이 5가지 태도 안에는 각각 그 내용을 보충하는 내용, 즉 부수적인 규칙들이 포함돼 있다. 나는 이 하위 규칙들을 처음 깨달았을 때 그중 상당수가 놀랍고도 황당하게 느껴졌는데, 아마 이 책을 읽는 당신도 같은 경험을 할 것이다. 그 예를 몇 가지 소개하자면, 오랫동안 갖고 있던 직업관이 사실은 불운의 씨앗이라는 것, "성급함"이라는 한 단어를 무심코 그냥 사용하면 큰 손해를 입을 수 있다는 것, 소중히 생각하는 미신이 무해할 뿐만 아니라 실질적으로 유용할 수도 있다는 것 등이 있는데 여기에는 의아해할 만한 사실이 많다.

때가 되면 우리는 그곳에 도착하게 될 것이다. 이제 우리는 떠날 준비가 됐다. 회의적인 태도와 경청하는 마음으로, 정신은 날카롭게 유지하고, 눈은 크게 뜬 채로 이 여정을 함께해주길 바란다. 행운이 함께하길.

차례

3부

운의 속성에 관한 고찰: 오컬트와 신비주의적 시도

4부

운 조절: 운을 바꾸는 5가지 전략

1부

운은 어떻게
존재하는가

1장
축복받은 사람들과 저주받은 사람들

어떤 사람은 다른 사람보다 운이 더 좋다. 이 말에 반대할 사람은 별로 없을 것이다. 하지만 이런 말은 식전에 먹는 묽은 수프 같은 것이다. 그것만으로는 충분하지 않다는 뜻이다. 여기엔 좀 더 많은 설명이 뒤따라줘야 한다. 이 지점에서 운에 관한 논쟁이 시작된다.

왜 어떤 사람은 다른 사람보다 운이 더 좋을까? 이는 거대한 문제다. 사람들이 자기 자신이나, 자신의 삶, 자신의 운명에 대해 기본적으로 어떤 신념을 가지고 있는지 세세히 살펴봐야 하기 때문이다. 이 문제에 있어 의견 일치란 없다. 있었던 적도 없고, 아마 앞으로도 없을 것이다. 어떤 사람은 행운과 불운의 원인이 무엇인지 자신이 알고 있다고 생각한다. 또 어떤 사람은 원인이라는 게 있을 수는 있어도, 그걸 밝혀내는 것은 불가능하다고 생각한다. 반면, 원인이라는 게 전혀 존재하지 않는다고 생각하는 사람도 있다.

이런 식으로 운에 관한 논쟁은 시작된다.

∾

에릭 릭은 미용사다. 우연한 행운으로 인생이 송두리째 바뀐 이후로, 그는 최근 몇 달 동안 운이라는 것에 대해 생각을 했다. 운에 대한 그의 철학이 너무 궁금했기에 나는 그를 찾아 뉴저지에 있는 노스 알링턴으로 갔다.

주소를 알고는 있었지만 그것만으로는 찾기가 쉽지 않았다. 주소가 가리키는 곳은 오래되어 쇠락한 길가의 한 건물이었다. 엘리베이터가 없는 이 건물 저층에는 상가가 들어서 있고 그 위로는 가정집이 있었다. 약국 옆을 보니 별다른 표시가 없는 어두운 출입구가 보였다. 에릭 릭의 집 같았다. 복도에 찌그러진 철제 우편함이 있었는데, 이름이 쓰여 있진 않다. 삐거덕거리는 계단을 오르자 이번에도 아무 표시가 달리지 않은 문이 나왔다. 제대로 찾아왔길 바라며 나는 문을 두드렸다.

릭이 나에게 안으로 들어오라고 했다. 그는 키가 크고 호리호리한 26세의 잘생긴 청년이었다. 머리는 밝은 갈색이었고, 콧수염을 기르고 있었다. 집은 낡았지만 관리가 잘 돼 있었다. 릭은 나에게 자신의 친구 틸리 칼다스를 소개했다. 칼다스는 맥주 한 병을 가져다주겠다면서 손님이 아무것도 없이 앉아 있으면 마음이 불편해서 그런다고 했다. 그 집에는 이 두 사람 말고도 작고 다정한 고양이 한 마리가 더 있었다. 갈색과 흰색이 섞인 그 고양이의 이름은 킬Keel이라고 했다. 릭Leek의 철자를 거꾸로 쓴 것이었다. 릭은 자신의 이름 전체를 거꾸로 쓰면 씨레 킬이 된다며, 중세에 그런 이름을 가진 마법사가 분명 있었을 거라고 했다. 그러면서 자신이 전생에 씨레 킬이었을 수도 있다고 했다.

우리는 대화의 주제를 바꿔 운에 대해 얘기하기 시작했다. 릭이 말했다. "운에 대해 말하기가 꺼려져요. 그런 얘기를 할 때면 이상하게 보는 사람들이 있거든요. 저는 주로 종교적인 관점으로 운을 바라봐요. 신비주의적 관점이라고 이해하셔도 상관없어요. 저는 행운이 그걸 받을 준비가 돼 있는 사람에게 찾아간다고 믿어요. 준비가 돼 있을 뿐 아니라 그 행운을 자신이 아닌 타인을 위해 사용할 사람에게 찾아간다고 믿죠. 탐욕스러운 사람에겐 행운이 잘 오지 않는다고 생각해요. 대체로 제가 아는 가장 탐욕스러운 사람들은 동시에 가장 불운한 사람들이기도 하죠."

릭은 앞으로 수년간 자신의 진심을 증명할 충분한 기회를 갖게 된다. 1976년 1월 27일, 세상의 관심 밖에 있던 이 청년이 별안간 엄청난 부자가 되었던 것이다. 그는 뉴저지 주가 주최한 200주년 복권에 당첨되어 미국 역사상 가장 높은 당첨금의 주인이 됐다. 매주 약 1,776달러씩, 그러니까 매년 9만 2,000달러가 조금 넘는 돈을 평생 받게 된 것이다. 그와 그의 상속자(그가 예기치 않게 일찍 사망할 경우)가 보장받은 총 액수는 적어도 180만 달러에 달한다.

릭이 1달러를 주고 산 복권 한 장의 당첨 확률은 6,300만 분의 1이었다.

그가 말했다. "여기서 중요한 점은 왜 그 복권이 당첨됐냐는 겁니다. 이 많은 사람들 중에 왜 제가 당첨됐을까요? 저는 그게 우연이라고 생각하지 않아요. 모든 일에는 다 이유가 있기 마련이에요. 심지어 아무도 그 이유가 뭔지 알아낼 수 없을 때에도 이유는 존재해요. 패턴이 있는 거예요……. 우리 삶의 방향을 이끌어주는 무언가가 존재하는 거죠."

릭의 말에 따르면, 그는 항상 운이 좋았다고 한다. "저는 한 번도 미래에 대해 고민해본 적이 없어요. 제가 느끼기에 인생은 항상 알아서 잘 굴러가는 것 같았거든요. 그래서 말하자면 '정착'이란 것도 해본 적이 없어요." 그는 가수나 배우로 활동하기도 했고(그래서인지 말투가 자신감 넘치면서도 또박또박했다), 택시기사, 건설노동자, 미용사로 일하기도 했다. "전 항상 이 나이쯤 되면 인생을 바꿀 만한 어떤 큰 변화가 올 거라는 강한 예감을 느꼈어요. 제가 천직을 찾으려고 서두르지 않았던 건, 인생 전체를 변화시킬 만한 어떤 일이 일어날 거란 걸 이미 알았기 때문이에요. 그 변화가 제 삶의 방향을 제시해줄 거라고 믿었죠."

"자신이 미래를 알고 있었다고 생각하나요?" 내가 물었다.

"네. 어렴풋이요. 틸리랑 저는 어느 정도 예지력을 가지고 있어요."

틸리 칼다스가 말했다.

"맞아요. 이 일이 일어나기 몇 주 전에 꿈을 꿨는데, 그 꿈에 밝은색 머리카락을 가진 남자 한 명이 나왔어요. 어마어마한 돈을 얻게 된 사람이었죠. 하지만 웃기게도, 처음엔 그 꿈이 에릭이랑 관련된 거라고는 생각하지 못했어요. 그런 생각은 나중에서야 들었죠. 추첨 직전에 갑자기 에릭

이 당첨될 거라는 확신이 생겼어요."

그러자 릭이 말했다. "저도 막판에 확신이 들었어요."

그의 기억에 따르면, 이 희한한 사건이 일어날 당시에는 어떤 예지적 징후도 느껴지지 않았다고 한다. "당첨될 가능성 같은 건 정말 생각해보지도 않았어요. 복권 수익금은 주정부 교육 기금에 쓰이기로 되어 있었는데, 취지가 좋아 보여서 복권을 구매했죠. 여러 달에 걸쳐 40장 정도 샀을 거예요. 여윳돈으로 1달러가 생길 때마다 산 거였어요. 복권 추첨은 45명의 결승 진출자를 뽑은 다음 그중에서 최종 당첨자를 선정하는 방식이었어요. 어느 날 신문을 읽다가 결승 진출자 발표가 다음 날 있을 거라는 기사를 보고는 친구에게 '내 이름이 결승 진출자 명단에 오를 거야'라고 말한 적이 있어요. 우스갯소리로 한 말이었지만, 우스갯소리가 아니었죠. 이렇게 표현해도 되는지 잘 모르겠지만요. 저는 제가 진짜 결승에 오를 거라고 생각했거든요. 그 후에, 이제는 다 아는 사실이 됐지만, 진짜 제가 결승에 오르게 됐죠."

여기서부터는 숫자 10에 관한 이야기가 시작된다. 릭은 10을 행운의 숫자로 여겼다. "저는 10월 10일 10시에 태어났어요. 제가 겪은 좋은 일들은 대체로 10과 관련이 있죠. 예를 들자면, 틸리를 만난 날도 10일이었어요." 최종 복권 추첨이 있던 날의 날짜도 이런 행운의 징조 중 하나였다. 그날은 1월 27일이었는데, 이 세 개의 숫자를 모두 더하면 10이 되기 때문이다. 추첨 과정에서도 10과 관련된 행운의 징조가 포착됐다. 추첨은 대학 강당에 최종 결승 진출자들 대부분이 모인 자리에서 진행됐다. 긴장감을 고조시키기 위해 추첨 과정은 극적이면서도 복잡하게 설계돼 있었다. 이렇게 추첨 과정이 길게 진행되는 와중에 릭의 이름이 '추첨번호' 10번에 올랐다. 그는 그때 자신이 복권에 당첨될 거라는 걸 알았다고 한다.

릭은 그 돈을 가지고 무엇을 할 생각일까? 그는 현재 노스 알링턴에 청소년 센터를 건립하려고 계획하고 있다. "어려움에 처한 아이들을 도와주고 싶어요. 제가 받은 행운이 또 다른 행운이 되어 생면부지의 아이들에게 전달될 거예요."

릭은 앞으로도 자신의 운이 좋을 거라고 생각할까? 지금까지는 운이 좋은 듯 보인다. 복권 추첨이 있은 후 얼마 지나지 않아 릭은 칼다스와 함께 아카풀코로 갔는데, 그곳 호텔에 준비된 객실의 방번호가 1010이었다. 그가 요청했을 법한 번호인데, 사실 전혀 모르고 배정받는 객실이었다. 몇 주 후 뉴저지로 돌아온 릭은 미용사협회 모임에 참석했다. 그곳에서 복권 추첨이 열리자, 사람들은 지역 유명인사인 릭에게 복권 당첨자를 뽑아달라고 요청했다. 그렇게 릭은 자기 머리 위에 들린 단지에서 이름을 하나 뽑았고, 뽑은 이름은 다름 아닌 그 자신의 이름이었다.

∽

삼십대 후반의 저닛 맬린슨은 타이피스트 사무원으로 일했지만 현재는 실직 상태다. 살짝 과체중이긴 해도 갈색 머리에 파란 눈을 가진 매력적인 여성이다. 우리는 워싱턴에 있는 한 식당에서 만났다. 커피잔 옆에는 저닛이 구인광고를 찾아보던 신문이 놓여 있었다.

저닛이 말했다. "저는 항상 실직 상태인 것 같아요." 자기 연민에 빠져 우는 소리를 하는 게 아니었다. 그와는 반대로 뭐랄까 쾌활한 느낌이 느껴지는 말투였다. "언젠가 심리학자가 쓴 글을 읽은 적이 있는데, 불운은 스스로가 초래한 것이라고 하더라고요. 하지만 제 경우는 달라요. 적어도 어떤 부분에서는요. 저는 지금까지 살면서 너무 많은 불운을 겪었어요. 한 사람이 겪어야 할 불운의 몫을 훨씬 넘어서는 양이었죠. 여기서 불운이란 제가 통제할 수 없는 상황을 말해요. 그건 운명적으로 정해져 있는 것 같아요. 누구나 한동안 불운한 시기를 지나가게 되어 있는데, 그게 꼭 평생 가라는 법은 없죠. 제 경우엔 내년에 운이 더 좋아질 거고, 내후년엔 모든 것이 제가 하고자 하는 대로 풀릴 거예요."

"그걸 어떻게 알죠?"

"별점에 그렇게 나와요. 미신처럼 들리겠지만, 그래도 한번 생각해보세요. 저처럼 심각하게 불운을 겪고 나면 이게 도대체 무슨 조화인가 싶어질 걸요. 종교를 가지려고 한 적도 있어요. 하지만 명쾌한 답을 얻을 순 없었어요. 그러다가 친구가 점성술을 소개해줘서 흥미를 갖게 됐는데, 정말 정확해서 깜짝 놀랐다니까요. 보세요, 제 별자리는 전갈자리예요. 그런데 토성과 화성의 위치가 안 좋아요. 그것 말고도 문제가 많죠. 태어난 날부터 거의 40년간 운이 안 좋아요. 하지만 이것도 이제 거의 끝나가기 때문에, 전 올해를 어떻게 보내야 하나 걱정하는 대신 내년을 고대하고 있어요. 어떻게든 올해를 버텨낼 거예요. 지금까지 전 항상 그래왔어요."

저닛이 떠올린 첫 번째 심각한 불운은 어린 시절 메릴랜드에서 일어난 일이었다. 누군가 피크닉에서 휘발유로 불을 피우려 했는데, 갑자기 그 불이 확 타오르는 바람에 저닛의 왼쪽 뺨이 화상을 크게 입게 된 것이다. 그 이후로 저닛은 화상흉터 성형수술을 계속 받아야 했고, 지금은 작은 흉터 몇 개만 남게 됐다. "하지만 제가 어렸을 때엔 성형수술이 그렇게 발달하지 않았어요. 게다가 저희 부모님은 성형수술을 해줄 만한 여력도 없었죠. 그래서 전 십대 시절 내내 보기 흉한 빨간 흉터를 뺨에 크게 달고 다녔어요. 아시잖아요, 십대 소녀가 얼마나 예민한지. 흉터가 그렇게 흉측하지 않았는데도 전 제 모습이 눈 뜨고 볼 수 없을 정도로 끔찍하다고 생각했어요. 혼자 집에 틀어박혀서는 데이트 같은 것도 안 했어요. 은둔자가 돼버렸죠. 성격이 그 사람의 운을 좌우한다고들 하지만 제 경우엔 반대였어요. 운명으로 인해 제 성격이 결정된 거예요. 얼굴에 있는 화상흉터 때문에 저는 외톨이가 됐어요. 너무 위축돼서 다른 사람의 얼굴을 정면으로 바라보지도 못할 정도였어요."

고등학교를 졸업한 저닛은 워싱턴으로 이주해 하급 공무원으로 일했다. "평생 동안 한 직장에서 3년 이상을 있어본 적이 없어요. 항상 어떤 일이 생기고, 그 일 때문에 길바닥으로 쫓겨났죠. 부분적으로는 제 행동이 문제였을 수도 있어요. 하지만 글쎄요, 제 첫 직장을 예로 들어 설명해볼게요. 사무실에 비치돼 있던 현금 뭉치가 없어진 적이 있었어요. 그때 범인으로 지목당한 사람이 누구였게요? 당연히 저였죠. 운 나쁘게도 퇴근 시간 이후에 사무실로 되돌아가는 제 모습을 누가 목격했던 거예요. 사놓은 샴푸를 책상 서랍에 두고 온 게 기억나 다시 가지러 돌아갔던 건데, 어마어마한 돈을 훔치려고 사무실에 몰래 들어가는 것처럼 비춰진 거죠. 제 인생은 항상 이런 식이에요. 최근 그만둔 직장 얘기도 해드릴게요. 제가 지금 구인광고를 찾아보고 있는 것도 이 일 때문이죠. 그곳을 잘 다니고 있었을 때 무슨 일이 일어났는지 아세요? 사무장이 그만두면서 새로운 사람이 왔는데, 진짜 마녀 같은 여자였어요. 사무실 사람들이 다 그 여자를 싫어했을 뿐만 아니라, 그 여자도 사무실 사람들을 다 못마땅해 했어요. 그런데 무슨 일인지, 그 여자가 저만 콕 집어서 괴롭히는 거예요. 왜 그랬는지 모르겠어요. 아무리 생각해봐도 진짜 원한을 살 만한 말이나 행동을 한 적이 없었거든요. 어쩔 수 없는 일이었어요. 서로 맞지 않는 성격이었던 거죠. 그냥 운이 없었던 거예요. 아무튼 그 여자 때문에 견디기가 너무 힘들어서 직장을 그만두지 않으면 정신병원에 입원할 판이었어요."

저닛은 연애도 여러 번 했으나 모두 안 좋게 끝이 났다. 22세에 결혼을 했지만, 그로부터 3년 후 남편이 저닛과 두 아들을 남겨두고 떠났다. 이십대 후반에는 진이라는 남자를 만났는데, 저닛은 그를 두고 이렇게 말했다. "좋은 사람 같았어요. 우리는 완벽한 연애를 했죠." 진은 저닛의 두 아들을 싫어하기는커녕 정말 좋아했고 결혼까지도 하고 싶어 했다. 그러나 결혼식을 일주일 앞두고 저닛의 어머니가 위독해진 탓에, 저닛은 모든 결혼 일정을 미루고 수개월 동안 병간호를 해야 했다. 결국 어머니는 몸이 너무 쇠약해져 앞으로도 계속 돌봄을 받아야 했고, 그 때문에 저닛과 함께 살거나 요양원에 들어가야 했다. 저닛의 어머니와 함께 살거나 요양원 비용을 대신 내주어야 할 상황이 되자 진은 결혼하고 싶은 의욕이 많이 사라진 듯했다. 저닛은 그 문제에 대해 진과 수주일간 대화를 나누며 다시 결혼 의지를 되살려보려 노력했고, 다시 진은 결혼식 날짜를 잡자는 얘기를 꺼내게 됐다.

그러나 이후 또 다른 문제가 생겼다. 아들이 학교에서 쓰러진 것이다. 병명은 간질이었다. 간질은 내원도 자주 해야 하고 비싼 약물 치료도 받아야 하는, 치료가 어려운 질병이다. 진은 아무 말 없이 자취를 감췄다.

"다른 한 명은 천식을 앓고 있어요." 저닛은 마치 자명하고도 엄연한 결과인 것처럼 무미건조하게 말했다. "지금 병원비와 약값이 6개월치가 밀렸고, 집세는 두 달치가 밀렸어요. 지난달에는 텔레비전도 압류됐어요."

저닛은 한숨을 쉬었다. "운이 좋은 사람도 있고, 운이 없는 사람도 있죠. 우리는 그저 불운한 시기가 지나가기만을 기다릴 수밖에 없어요. 별자리를 잘못 타고나면 그걸 거스를 방도가 전혀 없어요."

∽

프로 도박꾼이었던 셜록 펠드먼은 최근 사망하기 전까지 운 연구에 전념했다. 더 정확하게 말하자면, 다른 사람들이 내놓은 운 이론을 연구했다. 또한 운과 관련된 별난 현상들을 열정적으로 기록하기도 했다. 그는 둔스호텔의 카지노를 관리하기도 했는데, 이곳은 라스베이거스 내에 위치한 유명 도박클럽이다. 그곳에서 펠드먼은 사람들이 운의 가장 순수한 본질을 시험하는 모습을 밤낮으로(주로 밤에) 관찰하며 시간을 보냈다. 이들은 도박을 하기 위해 잠도 미루는 사람들이었다.

셜록 펠드먼은 모든 게 컸다. 배가 거대했고, 코도 컸다. 그는 커다란 검은 뿔테 안경을 썼으며, 크게 활짝 미소 지을 줄 알았고, 삶에 대한 열정이 컸다. 또한 이해심도 컸다. 다른 사람들이 운을 어떤 관점으로 바라보는지 인내와 공감의 자세로 경청했으며, 온갖 운 이론을 받아들였다. 자신의 이론을 제안하는 게 적절하다 생각될 때면 조심스럽게 자신의 의견을 내놓았다.

펠드먼은 이렇게 말한 적이 있다. "제게 운이 뭐냐고 물으신다면, 저로서는 모른다고 대답할 수밖에 없을 겁니다. 사람들은 네잎클로버나 점성술 차트, 행운의 숫자 등으로 무장하고 이곳에 찾아와요. 이런 비책을 사용해 운을 통제하려 하죠. 어떤 사람들에겐 행운의 숫자가 실제 행운을 불러오기도 해요. 저는 이 사실 자체가 행운의 본질을 보여준다고 생각해요. 행운을 불러오는 숫자를 가지고 있다는 것 자체가 행운을 의미하는 거죠. 하지만 제 경우에 행운은 그저 무작위로 일어나는 일일 뿐입니다."

펠드먼은 듣도 보도 못한 이상한 이야기를 많이 알고 있었다. 하지만 스스로도 솔직하게 인정했듯 그런 일이 어떻게 일어날 수 있었는지는 제대로 설명하지 못했다. 펠드먼이 자주 했던 이야기들 중 몇몇은 그가 "타고난 실패자"라 불렀던 사람들에 관한 것이었다. 펠드먼은 이런 표현이 자신의 운 철학과 모순된다는 사실을 인정한 바 있다. "만약 운이 무작위로 일어나는 거라면, 우리는 대략 비슷한 정도의 행운과 불운을 겪어야 합니다. 특히 룰렛게임처럼 운이 완전히 무작위로 일어나는 분야에서라면 타고난 실패자라는 게 존재할 수 없죠. 하지만 돈을 자주 따는 사람이 있는가 하면 긴 시간에 걸쳐 결국 파산하는 사람도 있고, 진짜 한푼도 못 따는 사람도 있어요. 왜일까요? 혹시 알게 되면 제게도 좀 말해주세요."

어느 날 저녁시간에 펠드먼이 카지노 안을 이리저리 돌아다니며 주위를 관찰하고 있는데, 그때 그곳에 있는 게 영 어색해 보이는 한 남자가 그의 시선을 잡아끌었다. "그 사람은 평범했고 45세나 50세 정도 돼 보였어요. 표정이 슬퍼보였죠. 폴로셔츠를 입고 있었는데, 넥타이를 매는 게 더 익숙한 사람처럼 자꾸 손을 목 근처에 갖다 댔어요. 혼자 근처에 서서 사람들이 룰렛게임 하는 걸 지켜보더라고요. 제가 다가가 인사를 건넸어요. 그 사람이 카지노를 털거나 다른 이상한 짓을 할 거라 생각한 건 아니었지만, 이 업계에 있다 보면 사람들에게 호기심을 갖게 되죠."

그 남자는 누군가가 자신과 대화하고 싶어 한다는 사실이 기뻤던 것 같다. 그와 펠드먼은 잠시 이야기를 나눴다. 그는 중서부에 위치한 작은 마을의 남성복 매장에서 일하고 있으며, 아내와 남서부를 2주 동안 여행하고 있다고 했다. 그날 저녁엔 아내가 친구와 쇼를 보러 간 바람에 혼자 시간을 보내고 있었던 것이다. "여기 잠깐 들러서 구경 좀 해야겠다 싶었어요." 그 남자가 말했다. "라스베이거스까지 가서 카지노도 못 보고 온 게 알려지면 동네에서 얼굴도 못 내밀고 다니게 될 테니까요."

"운을 시험해보고 싶으시다면, 저기 테이블에 자리가 있네요." 펠드먼이 말했다.

"어이구, 아닙니다. 제 운은 시험해볼 필요도 없어요. 운이 없을 게 뻔하거든요. 살면서 무언가 운으로 이겨본 적이 한 번도 없어요. 심지어 동전 던지기에서도 운이 안 따른다니까요. 전 항상 게임에서 지게 되어 있어요."

펠드먼이 친절하게 고개를 끄덕이고는 자리를 떠나려고 하는데, 그 순간 슬픈 표정을 짓고 있던 남자가 테이블 아래로 떨어진 5달러 지폐를 발견했다. 그는 사람들 사이를 비집고 들어가 딜러에게 소리쳤다. "바닥에 5달러가 있어요(There's a five on the floor)!"

주변이 소음과 소란으로 가득한 탓에 딜러는 그의 말을 잘못 알아들었다. 이 남성복 매장 직원이 "4에 5달러(Five on four)"라고 베팅을 하는 줄 알았던 것이다. 딜러는 남자 말대로 5달러짜리 칩을 숫자 4에 올려놓았다. 룰렛의 휠이 돌아갔고, 작은 상아색 룰렛 볼이 '4'가 적힌 칸 안으로 들어갔다. 남자는 175달러를 벌게 됐다.

딜러는 칩 더미를 테이블 반대편으로 밀어 전달했다. 놀란 남자는 딜러가 놓은 그 자리 그대로 칩을 올려두고 있었는데, 마침 그 자리가 색깔 배팅 자리 중에서도 '빨간색'이었다. 다시 휠이 돌아갔고, 공이 빨간 칸에 들어갔다. 175달러는 두 배로 불어 350달러가 됐다.

펠드먼은 바닥에 떨어진 5달러를 주워 돈을 떨어뜨린 여성 참가자에게 돌려줬다. 그러고는 남성복 매장에서 일하는 남자의 등을 두드리며 이렇게 말했다. "운이 그렇게 나쁜 것 같진 않은데요."

남자가 말했다. "믿기지가 않아요! 난생처음 겪는 일이에요. 저는 항상 지는 사람이거든요. 승률이 반반인 게임을 하면 저는 백이면 백 모두 져요. 동네 친구들과 포커를 할 때면 친구들이 저를 돈줄이라고 부르곤 했어요. 항상 게임에 돈을 대주는 역할을 했거든요."

"오늘밤은 운이 좋으시네요." 펠드먼이 말했다. "마침내 운이 트이기 시작한 것 같은데 계속 이 운이 흘러가게 둬보는 건 어떠세요?"

남자는 펠드먼의 말처럼 운이 흘러가게 두었고, 계속 게임에서 이겼다. 마침내 칩이 5,000달러를 넘어가자, 남자는 그 긴장감을 더이상 견디지 못해 칩을 현금으로 바꿔 자리를 뜨고자 했다.

하지만 여전히 불운은 자신만의 알 수 없는 방식으로 그를 끈질기게 따라다니고 있었다.

라스베이거스에 있는 도박장들은 전 세계의 다른 도박장들과 마찬가지로 대충대충 베팅금을 다루고 외상을 주는 것처럼 보인다. 하지만 그런 느긋한 모습 뒤에는 여러 철칙이 숨겨져 있다. 여기서 비교적 철저히 지켜지는 규칙(절대 예외는 없다) 중 하나는 베팅을 하는 절차와 관련된 것이다.

게임 참가자가 실제로 현금을 내놓지 않고 베팅을 할 경우, 딜러는 그 참가자의 겉모습을 평가하여 마음에 들 경우 칩 한두 개를 빌려주며 게임에 끌어들인다. 하지만 게임이 끝날 때쯤이면 그 참가자는 처음 게임을 시작할 때 썼던 칩의 현금 값을 치러야 한다. 게임에서 이겼다 해도 원래 배팅금만큼의 현금을 소지하고 있었다는 것을 보여줘야 한다. 만약 그만큼의 현금을 보여주지 못하면, 카지노는 미안해하면서도 딴 돈을 절대 현금으로 내주지 않는다.

남성복 매장에서 일하던 남자는 5달러를 외상했다. 그 정도 금액이라면 충분이 있을 법했다. 주머니에 5달러가 있다는 것을 보여주기만 하면 그는 5,000달러가 넘는 현금을 받을 수 있었다.

남자는 지갑을 꺼내 안을 들여다보았다. 남자의 표정은 미소에서 충격으로 변했고, 슬픈 예감이 얼굴에 드러났다. 아내가 그날 저녁에 쓰려고 현금을 전부 꺼내가고는 남편에게 말한다는 것을 깜빡한 것이었다. 지갑은 텅 비어 있었다.

~

이 이야기는 이쯤에서 그만하고, 이제 '운'이라는 것이 무엇을 의미하는지 명확히 해두는 것이 좋을 것 같다. 운은 짧고 간결한 단어이지만 본질이라 할 수 없는 감정적, 철학적, 종교적, 신비주의적 의미들로 가득한 단어이기도 하다. 함의로 가득한 이 짧은 단어는 여러 방식으로 정의될 수 있다. 각 정의 속에는 삶에 대한 나름의 관점이 암시되어 있기에, 만약 우리가 어떤 특정 정의를 강하게 주장한다면 타인과 언쟁을 벌이게 될 수도 있다. 삶을 다른 방식으로 바라봄으로써 운을 다르게 정의하는 사람들이 존재하기 때문이다.

이런 난처한 상황에서 사전으로부터 받을 수 있는 도움은 제한적이다. 각 사전에 담긴 정의 또한 언쟁의 대상이 될 수 있는데, 그 내용이 운에 관한 다른 철학들을 경시하는 것처럼 보이기 때문이다. 펑크 앤드 웨그널 사전을 보면 운이란 "우연히 일어나는 것"이라고 나와 있다. 이를 두고 어떤 사람들은 운이라는 단어를 완벽하게 잘 정의했다고 생각하겠지만, 어떤 사람들은 이에 반대하며, 운이란 우연을 넘어서는 무언가라고 주장할 것이다. 랜덤하우스 사전은 좀 더 신비주의적인 정의를 내놓았다. "개인의 삶에 길하거나 흉하게 작용하는 것처럼 보이는 힘." 힘? 무슨 힘을 말하는 걸까? 만들어진 지 오래인 노아 웹스터 사전을 보면 "예측이나 통제가 불가능한 목적 없는 힘. 이 힘을 통해 개인 혹은 무리, 대의에 유리하거나 불리한 사건이 발생한다"라고 나와 있지만 독실한 신앙인은 목적이 없다는 표현에 반기를 들 것이다. 점성술사와 초자연적 현상 추종자는 예측 불가능하다는 표현이 틀렸다고 말할 것이며, 라스베이거스와 몬테카를로, 경마장을 드나드는 도박꾼들은 꼭 통제 불가능하다고는 할 수 없다고 반박할 것이다.

나는 모든 사람이 받아들일 수 있을 만한 정의를 찾아내려 늘 노력했다. 사실을 간략하게 나열하면서도 설명과 분석은 미뤄두는 정의 말이다. 그래서 찾아낸 정의가 바로 이것이다.

운: 우리 삶에 영향을 주지만, 우리가 통제할 수 없는 것처럼 보이는 사건들.

위의 정의는 운을 광범위하게 설명하고 있는데, 이는 의도적인 것이다.

운을 정의하려면, 운이라는 것이 단순히 무작위적인 사건의 주기적인 반복이라고 믿는 사람들을 만족시킬 수 있어야 한다. 동시에 운이 무작위적인 사건 그 이상을 의미한다고 생각하면서도, 운이라는 힘이 합리적이고도 과학적인 방식으로 설명될 수 있다고 믿는 사람들도 만족시킬 수 있어야 한다. 또한 별, 숫자, 마법, 토끼 발, 네잎클로버 같은 초자연적인 힘이나 그보다 더 큰 개념인 전능한 신의 개입으로 운이 작동한다고 믿는 사람들도 납득시킬 만한 정의여야 한다.

각자의 삶이 어땠는지에 따라 운은 다르게 정의 내려질 수 있다. 운에 대한 타인의 관점을 두고 시비하는 것은 타인의 삶에 대해 왈가왈부하는 것만큼이나 몰지각한 행동이다. 이 책은 다른 사람들의 관점을 반박하려고 쓴 책이 아니다. 우리는 이 책을 통해 다양한 신념을 가진 사람들과 대화를 나누고, 그들의 이야기와 설명을 경청하되, 필요하다 싶을 때에는 매우 조심스럽고 겸손한 태도로 논리적인 허점을 파고들어보기도 할 것이다. 우리가 원하는 것은 그저 사람들이 운을 어떻게 다루고 생각하는지 들여다보는 것이다. 그런 과정 속에서 우리는 듣도 보도 못한 철학과 별나면서도 매력적인 사람들을 많이 만나게 될 것이다. 이 책의 궁극적인 목적은 일관되게 운이 좋은 사람들과 운이 나쁜 사람들 사이에 실제적인 차이가 존재하는지를 찾아내는 것이다. 운이 나쁜 사람들보다 운이 좋은 사람들에게서 더 많이 발견되는 어떤 특정 행동 같은 것이 있을까? 운이 좋은 사람들은 특정한 방식으로 삶을 바라볼까? 즉 특정한 방식으로 사고하고 행동할까? 이 모든 방식들은 배워서 익힐 수 있는 종류의 것인가?

그들이 말하는 철학이 진부하게 현실적이거나 지나치게 초자연적인 것이어도, 혹은 그 둘 사이 어디쯤에 위치해 있더라도 그와는 상관없이 우리 자신의 철학과 결합해보는 것이 가능할까?

이 모든 질문의 답은 "그렇다"이다.

~

"얄팍한 사람이 운을 믿는다." 랄프 왈도 에머슨이 1세기 전에 한 말이다. 그가 내린 운의 정의는 확실히 협소했다. 이런 심술궂은 말을 할 때, 에머슨은 신비주의적이거나 형이상학적인 운을 지칭하고 있었다. 다시 말해, 신비하면서도 질서 있는 방식으로 사람들을 좌지우지하는 무작위적이지 않은 어떤 것 혹은 힘 혹은 섭리 혹은 패턴 말이다.

그러나 에머슨의 말을 우리의 광범위한 정의(우리 삶에 영향을 주지만, 우리가 통제할 수 없는 것처럼 보이는 사건들)에 적용해보면, 그의 말이 타당하지 않다는 것이 드러난다. 이 정의에 따르면, 운을 믿느냐 마느냐에 대해 논하는 것은 태양을 믿느냐 마느냐를 논하는 것과 같다. 태양은 엄연히 존재하는 것이고, 운 또한 마찬가지다. 어떤 삶이든 외부에서 발생한 우연한 사건에 의해 영향을 받는다. 남자든 여자든 아이든 자신의 삶을 완전히 통제할 수는 없다. 우리는 모두 예기치 않은 뜻밖의 불상사를 겪는다. 운은 좋게 흐르기도 하고 나쁘게 흐르기도 하지만, 그것은 우리가 극복해야 할 요소다. 운은 모든 사람의 삶에 영향을 미치며 대체로 삶을 좌우할 만한 큰 영향력을 발휘한다.

　자신의 삶이 막 시작되던 때에 운이 어떤 영향을 미쳤는지 따져보는 것은 아찔한 경험이다. 내가 지금 존재하게 된 것은 수년 전 런던에서 한 청년이 우연히도 감기에 걸렸기 때문이다. 이 청년은 런던의 한 은행에서 근무하고 있었다. 그는 일요일이면 날씨가 좋을 때마다 시골로 피크닉을 가거나 영국해협에 있는 해변에 가 수영하는 것을 좋아했다. 그러던 어느 봄에 감기에 걸린 이 청년은 일요일 피크닉 약속을 취소한 뒤 직장 근처에 위치한 자신의 휑하고 지저분한 방에 누워 있었다. 그날 한 친구가 들러 파티에 초대했다. 그는 이 파티에서 한 젊은 여성을 만났고, 이 둘은 사랑에 빠져 결혼까지 하게 됐다. 이 두 사람이 바로 내 부모님이다.

　그로부터 25년 후, 또 다른 젊은 여성이 직장을 구하기 위해 뉴욕에 왔다. 이 여성이 가장 가고 싶어 했던 직장은 대학의 인사과였다. 그러나 그곳에서 면접을 보고 나서 일주일이 지났지만 어떤 소식도 없었다. 수중의 현금이 떨어지고 있어 걱정이 날로 심해졌기 때문에 그는 어쩔 수 없이 차선책으로 잡지사에 입사하기로 했다. 그 후 며칠이 지나자 정말 들어가고 싶었던 대학 인사과에서 입사 제안이 왔다. 알고 보니, 중요 인사결정자가 감기에 걸려 출근하지 못하는 등 여러 사무적인 문제와 작은 사건들이 발생한 탓에 입사 통보가 늦어진 것이었다. 그는 하루 정도 고민한 끝에 도덕적 의무와 관성의 안락함에 끌려 이미 다니고 있던 잡지사에 머무르기로 했다. 그러고는 얼마 지나지 않아, 여기저기 방랑하던 내가 같은 잡지사에 흘러들어가 교열부에 고용됐다. 그곳에서 나는 이 젊은 여성을 만나 사랑에 빠져 결혼까지 하게 됐다. 누군지는 모르겠지만 그 대학 관리자가 딱 그때 감기에 걸리지 않았다면, 우리 아이 세 명은 지금 존재하지 못했을 것이다.

이게 인생이다. 당신은 내가 들려준 이야기를 거창하게 숙명이라 부를 수도 있고, 혹은 (내가 개인적으로 선호하는 방식대로) 패턴을 형성하지 않는 무작위적인 사건을 보여주는 이야기라고 말할 수도 있다. 둘 중 어떤 식으로 해석하든 우리가 운에 대해 내린 광범위한 정의에 잘 들어맞는다. 만약 우리가 자신의 계획과 지시에 따라 삶을 완벽히 세세하게 통제하고 있다고 믿는다면, 우리는 환상에 사로잡힌 희생양인 것이다.

지적 능력이 뛰어난 사람은 운이 존재한다는 사실에 에머슨처럼 좌절감을 느끼거나 당황하는 경우가 많다. 운은 인간 지성을 향한 최고의 모욕이기 때문이다. 우리는 운을 무시할 수도, 그렇다고 운을 계획할 수도 없다. 우리 삶에 끊임없이 운이 찾아올 거라는 것을 알면서도 우리는 그저 손놓고 두고볼 수밖에 없는 것이다. 우리는 운이 어떤 모습으로 찾아올지 알 수 없다. 그 운으로 인해 우리가 슬퍼질지 행복해질지 분노하게 될지 예측할 수 없으며, 더 부유해질지 가난해질지, 지위가 높아질지 낮아질지 혹은 그 중간 어느 곳에 위치하게 될지 알 수 없다.

정말이지 운이 우리를 살릴지 죽일지는 우리의 예측 밖에 있다.

인간의 지성은 항상 질서를 추구한다. 반면 운은 항상 혼란을 초래한다. 제아무리 빈틈없이 신중하게 인생을 계획해도 운은 그 계획을 변화시키고 만다. 운이 좋으면 어설픈 계획으로도 일이 진척되지만, 운이 나쁘면 어떤 계획을 가지고도 일이 성사되지 않는다. 이런 운의 특징은 우리를 좌절하게 만든다. 하지만 뜻대로 되진 않더라도 운은 우리가 무언가 계획할 때 꼭 고려해야 하는 요소다.

아무리 우리가 자기 수양에 전심전력을 다해도 좋은 운이 따르지 않으면 사실상 아무 소용이 없다. 용기와 인내, 프로테스탄티즘의 윤리에 걸맞은 성격을 가지고 있어도, 혹은 사랑과 겸손, 시인들이 감탄하는 온갖 성격을 다 가지고 있다 해도 운 없이는 그런 것들이 아무 도움도 되지 않는다. 우리는 마키아벨리처럼 개인적인 책략을 연구할 수도 있고, 권력을 차지할 방법을 배울 수도 있다. 사람들을 제압하거나 이끌고, 양심의 가책 없이 거절하는 방법을 배우고, 사람들의 환심을 사거나 홀려 적도에서 보온병을 파는 방법을 배울 수도 있다. 아니면 정반대로 내면의 행복을 찾는 방법을 배우거나 기도하며 신과 하나되는 방법을 배울 수도 있다. 무엇을 배우든 상관없다. 자아를 확대하는 방법 중 마음에 드는 어떤 것이라도 자신에게 알맞게 사용될 수는 있지만, 그 방법이 효과적이려면 꼭 갖춰져야 할 요소가 하나 있다. 이 요소는 우리가 무언가를 배우는 과정에서 간과되는 경우가 많은데, 바로 '운'이다. 운이 좋다면 어떤 방법을 사용하더라도 성공이나 자기실현을 이루는 것이 가능하다.

하루는 내가 아는 한 IBM 직원이 초월명상을 하기 위해 회사 건물에 있는 화장실에 갔다. 혼자 있을 수 있는 공간이 그곳 말고는 없었다. 그가 만트라를 외기 시작하자 천장 타일 하나가 머리 위로 떨어졌다. 깜짝 놀란 그는 펄쩍 뛰며 일어났고, 자동차 열쇠가 뒷주머니에서 빠져나와 변기 속에 빠졌다. 그는 열쇠를 건지려고 몸을 기울였는데, 당황해서 제대로 자세를 잡지 못한 탓에 변기 손잡이를 누르게 됐다. 그렇게 열쇠는 사라졌다.

운 없이는 어떤 일에서도 효과를 얻지 못한다. 만약 우리가 이토록 강력한 요소를 보통의 사람들보다 더 잘 통제하는 방법을 배울 수 있다면 좋을 것이다. 또한 다른 모든 것들처럼 운도 관리할 수 있는 방법이 존재한다면 좋을 것이다.

과거부터 지금까지 그런 방법을 찾아내려는 시도는 많이 있었다. 초기 부족민들이 신에게 비나 사냥 성공 같은 여러 축복을 빌었던 때부터 줄곧 종교는(물론 기독교처럼 좀 더 복잡한 형태의 종교는 부분적으로) 운을 통제하려는 시도를 해왔다. 사람들은 여전히 복을 빈다. (로마가톨릭 신도라면) 여행 시 사고를 피하기 위해 성 크리스토퍼의 메달을 들고 다니기도 하고, 여러 선택 중 하나를 고르기 위해 영적 안내를 구하기도 한다. 거의 모든 어리석은 비술들은 대체로 통제할 수 없는 대상을 통제하려고 노력하거나 점성술처럼 앞으로의 운을 예측해 대비하려 한다.

"미신"이라는 단어가 존재한다는 것은 우리 삶 속에서 작용할 수도 작용하지 않을 수도 있는 어떤 보이지 않는 힘에 대해 사람들 사이에서 합의된 내용이 없다는 것을 보여준다. 미신이라는 단어는 '내가 믿지 않는 어떤 종교적, 신비주의적 신념'을 의미한다. 내가 미신이라고 생각하는 것이 누군가에게 종교일 수 있고, 누군가가 미신이라고 생각하는 것이 나에게 종교일 수 있다는 것이다. 이런 접근방식의 문제는 각자가 경험한 효험이 모두에게 납득될 만큼 제대로 입증된 적이 없다는 것이다. 어떤 방식이 일부 사람들에게 효과를 발휘할 수는 있으나, 모든 사람들이 그 방식을 시도해보려 하진 않는다.

보이지 않는 힘에 기대지 않는 운 통제 방식이 존재한다면, 다시 말해 효험이 실제적인 방식으로 입증되는 방식이 존재한다면 유용할 것이다. 그리고 그런 방식은 정말 존재한다.

1950년대 중반에 별안간 벼락같은 행운을 경험하고는 삶의 계획이 완전히 변한 후부터 나는 운과 관련된 이야기나 이론을 수집하는 데 심취했다. 그 후로는 기사 작성을 목적으로 수천 명의 사람들을 인터뷰하면서 그 사람들에게 운에 관해 질문하기도 했다. 이를테면 운을 경험한 순간이라든가 운에 관한 생각, 운을 통제하려 했던 시도에 관해 물었다. 특히, 나는 지나치게 운이 좋은 사람들과 지나치게 운이 나쁜 사람들에게 특별히 더 관심을 가졌다. 나는 이런 질문을 던지곤 했다. 운이 좋은 사람들은 다른 사람들(특히 운이 안 좋은 사람들)이 하지 않는 어떤 행동을 하는 걸까? 자신의 내면이나 주변에 실질적인 변화를 줌으로써 운을 변화시키는 것이 가능할까?

그렇다. 가능하다. 그것이 이 책의 주제이기도 하다. 방법만 안다면 제한적이긴 하지만 확실히 실질적으로 운을 통제하는 것이 가능하다. 신비주의나 오컬트 신봉자들이 상상하는 것처럼 구체적으로 의도하여 통제하는 것은 물론 불가능하다. 그럼에도 우리를 도와주는 보이지 않는 힘이 있든 없든, 우연히 행운을 얻게 되거나 불운을 피하게 되는 확률이 현저히 높아지는 경험을 하게 될 것이다.

항상 운이 좋은 사람들과 항상 운이 나쁜 사람들 사이에는 눈에 띄는 차이가 존재한다는 것이 밝혀졌기 때문이다. 예외는 있지만, 일반적으로 운이 좋은 사람들은 삶을 특정 방식으로 접근하며 내면의 심리를 다루는 특정 종류의 기술을 잘 활용한다. 이렇게 하나로 묶인 특징과 태도를 나는 "운 조절"이라고 부른다.

나는 나의 내면과 주변에 이런 운 조절을 적용했고, 그 결과는 긍정적이었다. 친구들은 나를 행운아라고 부르는데, 실제로 나는 운이 좋다. 나는 나 자신을 행운아라 생각하지만 그건 내가 진짜 행운아이기 때문이 아니다. 내가 그렇게 생각하는 이유 중 하나는 내가 행운을 거머쥐는 방법을 알고 있기 때문이다. 만약 우리의 행운이 이대로 잠시 유지된다면, 이 책의 마지막 장에 이르렀을 땐 이 책을 읽고 있는 당신도 운 조절의 유용성을 발견하게 될 것이다.

앞으로 우리는 멋진 여행을 떠날 것이다. 운의 세계를 탐험하는 것에서부터 시작하여 다양한 사람들이 운에 대해 어떻게 말하고 생각하는지를 알게 될 것이다. 도박은 직접적이고도 분명한 형태로 운을 다루는 영역이다. 따라서 우리는 도박꾼들의 삶과 운을 살펴보고 그 안에 어떤 진실이 숨겨져 있는지 확인해볼 것이다. 또한 주식 투자자들이나 일상 속에서 운 그 자체에 도전하는 사람들의 이야기를 듣게 될 것이며, 스스로를 도박꾼이라 자처하진 않지만 사실상 다른 모든 사람들처럼 도박을 행하는 평범한 사람들의 이야기도 듣게 될 것이다.

그러니 손가락으로는 십자가를 만들고 행운의 부적에 입을 맞추며 나와 함께 이 여행길에 오르자. 우리는 이제 곧 낯선 땅으로 모험을 떠날 것이다. 이해하거나 믿기 어려운 것들을 보게 될 것이고, 이 여행이 끝나고 나면 안다고 생각했던 것보다 더 많은 질문을 품고 집으로 돌아오게 될 수도 있다. 그럼에도 우리는 이 여행을 떠날 때보다 더 현명해져서 돌아오게 될 것이다. 어디까지나 우리에게 운이 따라준다면 말이다.

2장
두 사람의 인생

이수르 다니엘로비치와 찰리 윌리엄스는 1차 세계대전이 벌어지던 때에 뉴욕 암스테르담의 동쪽 끝에 위치한 지저분한 동네에서 태어났다. 두 사람이 태어났을 때만 해도 인생에서 성공하거나 실패할 확률이 동일했던 것 같다. 이 둘은 모두 이주노동자 아버지를 두고 있었고, 가난한 가정에서 자랐다. 동일한 환경에서 자란 이 두 소년은 똑같이 거대한 사회적 물결에 휩쓸리며 인생의 굴곡을 겪어야 했다. 이들은 광란의 20년대에 초등학교를 다녔고, 십대 때에는 대공황을 겪었다. 청년이 되었을 땐 2차 세계대전이라는 소용돌이 속으로 빨려 들어갔다가 다시 평화로운 호황기로 내던져지기도 했다. 이 두 사람은 자기만족적인 50년대, 시민사회의 비판이 거셌던 60년대, 신중해진 70년대의 미국을 차례로 거치며 나이들었다.

이 책을 쓰고 있는 현재, 두 사람은 중년이 되었다. 동일한 환경에서 태어났지만 그 삶의 결과는 동일하지 않았다.

친구들 사이에서 바나나코로 불리는 찰리 윌리엄스는 바워리 가에서 부랑자 생활을 하고 있는 반면 커크 더글라스로 알려진 이수르 다니엘로비치는 할리우드 스타이자 백만장자가 된 것이다.

이 두 남자의 유사한 인생 이야기를 분석해보는 것은 유익한 연구가 될 것이다. 헤라클레이토스는 약 25세기 전에 성격이 곧 운명이라고 말한 바 있다. 그 후로 작가들은 수백만 개의 연극과 소설을 통해 그의 주장을 입증하려 애썼지만 결국 실패했는데, 그의 주장이 일부만 진실이기 때문이었다. 확실히 성격은 운명을 좌우한다. 하지만 운명 또한 성격에 영향을 미친다. 한 사람의 인생 경로는 부분적으로 그의 내면에 의해 결정된다. 다시 말해 용기, 성적 매력, 인내, 꿈과 희망에 대한 열정이 어느 정도인가에 따라 인생의 방향이 결정되기도 하지만 그런 내면적 성향은 다는 아니어도 부분적으로 외부의 사건이나 타인의 비난으로부터 영향을 받는다. 더글라스와 윌리엄스의 현재 인생은 각자가 지닌 성격의 결과물이기도 하지만 또 한편으로는 그들이 통제할 수 없었던 것처럼 보이는 사건들의 결과물이기도 하다. 이 두 사람의 인생 이야기는 개인의 성격과 운이 단단하게 엮여 만들어진 것이다.

~

내가 윌리엄스를 만난 건 1968년이었다. 그때 나는 잡지사의 지시로 운에 관한 기사를 작성해야 해서 뉴욕에 있는 바워리 가에 가 있었다. 그 거리는 굉장히 흉물스러우면서도 이상하게 비현실적인 매력이 느껴지는 곳이었다. 그곳에서 나는 "고급 바"라는 모순적인 이름을 가진 한 술집 안으로 들어갔다. 내부에는 누더기옷을 입은 주름살 많은 남자들 열댓 명이 한 잔에 15센트 하는 와인을 마시고 있었다. 예상했던 대로 이들의 나이는 거의 50세 이상이었다. 바워리 가는 인생의 실패자들이 모이는 종착역이었다. 인간의 영혼은 강인한 면이 있기에, 누군가가 실패자가 되기까지에는 수년간의 끊임없는 시련이 선행돼야 하는 것이다.

내가 이 고급 바의 문을 열고 안으로 들어서자마자, 두어 명의 남성이 바 의자에서 일어나 동전을 달라며 내게 다가왔다. 그러자 바텐더가 소리쳤다. "이봐요. 여기서는 구걸 금지요! 구걸하려면 길거리에 나가서 해요!" 나는 바텐더에게 괜찮다고 말하고는 여기 있는 손님들에게 술을 사드리고 싶다고 했다. 내가 이 말을 하자 술집 안은 술렁였다. 모두가 나를 주목하고 있는 틈을 타 나는 나를 기자라고 소개한 후 운에 관한 기사를 준비하고 있다고 말했다. 그러고는 유명한 부자와 같은 동네, 같은 해에 태어난 사람이 있으면 만나고 싶다고 말했다.

내가 이렇게 말하니 사람들은 당황한 듯 보였다. 심하게 취하지 않은 사람들은 자신의 머리를 쥐어짜내려 애썼다. 여기서 돈 냄새를 맡은 게 틀림없었다. "루스벨트랑 같은 기차를 탄 적이 있어요!" 한 남자가 기대에 들떠 소리쳤다. 또 다른 사람이 자신의 장모와 상원의원 태프트에 대해 말하기도 했다. 그때 나는 내 옆에 서 있던 키가 작은 남자 한 명을 발견했다. "커크 더글러스는 어떻소?" 그가 말했다. 못생겼지만 호감 가는 얼굴이었다. 코는 이목구비에 비해 너무 컸지만 코만큼이나 크게 미소 지을 줄 아는 사람이었다. 입고 있는 옷은 낡아 있었지만 단정한 차림이었는데, 옷이 바랜 것을 보면 세탁을 자주 했던 것 같았다. 신발 한 짝은 밑창이 덜렁거려 절연 테이프로 고정돼 있었다. 수염은 깔끔히 면도된 상태였고, 숱이 적은 갈색 머리는 가지런히 빗어 넘겨져 있었다. 손톱은 짧게 잘려 있었고 티끌 하나 없이 깨끗했다. 인생의 실패자들이 모이는 종착역에 흘러들었지만 자기 자신에 대한 자긍심을 잃지 않은 사람임에 틀림없었다.

나는 샌드위치 몇 개를 사주고는 그의 이야기를 들었다. 윌리엄스는 더글러스가 태어나기 한 해 전인 1917년에 태어났다. 그는 암스테르담에서 보낸 어린 시절이 즐거웠다고 회상했다. 학교 성적도 좋았는데, 특히 수학을 잘했다.

그러던 중 기억에 남을 만한 최초의 불운이 그에게 찾아왔다. 그때 그의 나이는 열두 살이었다. 그의 아버지는 로드아일랜드의 프로비던스에 반숙련직 일자리가 있다는 말을 우연히 듣게 됐고, 온 가족이 그곳으로 이주를 하게 되었다. "아버지한테는 행운이었던 것 같아요. 그 일의 임금이 좀 더 높았거든요. 하지만 저한테는 불운이었죠. 그전에는 학교에 다니는 게 좋았는데, 프로비던스에선 어쩐 일인지 학교생활을 잘해내지 못했어요. 우연히도 좋지 못한 선생님들과 만나게 됐죠."

그중에는 찰리의 코를 가지고 거슬리는 말을 하는 선생이 하나 있었다. 어린 뼈가 성장하면서 찰리의 코가 계속 커지고 있었기 때문이다. 얼굴 생김새나 신체적 특징은 인간이 거의 혹은 전혀 통제할 수 없는 것이면서도 한 사람의 인생에 큰 영향을 주는 것이기도 하다. 외모가 수려한 사람이 외모가 평범한 동년배보다 반드시 자동적으로 더 유리한 위치에 서게 되는 것은 아니지만 그런 외모를 잘 이용함으로써 개인적인 이득을 볼 수는 있다. 외모는 한 사람의 운에 부분적으로나마 영향을 준다.

윌리엄스는 십대 시절에 낙관적이던 성격을 잃었다. "그 못된 선생님이 항상 이렇게 말하곤 했어요, '왜 그러니 찰리, 코에 가려져 숙제를 읽을 수 없었던 거니?' 아이들은 그 선생님의 행동을 따라 하기 시작했고, 그 후로 전 외톨이처럼 지내야 했어요. 모든 아이들이 저를 왕코 찰리라고 부르며 비웃었어요. 어린아이가 겪어내기엔 녹록치 않은 일이었죠. 성적이 곤두박질쳤어요. 저는 그 뭐랄까, 패배자의 심리 같은 걸 갖게 됐던 것 같아요. 무언가 막 시작했을 뿐인데 이미 결과는 글러버리게 된 거죠."

윌리엄스는 학교 다니는 것이 너무 싫어 중퇴를 했다. 농장에서 일하다가 철도를 보수하는 일을 하기도 했고 나중에는 학교 버스를 운전하기도 했다. "때로는 좋은 일자리를 얻어보려 노력하기도 했어요. 하지만 제 얼굴에 실패자라고 크게 쓰여 있는 게 분명해요. 돌이켜보면, 일자리에 지원하면서도 스스로가 그 일을 하게 될 거라고 믿지도 않았어요. 면접을 보는 사람에게 시간낭비하게 해서 미안하다고 말하곤 했죠. 자연스럽게 그 사람은 저에게 그 일자리를 주지 않았고요."

이 시기 즈음 윌리엄스의 인생에 한 여성이 등장했다. 그 여자는 윌리엄스와 함께 허름한 호텔방에서 며칠간 함께 살다가 윌리엄스가 모아둔 현금 몇 푼을 들고 사라졌다. 왜인지는 모르겠지만 그 여자는 스쿨버스 키까지 가져가버렸고, 그 때문에 윌리엄스는 다음 날 아침 버스 운행을 하지 못해 해고됐다.

1939년에는 윌리엄스의 인생에도 행운이 찾아왔다. 한 작은 트럭운송회사에서 일자리를 얻게 된 것이다. 찰리는 이 회사 사장과 마음이 잘 맞아 친해졌다. 회사 사장은 나이가 많은 남성이었는데, 은퇴 후에도 자신의 회사가 계속 운영되면서 수익을 창출하길 바랐다. 아들이 없었던 이 남성은 공식적이진 않지만 찰리를 양자로 삼았고, 그에게 사업을 넘겨 경영자이자 파트너로 일하게 하는 것에 대해 얘기하곤 했다. 마침내 찰리는 성공할 기회가 찾아왔다고 믿었다. 몇 년간 이처럼 무언가에 열정적으로 임했던 적은 없었다. 찰리는 회사 장부를 살피고 트럭운송업계의 자본 환경에 대해 열심히 공부했다. 회계 수업을 들을 계획도 세우고 있었다. "저는 사업가가 될 참이었어요! 마침내 제가 무언가를 이뤘다고 생각했죠. 정말 그렇다고 믿었어요. 이 업계에 흥미도 있었고, 잘해낼 거라는 믿음도 있었어요. 회사를 더 키워서 큰 사업체의 수장이 되려고 했어요!"

하지만 운명은 다른 계획을 가지고 있었다. 미국이 전쟁을 시작하게 됐고, 그 지역에서 가장 먼저 징집된 집단에 윌리엄스가 속하게 된 것이다. 1940년대 중반 윌리엄스가 전쟁터에서 돌아왔을 즈음엔 그 소규모 트럭

운송회사는 문을 닫았고, 회사 주인은 이미 죽은 후였다.

윌리엄스는 여러 직업을 전전하며 지냈다. 군복무를 할 때 위스키를 좋아하게 됐으나 그때까지만 해도 과음은 하지 않았었다. 그러다가 그의 인생에 새로운 성공 기회가 찾아왔다. 1948년 파이어스톤 타이어 앤드 러버 Firestone Tire and Rubber Company에서 창고관리인으로 일하게 된 것이다. 이 당시의 다른 많은 대기업들처럼 파이어스톤도 평시에 사업을 확장하고자 하는 야심찬 계획을 가지고 있었으나 전후 시기라 특수 분야의 기술을 갖춘 젊은 노동력이 부족하여 계획에 차질이 생겼다. 그래서 이 회사가 내놓은 대안이 단기속성 직원교육이었다. 파이어스톤은 지속적으로 회사 내 비전문 인력풀 내에서 직원들을 선발하여 학교에 진학시키고, 몇몇 사람들에겐 새로운 경력을 쌓을 절호의 기회를 제공했다. 정규교육을 다 받지는 못했지만 매우 총명했던 윌리엄스는 이때 선발 기회를 얻을 수 있었다. 회사는 그에게 타이어 재생 기술을 가르쳤으며, 야간학교에 보내 고등학교를 졸업시킨 뒤 화학기술학교에 진학하게 하는 것에 대해 논의하고 있었다. "이번에도 저는 성공을 확신했어요."

윌리엄스의 생각은 다시 한 번 빗나갔다. 불운이 그를 향해 다가오고 있었다. 어느 토요일 밤 윌리엄스는 뉴저지에서 삐걱거리던 1938년형 뷰익을 운전하고 있었는데, 자동차의 조향장치가 고장 난 것이다. 핸들은 제어되지 않고 제멋대로 회전했다. "시골길이었어요. 근처에 집이라고는 하나밖에 없고, 나머지는 다 들판이었어요. 차가 어느 방향으로 가든 문제되지 않았을 텐데, 무슨 일이 일어났는지 아세요? 제길, 그 하나밖에 없던

집 쪽으로 차가 돌진한 거예요. 말도 못할 불운이었어요. 마치 누군가 그쪽으로 차를 몰고 있는 것처럼 제 차는 그 집으로 직진했어요. 차고 한쪽 면을 들이받아 차고의 지붕 전체가 붕괴됐죠." 윌리엄스의 부상은 심각하지 않았지만 경력에는 큰 타격이 갔다. 그날 저녁 사고가 있기 전에 윌리엄스는 술을 마셨지만 그는 결단코 과음하지는 않았다고 주장했다. "딱 맥주 석 잔 마셨던 걸로 기억해요." 그는 음주운전으로 기소 당했다. 조향장치에 이상이 있었다는 그의 주장은 전혀 받아들여지지 않았는데, 차가 완전히 망가져 그의 주장을 뒷받침할 만한 증거를 확보할 수 없었기 때문이다. 윌리엄스는 보험에 들지 않은 상태였다. 집주인이 손해배상금 청구 소송을 제기했고, 그가 파이어스톤에서 받는 급여는 압류되었다.

그렇게 유망해 보였던 파이어스톤에서의 경력이 끝나고, 윌리엄스는 다시 이곳저곳을 떠돌았다. 그러던 어느 날 1950년에 무직 상태에 배가 고팠던 그는 군 입대 포스터를 지나게 됐다. 포스터에는 지붕이 있는 거처와 침대, 푸짐한 삼시 세끼, 기술을 배울 수 있는 기회 등 솔깃한 제안이 적혀 있었다. "마치 해답처럼 느껴졌어요. 제가 보기에 평시에 군 입대를 하면 총 맞을 일은 없을 것 같았죠. 다른 데서 돈 버는 것보다 군에 입대를 하는 게 더 나아 보였어요."

윌리엄스는 1950년 6월 15일 입대했다. 그리고 열흘 뒤, 그는 자신의 선택이 잘못됐다는 것을 깨달았다. 6월 25일 북한군이 불시에 38선을 넘어 남한을 침공한 것이다. 그로 인해 미군은 갑자기 전쟁에 참여하게 됐고, 찰리는 한국으로 파병돼 총상을 입었다.

"뭘 하든 제대로 되는 게 하나도 없는 것 같았어요. 이제부터 뭐가 어떻게 되건 상관없다는 생각을 하게 됐죠. 제가 본격적으로 술을 마시게 된 건 한국에 있을 때였어요."

하지만 찰리는 다시 한 번 희망을 가져보기로 했다. 1950년대 후반에 퇴역한 그는 뉴욕으로 가 직장을 구하기 시작했다. "그때 저는 마흔 살이었어요. 이번에도 잘 해내지 못하면 끝장나는 거라고 생각했죠. 그래서 술도 완전히 끊었어요. 군생활을 하며 번 돈으로 좋은 옷 한 벌도 샀어요. 그러니까, 한 번 더 시도해보자고 굳게 마음먹었던 거예요."

하지만 윌리엄스에게는 쓸모 있는 기술이 하나도 없었다. 그러던 어느 날 공원 벤치에 앉아 침울한 표정으로 신문의 구인광고를 보고 있던 그때, 훗날 돌아봤을 때 불운이라 할 수 있는 일이 그에게 일어났다. 평생 운이 따르지 않던 윌리엄스의 인생에서 최악의 불운이라 할 만한 일이었다. "공원에 앉아 있는데, 한 남자가 갑자기 나타나 제 옆에 앉았어요. 누더기를 입은 술 취한 부랑자였어요. 그 사람이 물었죠. '일거리가 없어요?' 내가 그렇다고 대답하자 다시 그 남자 말했어요. '갈 만한 곳을 알려주리다.' 저는 일자리를 소개해주려는 줄 알았어요. 하지만 그 남자가 말해준 것은…… 글쎄요, 그 말 때문에 모든 것이 끝장났어요. 제 인생이 파멸로 치닫게 된 거나 마찬가지였어요."

부랑자가 알려준 곳은 극빈자들에게 무료로 식사를 제공하기도 하고, 바워리 가의 여러 식당이나 값싼 여인숙에서 사용할 수 있는 침대 쿠폰을 나눠주기도 하는 뉴욕 시 급식소였다(후원자들은 이곳을 "뮤니"라고 불렀다).

"그날 저녁 무료로 식사를 하고 잠잘 곳을 얻자, 저는 그냥 포기하게 됐어요. 그때까지 느끼던 압박이 사라져버렸죠. 더 이상 직장을 구할 필요가 없었던 거예요. 그날 이후로 저는 덫에 갇히게 됐어요."

이후 1년에 두어 번 정도 윌리엄스는 그 덫에서 빠져나오려 시도하곤 했다. 식당에서 접시를 닦고, 커피숍 배달을 하고, 세차를 하고, 공원에서 환경미화일을 하기도 하는 등 여러 일을 했다. 하지만 어떤 일도 몇 달을 넘기지 못했다. 찰리는 쉽게 낙심했다. 일을 하다 짜증나는 일이나 언쟁이 생기면 그만둬버렸다. 임금은 항상 낮았기 때문에, 그의 입장에선 일을 하다 불쾌한 상황이 왔을 때 그 일을 계속할 이유가 없었다. 그가 살아왔던 삶에서는 버티면 상황이 나아질 거라는 생각이 근거없는 희망이었다. 일을 그만둘 때면 (모아둔 돈이 있을 경우) 그동안 모아둔 돈을 싸구려 술을 사먹는 데 날렸다. 그러고는 뮤니로 돌아가 길거리에서 술값을 구걸했다.

내가 윌리엄스를 마지막으로 본 건 1973년이었다. 거처도 직장도 없고 우편 주소나 전화기도 없는 사람의 행방을 찾는 것은 늘 쉽지 않았지만, 나는 때때로 한 번씩 그를 찾으려고 노력했고, 가끔 술집이나 그가 즐겨가는 브로드웨이 모퉁이에서 쉬고 있는 윌리엄스를 발견할 수 있었다. 그러면 나는 그에게 슬며시 몇 달러를 건네며 그동안 어떻게 지냈는지를 물었다. 대체로 아무 일도 일어나지 않았고, 그의 인생은 서서히 막다른 골목으로 접어들고 있었다. 내가 그를 마지막으로 만난 날은 1973년 어느 추운 날이었는데, 그는 기대에 찬 모습으로 구걸을 하며 플로리다로 갈 거라고 했다. "이런 생활을 하기엔 너무 늙었어요." 11월의 찬바람이 낡은 군

용외투 속을 비집고 들어오자 그가 말했다.

~

이수르 다니엘로비치는 거친 동네에서 거칠게 자란 아이였다. 그는 나에게 자기 자신을 이렇게 표현했다. "결국 커서 암스테르담 백화점의 점원 신세가 될 그런 종류의 아이였어요. 다른 곳으로 떠날 생각은 하지 않았어요. 여자 말고는 관심 가는 게 하나도 없었죠."

그와 윌리엄스는 서로 마주친 기억이 전혀 없다. 만약 이 둘이 열한 살이나 열두 살 때 같은 장소에 있었다면, 동네 어른들은 성공할 가능성이 더 높은 아이로 윌리엄스를 꼽았을 것이다. 더글라스는 수학에 재능이 있는 착실한 학생이었지만 그럭저럭 학교생활을 해나가는 정도였고 지적인 활동에는 전혀 흥미를 보이지 않았다.

하지만 아이의 미래를 예측한다는 것은, 그리고 그런 예측의 기준을 현재 보여지는 성격적인 요소에서 찾는다는 것은, 커크 더글라스의 표현을 따르자면 "미지의 요소"인 운을 고려하지 않고 예측하는 것과 같다. 이상하게도 더글라스는 자신의 행운을 편안하게 받아들이지 못하는 반면, 윌리엄스는 자신의 불운을 더 편안하게 받아들이는 것 같았다. 내가 윌리엄스를 만났을 때, 그는 사실상 자신의 불운을 더 이상 걱정하지 않고 있었다. 하지만 더글라스는 여전히 자신의 인생에 일어난 많은 일들에 어리둥절해 하며 그것들을 이해해보려고 많은 시간을 보낸다. 그는 자신이 이해하지 못하고 있다는 사실을 인정한다.

더글라스는 이렇게 말했다. "사람들은 자신이 인생을 통제한다고 느끼길 좋아해요. 하지만 그건 얼토당토않은 망상이에요. 미지의 요소는 항상 존재해요. 세상의 모든 재능을 갖추고 있다 해도 운이 없다면 어떤 일도 이룰 수 없죠."

윌리엄스의 첫 불운 중 하나가 연달아 질이 좋지 않은 선생님을 만난 것이었다면, 더글라스는 그와는 정반대의 경험을 했다. 여자에 푹 빠져 목적 없이 살던 어린 시절의 그는 좋다는 말로는 부족한 훌륭한 선생님의 반에 배정되는 행운을 얻었다. 그 선생님에게는 남다른 면이 있었다. 현재는 60에 가까운 나이지만, 더글라스는 여전히 그 선생님을 또렷이 기억하며 자주 언급한다. 그분 덕분에 자신의 어린 시절이 완전히 바뀌었다고 말한다.

"선생님은 저를 일종의 프로젝트로 여겼던 것 같아요. 어쩌면 자신에게 무언가를 증명해보이고 싶었던 것 같아요. 무에 가까운 환경에서 자신이 얼마만큼 이뤄낼 수 있는지 증명하고 싶었던 건지도 몰라요. 어찌됐건 선생님은 제게 여러 도전과제를 던져줬어요. 제가 해낼 수 없을 거라고 생각했던 그런 일에 도전해보라고 했죠. 하루는 선생님이 저에게 학교 연극의 작은 역할을 맡아보지 않겠냐고 물었어요. 제게 그런 걸 물어볼 이유가 전혀 없었는데도 말이죠. 이전까지 저는 그 분야에 흥미나 재능을 보인 적이 전혀 없었거든요. 선생님은 특별한 이유 없이 그런 제안을 한 거예요. 우연히 일어난 일이었던 거죠. 만약 그 일이 없었더라면 지금처럼 제 이름을 암스테르담 밖에까지 알릴 수 없었을 거예요. 하지만 그 일이 진짜 일어났고, 그렇게 저는 연기에 관심을 갖게 됐어요. 선생님은 그런 제게 용기를 주고 계속 나아가도록 책려했어요. 그렇게 시작된 거예요."

더글라스는 고학하여 대학을 졸업했고(암스테르담 백화점에서 점원으로 일하기도 했다), 나중에는 뉴욕으로 가 연예계에 진출하려 애썼다. 그곳에서 더글라스는 여러 젊은 연기자 지망생들을 만나며 즐거운 시간을 보냈지만 경력 면에서는 이룬 것이 전무했다. "그리니치 빌리지에 있는 누추한 작은 방에서 지내며 슈랩스 레스토랑에서 종업원으로 일했어요. 브로드웨이에서 단역을 몇 개 맡기도 했지만 너무 작은 역할이라 현미경으로 들여다보지 않으면 보이지 않을 정도였어요. 실제로 그중 한 역할은 진짜 보이지 않는 역할이었어요. 무대 뒤에서 메아리치는 역할이었죠. 그게 제가 이룬 성공이라면 성공이었어요. 그리고 1942년에 해군에 입대할 시기엔 처음 경력을 시작한 때보다 더 나아진 것이 없는 상태였어요."

하지만 운은 저 나름의 비밀스런 방식으로 작용하고 있었다. 더글라스가 전쟁에 나갔을 당시 미국에는 그의 친구들이 여럿 남아 있었는데, 그들 중 한 명이 그와 작별의 키스를 나눴던 무명배우 로런 바콜이었다. 더글라스가 태평양에 나가 있는 동안 바콜은 연달아 찾아오는 행운을 만나 일약 할리우드 스타가 됐다. (더글라스 말했다. "당신의 운은 다른 사람들의 운에 달렸어요. 이상한 일이죠!") 더글라스가 전쟁에서 돌아오자 바콜은 한 프로듀서에게 그의 연기를 봐달라고 부탁했고, 그렇게 그의 영화 경력이 시작되었다. "물론, 저한테 어떤 재능 같은 것이 있긴 했던 것 같아요. 하지만 바콜의 우연한 제안이 없었더라면 그 재능이 어디에 쓰일 수 있었겠어요? 그 당시 수십 명에 달하던 제 친구들에게도 재능은 있었어요. 하지만 현재 그 친구들의 이름은 영화계에서 남아 있지 않아요. 운이 없었던 거예요."

할리우드에 진출한 후 한동안 더글라스는 이류 영화 몇 편에 출연해 특별할 것 없는 연기력을 선보였다. 그러다 평범해 보이지 않은 두 가지 기회가 그에게 다가오게 됐는데, 두 회사에서 며칠 간격을 두고 그에게 주연 자리를 제안한 것이다. 한 회사는 규모가 크고 재정적으로 여유가 많은 곳이었다. 이 회사가 제안한 작품은 큰 자본이 투자된 영화였으며, 더글라스가 보기에 개런티도 매우 높았다. 반면 다른 한 회사는 규모가 작고 자금이 많지 않은 곳이었다. 이 회사는 저예산 영화를 계획하고 있었고 최소한의 개런티를 제안했다. 이 회사로서는 배우들에게 모험을 권하는 것 말고는 제안할 수 있는 게 없었다. 영화가 흥행하면 그로 인해 배우도 함께 성공할 수 있었지만 흥행하지 못하게 되면 배우는 빈털터리로 집에 돌아가야 하는 상황이었다.

"저는 작은 회사를 선택했어요," 더글라스가 말했다. "왜냐고요? 그때도 지금도 여전히 그 이유를 모르겠어요. 어떤 근거도 없이 순전히 직감에 따랐던 것이었어요. 저는 항상 직감을 믿는 편이었어요. 이거다 하는 직감이 강하게 오면 그 직감을 따라요. 그때 느꼈던 직감은 왜인지 모르겠지만 정말 강렬했어요. 저는 그 직감을 따랐고, 결과적으로 제 직감이 옳았다는 게 밝혀졌죠."

작은 회사가 제안한 영화의 제목은 "챔피언"으로 복싱 세계를 잘 표현한 영화였다. 이 영화를 통해 더글라스는 스타가 됐다. 반면 큰 회사에서 제안했던 영화는 호응을 얻지 못했으며 대부분의 출연 배우들과 함께 기억에서 사라졌다.

이 같은 직감은 합리적으로 설명이 가능하다. 적어도 부분적으로는 그렇다. 하지만 1958년 더글라스가 경험한 또 다른 직감은 합리적으로 설명할 수 없는 것이었다. 프로듀서인 마이크 토드는 전용기를 이용해 미국 서부해안에서 뉴욕으로 갈 예정이었다. 그는 더글라스에게 동행을 제안했는데, 더글라스는 그 제안을 받아들인 후 짐까지 다 싸두었지만 결국 뉴욕 행을 취소했다. "제가 왜 뉴욕에 가지 않았는지 저도 모르겠어요. 미래를 예측했다거나 참사 같은 것을 예감했던 것은 아니었거든요. 막판에 그냥 가고 싶지 않았어요. 별 이유 없이 내리는 결정 같은 것이었어요." 마이크 토드의 전용기는 추락했고, 탑승자 전원이 사망했다.

그 후로도 더글라스는 대체로 좋은 운을 누리며 살았다. 그의 삶은 대중에게 거의 다 공개돼 잘 알려져 있기 때문에 그가 누린 행운들을 여기에 나열할 필요는 없을 것이다.

하지만 여전히 풀리지 않은 궁금증이 존재한다. 더글라스와 윌리엄스는 자기 자신의 운을 만들어낸 것일까? 만약 그렇다면 어느 정도까지 자신의 운에 영향을 미쳤던 걸까? 그게 아니라면 운은 이 두 사람이 통제할 수 없는 어떤 힘으로부터 유래한 것일까? 그게 사실이라면 그 힘이란 무엇이며 어떤 방식으로 작용하는 걸까?

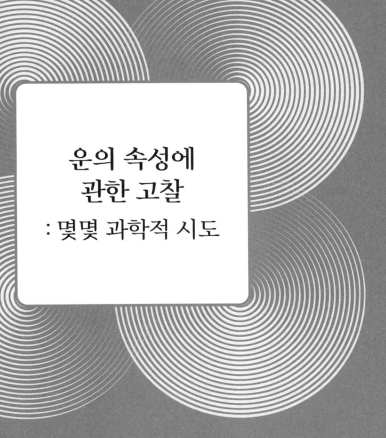

2부

운의 속성에
관한 고찰
: 몇몇 과학적 시도

1장
무작위 이론

도박에 수학을 적용하고, 《사이언티픽 아메리칸 Scientific American》에 매달 칼럼을 기고하는 유명인사 마틴 가드너는 운이 그저 무작위로 일어나는 것이라고 믿는다. 그는 사람들이 말하는 "억세게 좋은 운", "연승", "운수 좋은 날" 같은 것은 그저 우연이나 긴 시간 동안 무작위적인 사건이 많이 일어나면 자연적으로 생기게 되는 의미 없는 패턴 같은 것이라고 주장한다. 수학자 호러스 레빈슨도 확률을 다룬 책 중 읽어볼 만한 몇 안 되는 책 중 하나인 『우연과 운, 그리고 통계학 Chance, Luck and Statistics』에서 이와 같은 주장을 한다. 비슷한 책으로는 『행운의 여신: 확률 이론 Lady Luck: The Theory of Probability』이 있는데, 이 책의 저자인 수학교수 워런 위버 또한 가드너와 레빈슨 박사가 하는 주장과 동일한 입장을 보인다.

물론, 이에 반대하는 저명한 사상가들도 존재한다. 이들의 반대 주장도 들어볼 테지만, 우선 이 장에서는 무작위 이론을 지지하는 사람들의 의견만을 다뤄보려 한다. 무작위 이론이란 무엇인지, 그 이론이 어떻게 설득력을 갖는지 살펴보도록 하자.

~

몇 년 전 베라 네틱이란 이름을 가진 한 여성이 뉴저지 프린스턴에서 브리지게임을 하고 있을 때의 일이다. 딜러가 돌린 새 패를 집어든 네틱은 그 패를 거의 떨어뜨릴 뻔했다. 13장의 카드가 모두 다이아몬드였기 때문이다.

처음에 네틱은 브리지게임을 하는 사람들이 서로 골탕 먹일 때 즐겨 쓰는 장난에 걸려들었다고 생각했다. 카드를 일부러 순서대로 맞춰두고 패를 돌렸다고 생각한 것이다. 그러나 딜러가 카드를 섞는 동안 네틱은 한 번도 자리를 뜬 적이 없었기에 곧 그럴 리 없다는 결론에 이르게 됐다. 네틱의 오른쪽에 있던 딜러가 비딩카드로 투하트를 냈다. 다른 참가자의 패에는 롱슈트(동일 슈트카드가 4장 이상 들어있는 것—옮긴이)가 들어 있고 다이아몬드는 없는 게 분명했다. 게다가 상대편이 세븐하트나 세븐스페이드를 비딩카드로 낸다면 네틱이 비딩에서 질 게 뻔했고, 그렇게 입찰된 상대의 계약은 성사될 가능성이 높아 보였다. 네틱은 곧바로 다이아몬드로 그랜드슬램을 비딩한 후 숨죽이며 상대의 비딩을 기다렸다. 상대편은 더 높은 비딩을 하지 않기로 했고, 결과적으로 네틱이 그랜드슬램을 달성할 수 있었다. 패를 다 보여주고도 이기는 게임이었다. 분명히 네틱은 남은 평생 브리지를 할 때면 그때 나왔던 엄청난 패에 대해 얘기할 것이다. 그날 밤 운은 네틱의 편이었다.

그것은 정말 운이었을까? 무작위 이론을 주장하는 사람들은 그렇지 않다고 말할 것이다. 만약 주위의 누군가가 브리지나 여타 카드게임에서 만나게 되는 '운'에 대해 말한다면, 무작위 이론 주창자들은 시기가 이르거나 늦을 뿐 가능한 모든 조합의 패가 어떤 사람에게든 나올 수 있다는 것을 지적할 것이다. 이들 중 누군가는 네틱이 받은 패가 얼마나 자주 나올 수 있는지 수학적 계산까지도 해낼 것이다. 네틱이 받은 패는 대부분의 사람들이 생각하는 것보다 더 자주 나온다.

브리지에서 나올 수 있는 패의 조합은 대략 6,350억 가지다. 이들 중 8가지 조합이 '완벽한' 패라고 불리는데, 이 패들 안에서도 또 우위가 나뉜다. 우선 노트럼프 게임에서 완벽한 패의 4가지 예를 살펴보자. 이는 에이스 4장과 킹 4장, 퀸 4장이 잭 1장과 함께 나오는 경우다. 이 4가지 종류의 패는 의심의 여지없이 완벽한 패라 할 수 있는데, 어떤 비딩으로도 이 패를 이길 수 없기 때문이다. 이보다는 약간 덜 완벽한 패가 4가지 더 있는데, 이를 높은 패 순으로 소개하자면 스페이드 13장, 하트 13장, 다이아몬드 13장, 클럽 13장이 나오는 경우다. 6,350억 가지 조합 중 이 8가지 조합이 나올 확률을 통계학적으로 계산해보면, 오차가 있을 순 있지만 대략 790억분의 1이다. 이제 우리가 해야 할 일은 사람들이 1년에 얼마나 많은 브리지게임을 하는지, 각 게임마다 얼마나 많은 패가 돌려지는지를 추측해보는 것이다. 상당히 보수적으로 추정해보자면, 완벽한 패가 미국 어딘가에서 운 좋은 누군가에게 들어가는 경우는 대략 3, 4년에 한 번 일어날 수 있는 일이다.

하지만 완벽한 패를 받은 사람에게 이 사건은 올해 일어났든, 내년에 일어나든, 내후년에 일어나든 엄청난 행운이 아닐 수 없다. 반면 무작위 이론 주창자들에게 그런 사건은 완전히 평범한 일이다. (무작위 이론 주창자들은 운에 있어서라면 흥을 깨는 사람들이다.) 이들에게 완벽한 패가 들어오는 일은 태양이 떠오르는 일만큼이나 자연스러운 일이다. 둘 사이의 유일한 차이점이라고는 태양이 뜨는 시간보다 완벽한 패가 들어오는 시간을 예측하기가 더 어렵다는 것뿐이다.

정말 완벽한 패가 좀처럼 나오지 않는다면 그런 패가 나온다는 것이 놀라운 일일 테지만, 모든 조합의 패는 나올 확률이 동일하다. 13장의 카드 조합을 임의로 정해놓고 그 특정 패를 받을 확률을 계산하면, 그 확률도 완벽한 패와 마찬가지로 6,350억 분의 1인 것이다. 완벽한 패가 나올 확률은 다른 조합의 패가 나올 확률과 동일하다. 이 둘 사이의 유일한 차이점은 사람들이 완벽한 패를 받길 간절히 원한다는 것이며, 그렇기 때문에 완벽한 패는 더 놀랍게 느껴지고 더 오래 기억에 남으며 더 자주 회자된다는 것이다. 지난주에 받은 평범한 패를 정확히 기억해내는 사람은 거의 없다. 그 패가 들어오길 바라지 않았기 때문이다. 확률상으로는 차이가 없는 완벽한 패를 받은 사람은 그걸 잊지 못하고 수십 년 동안 지겹도록 친구들에게 그 일을 자랑하게 될 것이다.

무작위 이론을 지지하는 사람들은 완벽한 패를 받거나 10억짜리 복권에 당첨되는 일이 기뻐할 만한 일이라는 것을 마지못해 받아들이거나, 심지어는 주변 사람이 '운'을 들먹이면 뚱한 표정으로 참고 들어주기도 할 것이다. 하지만 이런 일들이 절대 놀랄 만한 일은 아니라고 주장한다. 누구나 언젠가는 완벽한 패를 받게 되어 있으므로, 우연히 당신이 그 완벽한 패를 받게 되었다고 해도 놀랄 일이 전혀 아니라는 것이다. 사실 완벽한 패를 받을 확률은 정말 낮다. 하지만 다른 조합의 카드 13장을 받을 확률도 마찬가지로 매우 낮다. 레빈슨 박사는 이를 두고 다음과 같이 말한다. "현재의 상황이 일어날 확률은 항상 매우 낮다."

레빈슨 박사는 자신의 주장을 뒷받침하기 위해 복권을 예로 들어 설명한다. 만약 당신이 백만 명이 참여한 복권을 산다면, 당첨될 확률은 백만분의 일이 된다. 레빈슨 박사는 이 복권에 당첨이 되더라도 놀랄 필요가 전혀 없다고 주장한다. 물론 누구든 이런 일을 겪으면 놀라게 될 것이다. 여기저기 돌아다니며 "진짜 믿을 수가 없어!"라든가 "어떻게 내가 당첨된 거지?"라든가 "와, 엄청난 행운이야!" 같은 말을 하게 될 것이다. 하지만 복권 추첨을 진행하는 공무원의 입장에선 흥미로울 것이 하나도 없는 일이다. 누군가 한 명은 반드시 1등 상금을 받게 되어 있기 때문이다. 이들이 보기에 복권 추첨이란 그저 매번 주어진 일을 정확히 해내는, 놀라울 것이라곤 하나도 없는 믿음직한 기계다. 이 무심한 기계를 통해 엄청난 확률을 뚫고 일확천금을 획득하게 될 사람이 매번 한 명씩 나오게 된다.

인생이란 다 그런 식이다. 자신에게 발생할 확률이 매우 낮은, 그런 일이 일어났다는 사실이 놀라워 보이지만, 자신에게 일어난 모든 일은 누군가에게 일어났어야만 하는 일이다.

어느 날 아침 운전을 하다가 교차로에서 다른 차를 들이받은 사람이 자신에게 일어난 엄청난 불운에 울화가 치밀어 소리를 지르고 있다고 상상해보자. 이 사람과 상대방 운전자는 서로를 전혀 모르는 남남이다. 이 두 사람은 다른 장소, 다른 시간에서 출발해 서로 다른 이유로 각기 다른 목적지를 향해 전혀 다른 경로를 통해 왔을 것이며, 교통신호나 (저마다의 이유로 거리에 나와 있는) 다른 운전자들, 그밖의 많은 다른 요인들로 인해 서로 다른 속도로 운전해왔을 것이다. 이 불운한 날 두 운전자가 동일한 시간에 해당 교차로를 지날 확률은 매우 적다. 100만 분의 1, 10억 분의 1, 아니 1조 분의 1의 확률일 수 있다. 하지만 사고현장에 도착한 경찰의 입장에서 보면 그건 놀랄 일이 아니다. 그런 교통사고는 늘 일어나는 일 중 하나이기 때문이다. 경찰은 두 차량이 충돌하는 교통사고가 그 주에서만 매년 수천 건에 이른다는 것을 잘 알고 있다. 그런 사고는 누군가에게 꼭 일어날 수밖에 없는 일이다.

내가 운이라고 생각하는 것이 누군가에게는 필연적인 일일 수 있다. 사람들이 '엄청난' 행운이나 불운에 대해 말할 때도 무작위 이론 지지자들이 무표정한 이유는 바로 그 때문이다. 진정한 무작위 이론 주창자라면 누구나 이 세상에 놀랄 일 같은 것은 절대 없다고 말할 것이다.

2부 운의 속성에 관한 고찰: 몇몇 과학적 시도

~

가끔 투덜거리기도 하는 이 고집 센 합리적 사고의 소유자들은 어떤 우연에도 절대 놀라지 않는다. 이들은 좀처럼 일어날 법하지 않은 일이 발생해도 지루한 표정을 지으려고 애쓴다. 심지어 무작위적인 사건들이 명백한 이유 없이 패턴을 이루더라도 마찬가지다. 무작위 이론 지지자들은 확률 법칙이 실제로는 그다지 법칙이랄 것도 없다고 생각하기 때문이다.

여기서 기억해두어야 할 두 가지 주요 법칙은 다음과 같다.

> 제1법칙: 어떤 일이든 일어날 수 있다.
> 제2법칙: 어떤 일이 일어날 가능성이 있다면, 그 일은 일어나게 된다.

이르든 늦든 오랜 기간에 걸쳐 많은 사건이 무작위로 많은 사람들에게 일어나면, 일어날 가능성이 있는 모든 일은 일어나게 되어 있다. 요행처럼 보이거나 소름끼치는 우연의 일치가 발생할 때면, 다시 말해 다수의 사건이 거의 0에 가까운 확률로 어떤 하나의 패턴을 이루면, 그 일을 당하는 사람은 당연히 놀라 어안이 막히게 되고, 알 수 없는 초자연적 힘이 작용한 게 아닌가 의심하게 될 수도 있다. 이들은 "그저 우연의 결과일 리가 없어"라고 항변한다. 반면 무작위 이론을 주장하는 사람들은 "쳇, 어떤 일이든 우연히 일어날 수 있어"라고 말한다. 마틴 가드너가 말했듯, 이 지구에선 매일 수십억 명의 사람에게 수조 개의 크고 작은 사건이 발생한다.

끊임없이 발생하는 사건으로 격동하는 대양 속에서 때때로 우연히 일어나지 않는다면 그것이야말로 놀라운 일일 것이다. 위버 박사는 몇 년 전 네브래스카의 비어트리스에서 일어난 일을 그런 우연의 예로 자주 언급한다. 《라이프》지에 실린 기사에 의하면, 몹시 추운 어느 날 저녁 한 교회에서 7시 20분에 성가대 연습이 열릴 예정이었다. 이 연습에 참석하기로 한 인원은 15명이었는데, 이 합창단원들은 시간 엄수를 매우 중요하게 생각하는 사람들이었다. 모두가 성가대 연습이 늦은 시간까지 계속되는 걸 원치 않기도 했고, 제시각에 온 사람들이 늦게 오는 사람을 기다려야 할 때면 매우 언짢아했기 때문이다. 따라서 이들 사이에선 시간을 엄수해야 한다는 규칙이 있었다. 그런데 사건이 발생한 그날 밤엔 성가대 지휘자를 포함한 15명 모두가 연습 시간에 지각하는 일이 벌어진 것이다. 이들이 지각한 이유는 적어도 10가지에 이를 만큼 다양했는데, 어떤 사람은 차에 시동이 걸리지 않아 늦고, 어떤 부부는 베이비시터를 구하지 못해 늦는 등 이유가 제각각이었다.

이 때문에 7시 30분 직전까지 교회는 텅 비어 있었다. 그리고 바로 그 시각, 보일러에서 엄청난 폭발이 일어나 교회 건물이 붕괴됐다. 당시 교회에는 아무도 없었기 때문에 사망자는 발생하지 않았다.

일부 성가대원과 비어트리스 주민들은 이를 두고 신의 섭리나 신의 가호라고 말했는데, 충분히 그렇게 생각할 만한 일이었다고 본다. 어떤 사람들은 "늦어야 할 이유가 있는 듯한 이상한 기분을 느꼈어요"라고 말하며 예지나 알 수 없는 직감, 이상한 영적인 느낌에 대해 말하기도 했고, 또 다른 사람들은 "그 사람들이 아직 죽을 때가 안 됐던 거죠"라고 말하며 운명이나 별자리, 미리 정해진 결과 같은 것을 운운하기도 했다. 물론 이런저런 형태의 주장을 하던 사람들은 모두 빼놓지 않고 운에 대해 언급했다.

위버 박사도 운에 대해 말하긴 했다. 하지만 그가 보기에 비어트리스 교회에서 일어난 사건은 그저 다행스러운 우연일 뿐이었다. 다시 말해 무작위적인 사건들이 언뜻 의미를 담고 있는 듯 동시에 일어났지만 목적이나 의도를 가진 어떤 힘이 작용했다고 보지는 않은 것이다. 지각은 흔하게 일어나는 일이니까 말이다. 15명 모두가 약속된 모임에 제때 오는 경우보다 15명 모두 지각하는 경우가 더 흔하다. 참석자 전원이 지각하는 상황, 그러니까 열댓 명의 사람들이 시간을 엄수해야 하는 상황에서 모두 늦게 도착하는 일은 매일 일상적으로 일어난다고 말해도 무리는 아닐 것이다. 대체로 이런 일은 흥미로운 점이 전혀 없기에 대수롭지 않은 일로 치부되어 잊힌다. 하지만 비어트리스 교회 사건은 뉴스거리가 됐는데, 폭발이 일어남으로 인해서 평상시 같으면 흥미도 끌지 않았을 평범한 상황이 신성한 의미를 담고 있는 것처럼 느껴졌기 때문이다.

위버 박사는 앞의 예보다 심각성은 떨어지지만 더 놀라운 우연의 일치를 보여주는 케네스 브라이슨의 사례를 소개하기도 했다. 브라이슨은 출장 중 켄터키 주의 루이빌을 지나고 있었다. 그는 충동적으로 활기 넘치는 이 도시를 구경하며 하루 정도 머물러야겠다는 생각을 하게 됐고, 누군지 모를 낯선 이로부터 호텔을 하나 추천받아 체크인을 했다.

그런데 놀랍게도 호텔에는 브라이슨 앞으로 한 통의 편지가 와 있었다.

편지에는 그의 이름과 정확한 방 번호가 적혀 있었다. "케네스 브라이슨, 307호." 정말 깜찍한 미스터리 아닌가! 그 편지는 브라이슨 자신도 루이빌에 머물게 될지 몰랐을 때, 그러니까 어느 호텔, 어느 방에 묵을지 전혀 몰랐을 때 부쳐진 것이었다.

브라이슨에게 도착한 편지 그 자체만큼이나 그 편지가 그에게 전달된 연유 또한 매우 기이했다. 같은 방을 사용했던 이전 투숙객의 이름 또한 케네스 브라이슨이었던 것이다.

기이하다고 생각되는가? 물론 기이한 일이다. 하지만 확률 법칙에 위배되는 일은 아니다. 브라이슨은 이 이상한 경험에서 뭔가 신비한 의미를 찾으려 했을 수도 있지만, 무작위 이론을 지지하는 사람들이 그런 그를 봤다면 너무 놀라지 말라고 조언했을 것이다. 이 사례는 그저 일어날 가능성이 있는 일은 일어나게 된다는 것을 보여줄 뿐이다. 매년 호텔에 수백만 명이 드나들면 언젠가는 동명이인이 그 안에서 마주치게 되어 있는 것이다.

수학자인 마틴 가드너는 숫자와 관련된 우연에도 관심이 많다. 어떤 사람들은 이를 두고 우연의 결과가 아니라고 생각하지만, 무작위 이론 주창자인(보통의 무작위 이론 주창자들보다도 훨씬 더 확신에 찬) 가드너는 우연히 여러 가능성이 모여 패턴을 이룬 것이라고 주장한다. 그는 과거에 뉴저지 교외를 오가던 통근열차가 뉴어크 만에 빠져 여러 명이 사망한 사건을 예로 든다. 이 사건은 당시 TV와 신문에 크게 보도됐다. 눈에 띄는 보도사진 중 하나에는 해당 열차의 마지막 열차가 물 밖으로 끌어올려지는 모습이 포착됐는데, 그 열차에는 차량번호 932가 선명하게 찍혀 있었다.

이 숫자를 흥미롭게 바라보는 사람들 중에는 맨해튼에서 숫자 맞추기 게임을 하는 수천 명의 사람들이 포함돼 있었다. 이들은 종종 뉴스에 등장하는 숫자에 특별한 의미를 부여했다. 이들 눈에는 신문 맨 앞장에 떡하니 등장한 932가 의심의 여지없는 베팅 신호처럼 보였을 것이다. 그렇게 수천 명이 그날 이 숫자에 베팅을 했고, 그 결과 정말 놀랍게도 무작위로 뽑은 우승 번호로 932가 나왔다.

이를 두고 마틴 가드너는 미지의 숫자 932가 두 장소에 등장하게 된 건 순전히 우연 때문이지 신비한 힘에 의한 것이 아니라고 평한다. 그런 우연은 과거에도 있었고 앞으로도 일어날 수 있다.

사실 우연은 누구에게나 일어난다. 그러나 대체로 그것들은 사소한 것들이기에 그런 우연을 겪은 사람들은 약간 어리둥절해 하거나 한바탕 웃고 어깨를 으쓱하고 말 뿐이다. 어떤 물건을 보고 갑자기 몇 년간 떠올린 적 없는 멀어진 친구가 생각났는데, 전화벨이 울리더니 그 친구의 목소리를 듣게 되기도 하고, 한 번도 본 적 없는 단어가 나와 사전을 찾아봤더니 그 후 며칠간 읽는 것마다 그 단어가 계속 등장하기도 한다. 또한 수개월간 구직에 실패하다가 갑자기 같은 날 세 군데에서 일자리를 제안 받게 될 수도 있다. 이 모두가 사람들이 흔히 겪는 일이다. 흥미롭지만 증명하기 어려운 여러 운 이론들을 뒷받침할 때 이런 사례들이 증거로 사용되지만, 무작위 이론 주창자들에겐 그저 확률 법칙의 정상적인 작용을 보여주는 예일 뿐이다.

~

　무작위 이론가들은 운이라는 미신을 타파하려 든다. 그들은 항상 다른 사람들의 거대한 상상의 불길에 찬물을 끼얹는다. 뜻밖의 행운을 얻으면 사람들은 언제나 그런 행운에 놀라며 신비롭게 여긴다. 또한 종종 종교적이거나 초자연적 의미가 담겨 있는 것이 아닌지 추측해보기도 한다. 그러나 무작위 이론을 신봉하는 사람들은 그런 추측과 맞닥뜨릴 때마다 말도 안 되는 소리라며 기를 죽인다. "쳇"이라고 실제로 말하는 사람을 만나본 적은 없지만 무작위 이론 주창자들의 말을 들어보면 항상 그런 꼬장꼬장한 태도가 조금씩 묻어나는 걸 발견할 수 있다. 마치 어린 시절 길에서 재밌게 놀 때면 멀리서 들리곤 하던 학교 종소리처럼 말이다. 이런 달관한 듯한 태도는 불가피하게도 무작위 이론가들을 기쁨이나 열정을 못 느끼는 과민한 성격으로 만든다. 이 사람들은 항상 "보는 것만큼 그렇게 흥미로운 일은 아니야"라고 말해야 하는 것이다.

　"흥미롭지 않다"라는 평가는 대개 주관적이다. 동일한 상황을 다른 관점으로 보는 사람들은 그 상황이 매우 흥미롭다고 생각하며, 그렇게 느낄 만한 타당한 이유도 존재한다고 생각할 수 있다. 예를 들어, 스위스 출신 스키선수 마리 터레스 나디그를 괴롭힌 불운을 살펴보자. 이 일은 1976년 오스트리아 인스부르크 동계올림픽에서 일어났다. 나디그는 우수한 선수들이 모인 그곳에서도 가장 유명한 선수 중 하나였으며, 여러 경기에서 우승한 경력도 있어 회전경기와 활강경기에서 메달을 딸 확률이 매우 높았다. 하지만 나디그는 엄청난 불운처럼 보이는 사건으로 인해 메달 없이 귀국해야 했다.

나디그는 인스부르크에 도착하기 직전 오랜 기간 지니고 다니던 행운의 부적을 잃어버렸다. 십자 모양의 황금 스키 미니어처였다. 감상적이거나 미신적인 이유가 아니라면 가지고 다닐 만한 이유가 거의 없는 싸구려 물건이었다. 행운의 부적을 잃어버린 일에 대해 걱정하는 친구가 몇 명 있었지만, 나디그 자신은 신경 쓰지 않는다고 말했다.

나디그는 인스부르크에 도착했을 때 매일 훈련을 할 계획이었으나 도착하자마자 곧 독감에 걸리는 불운을 맞게 됐다. 그렇게 그는 며칠간 침대에 누워 지내야 했다.

활강경기가 있기 며칠 전 나디그는 힘겹게 침대에서 일어나 연습하기 위해 슬로프로 나갔다. 그런데 이번엔 더 심각한 불운이 그를 기다리고 있었다. 발이 미끄러져 어깨에 심각한 염좌가 생겼고, 그로 인해 경기에 참여할 수 없게 된 것이다.

하지만 여전히 회전경기가 남아 있는 상태였다. 회전경기에서 슬로프를 내려오기 시작할 즈음 나디그의 컨디션은 좋아 보였다. 그런데 경기 도중 갑자기 한쪽 스키폴에서 손잡이가 떨어져 나갔다. 감탄스러울 정도로 그는 좌절하지 않고 경기를 끝마치려고 노력했다. 하지만 당시의 코스는 폴을 두 개 사용하는 선수에게도 힘들게 느껴지는 코스였다. 폴 하나만 가지고 경기를 치른다는 것은 불가능한 일이었다.

극적인 것을 좋아하는 사람들이나 도박꾼들처럼 스포츠광들도 운이 성

패에 어떤 역할을 하는지 관심이 많고, 그런 얘기를 신비한 현상과 연관 지어 말하는 경향이 있다. 인스부르크에 있던 사람들이나 미국에서 TV를 보고 있던 사람들은 이 불운한 스키선수가 미지의 목적을 지닌 불운의 힘에 휘둘리고 있다고 느꼈다(어쩌면 활강경기와 회전경기에서 우승한 다른 여성 선수들에게 행운을 내려주기 위해서였는지도 모른다). 이것이 사실이라는 증거는 당연히 없었다. 하지만 그런 추측으로 인해 나디그의 사례는 더 흥미롭고, 정합적인 이야기처럼 느껴졌다.

내가 칵테일파티에서 만났던 한 무작위 이론가는 아메리칸 캔American Can에서 일하는 엔지니어였는데, 그는 무작위 이론가들이 자주 사용하는 공식문구 "흥미롭지 않다"를 심술궂게 들먹이며 나디그의 사례를 일축했다. 이 남자는 당시 인스부르크에 독감이 유행하고 있었다는 점을 지적하며, 한 스위스 스키선수가 다른 사람들처럼 독감에 걸린 일은 전혀 놀라울 일이 아니라고 주장했다. 또한 그 이후 어깨를 접질린 불행에 대해선 독감을 앓고 나면 으레 그렇듯 몸이 허약해지고 중심을 못 잡게 되어 그렇게 된 거라고 추측했다. 따라서 독감과 어깨 부상은 두 번 일어난 불운이 아니라 하나의 불운으로 봐야 한다고 말했다. 그는 스키폴에 대해서도 이렇게 말했다. "물건은 항상 부서지고 떨어져나가고 하죠. 그게 그렇게 놀랄 일인가요?"

이 남자는 실제로 나디그의 이야기가 흥미롭지 않다는 증명을 해내진 못했다. 그저 그렇다고 느낄 뿐이었다. 하지만 종종 무작위 이론가들은 어떤 이야기가 겉보기보다 덜 대단하다는 것을 수학적으로 증명해내기도 한다. 상식으로는 도저히 이해할 수 없는 우연이나 행운처럼 보이는 상황이 존재한다. 좀처럼 있을 법하지 않은 상황이 확률 법칙을 거스르고 발생하는 것처럼 보이지만, 사실 확률 법칙은 언제나 완벽하게 지켜진다. 일어날 법하지 않은 이런 상황은 우리가 생각하는 것보다 훨씬 더 일어날 가능성이 높다.

  예를 들어 군복무 당시 내가 속한 팀의 인원이 100명 남짓이었는데, 어느 날은 이 인원이 모두 태어난 순서대로 1월 1일부터 12월 31일까지 일렬종대를 이뤄야 했다. 왜 그런 훈련을 했는지는 기억나지 않지만 결과는 흥미로웠다. 놀랍게도 나와 다른 두 명이 서로 한 해 차이를 두고 같은 날에 태어난 것이다. 한 명의 생일은 1927년 1월 28일이었고 나머지 두 명의 생일은 1928년 1월 28일과 1929년 1월 28일이었다. 그 후 몇 달 동안 우리는 이 일을 점차 더 신비하게 여기게 됐고, 함께 엄청난 양의 맥주를 마시기도 했으며, 삶과 죽음, 운명 같은 거창한 것들에 대해 심각한 이야기를 나눴다. 이 친구들 중 한 명은 여자친구가 점성가였는데, 그 여자친구는 보이지 않는 힘에 의해 우리 세 명이 한곳에 모인 거라 말하며 이 일을 더 의미심장하게 만들었다. 또한 우리의 신비한 인연이 끊어지지 않는 한 그 힘이 우리에게 행운을 가져다줄 거라 단언하기도 했다.

  이 일을 흥미롭게 여길 수도 있겠지만, 한참 생각해보니 생일이 같은 세 명이 그런 상황에서 한곳에 모였다는 것은 분명 전혀 놀랄 일이 아니었다. 사실 충분히 예상할 수 있는 일이었다. 애초에 동일 생일자 세 명이 한 해 걸러 한 명씩 나왔다는 것은 전혀 신비할 것도 없는 일이었다. 팀원

100명은 모두 18세가 넘었으며, 그중에서도 이십대 중반은 드물었다. 그러니까 거의 모든 팀원이 1926년에서 1930년 사이에 태어났던 것이다.

태어난 해는 그렇다 치고, 세 명이 모두 1월 28일에 태어난 우연의 일치는 "생일 역설"이라 불리는 현상을 보여주는 예일 뿐이었다. 확률 법칙에 관심이 많은 사람들은 이 역설을 이용해 사람들을 당황시키길 좋아한다. 여기서 생일의 역설을 수학적으로 설명할 필요까지는 없지만, 어쨌든 수학적으로 따져보면 생일이 같은 사람들이 한곳에 모일 확률은 우리의 직관이나 상식이 허용하는 것보다 훨씬 더 높다. 23명의 사람이 모였을 때, 그중 생일이 같은 사람이 최소 두 명 나올 확률은 50퍼센트다. 만약 50명이 모인다면 그 확률은 96.77 퍼센트 이상이 되며, 100명이 모이면 확률은 99.99퍼센트 이상이므로, 생일이 같은 사람 두 명이 나오는 일은 거의 확실한 일이 된다.

따라서 100명이 넘는 규모의 팀에서 동일 생일자가 두 명도 나오지 않는다면 그거야말로 놀라운 일일 것이다. 실제로 내가 속한 팀에는 우리 세 명 말고도 생일이 같은 두 명이 세 커플 더 있었다. 거의 확률 법칙 그대로였다. 세 명의 생일이 같은 경우는 두 명의 생일이 같은 경우보다 더 드문 일이지만 그렇게 확률이 낮은 일은 아니다. 100명이 모이면, 그중에 세 명의 생일이 같을 확률은 3분의 1이다.

무작위 이론가들은 다른 사람이라면 매우 흥미롭게 생각할 연이은 운에도 대수롭지 않다는 태도를 고수한다. 일반적인 정의에 따르면, "연이은 운"이란 승패가 갈리는 일에서 일정 기간 동안 혹은 연속적으로 여러 행운이나 불운이 한꺼번에 일어나는 우연의 일치를 말한다. 이런 우연은 누구에게나 일어난다. 누구든 살다 보면 만지는 것마다 황금으로 변하는 날이 있기도 하고, 만지는 것마다 (정중하게 표현하자면) 먼지나 재로 변하는 날이 있기 마련이다. 이를 테면 브리지나 포커 같은 게임을 할 때, 어떤 밤엔 끝내주는 패만 연속으로 들어온다고 느낄 때가 있고 어떤 밤엔 영화나 보러 갈 걸 후회할 때도 있는 것이다.

사람들은 그런 연이은 운이 왜 일어나는지 알고 싶어 한다. 판돈이 적거나 아예 없는 브리지 혹은 포커에서라면, 연이은 운이 게임 그 자체와는 상관없는 별 볼일 없는 일인 반면, 판돈이 높은 도박이나, 투자, 사업상의 결정, 개인적인 목표를 이루는 과정에서 맞닥뜨리게 되는 거짓 노력과 평계에 있어서 연이은 운은 매우 중요한 역할을 하게 된다. 그로 인해 인생 전체가 바뀔 수도 있기 때문이다. 하지만 연이은 운은 동네 브리지게임에서 일어나든 평생 모은 노후자금이 걸린 도박에서 일어나든 이해하기 힘든 일인 건 똑같다.

연이은 운이 발생하는 원인은 무엇일까?

이 질문에 있어 무작위 이론가들은 늘 그렇듯 합리적이고도 약간은 통명스런 설명을 내놓는다. 연이은 운이란? 그것은 자연스럽게 일어나는 일이다. 무작위로 일어나는 여러 사건들 중 몇몇 사건은 때때로 한꺼번에 일어나게 되어 있다. 어떤 해변도 완벽하게 평평하지 않다. 바람과 파도라는 무작위적인 영향에 의해 여기저기 모래더미가 쌓이기도 하고 구덩이가 파이기도 하는 것이다.

심지어 운이 어느 정도로 자주 한꺼번에 일어날지 수학적으로 예측해보는 것도 가능하다. 동전을 많이 던지면 동전의 뒷면이 나올 확률은 거의 50퍼센트가 될 거라고 예측할 수 있다. 동전을 더 많이 던지면 던질수록 확률 법칙에 의해 뒷면이 나올 확률은 50퍼센트에 점점 더 가까워진다. 이는 예상되는 장기적 결과다. 하지만 확률 법칙은 동전을 던질 때마다 앞뒷면이 완벽하게 규칙적으로 번갈아가며 나온다고 보장하진 않는다. 그와는 반대로 이 법칙은 때때로 동전의 앞면만 계속 나오거나 뒷면만 계속 나올 거라고 말한다.

위버 교수는 동전을 1,024번 던지면 뒷면이 연달아 여덟 번 나오는 일이 한 번은 있을 수 있다고 말한다. 그런 일이 틀림없이 일어난다는 것은 아니다. 통계학적으로 그런 일이 안 일어날 확률보다 일어날 확률이 더 높다는 말이다. 다시 말해, 만약 우리가 그런 일이 일어날 거라고 베팅하면 이길 가능성이 높다는 것이다. 마찬가지로 동전을 1,024번 던졌을 때 동전의 뒷면이 연달아 일곱 번 나오는 일이 두 번 일어날 거라고 베팅하거나, 뒷면이 연달아 여섯 번 나오는 일이 네 번 일어날 거라고 베팅하거나, 뒷면이 연달아 다섯 번 나오는 일이 여덟 번 일어날 거라고 베팅하면 그 게임에서 이길 가능성이 높다.

　무작위로 이것 아니면 저것이 나오는 게임이나, 맞다 아니다가 갈리는 게임에서라면 위와 같은 법칙이 동일하게 적용된다. 이를테면 오랫동안 사랑받은 룰렛게임처럼 말이다. 룰렛게임의 베팅 방식은 수십 가지에 이른다. 하지만 그중에서 동전 던지기와 베팅 방식이 완전히 비슷한 것은 세 가지다. 빨간색 혹은 검정색에 베팅하거나, 홀수 혹은 짝수에 베팅하거나, 낮은 수(1~18) 혹은 높은 수(19~36)에 베팅할 수 있다. 이런 베팅을 50 대 50 확률게임이라고 부른다. 이 게임에서 1달러를 베팅한 후 게임에서 이기면 1달러를 더 받기 때문에 원래 베팅 금액은 두 배가 된다. 룰렛게임 참가자들 중에는 베팅 방식을 바꿔가며 게임을 하는 사람도 있지만 그날 밤 내내 베팅할 방식 하나를 정해두는 경우가 좀 더 일반적이다. 대체로 알 수 없는 예감이나 징조를 느낀 사람들이 집요하게 한 가지 베팅 방식을 고수한다. 이를테면 짝수에만 계속 베팅하는 것이다. 만약 누군가 그런 식으로 베팅을 하고 있다면, 그 사람은 확실히 룰렛 테이블에 앉아 베팅을 하는 그 시간 동안 짝수가 연달아 나오길 바라고 있는 것이다.

　확률 법칙에 의하면 짝수가 연달아 나올 거라는 추측은 가능한 일이며, 실제로 짝수가 연달아 나오기도 한다(홀수가 연달아 나올 수도 있고, 빨간색이 연달아 나올 수도 있으며, 그밖에 모든 베팅도 마찬가지다). 언젠가 몬테카를로에서는 짝수가 연달아 28번 나온 적도 있다. 만약 당신이 그날 밤 그곳에서 짝수에 1달러를 베팅하고 그 베팅을 계속 고수했더라면, 매번 베팅금은 두 배로 늘어나 룰렛휠이 28번 돌아가고 난 후엔 1억 3,400달러가 조금 넘는 돈으로 불어났을 것이다. 카지노 하우스가 베팅금의 규모를 제한하고 있기에 그렇게 돈이 불어날 수는 없겠지만 그런 상황을 상상해보는 것만으로도 즐거운 일이다.

만약 당신이 29번째에도 짝수에 베팅했다면 처음 베팅한 1달러를 포함해 모든 돈을 잃었을 것이다. 그런 생각을 하면 눈물이 난다. 이게 바로 무작위 이론의 단점을 보여주는 한 가지 예다. 이 이론은 개괄적인 예측을 도울 뿐 그런 일이 언제 일어날지는 알려주지 못한다.

확률 법칙에 의하면 룰렛휠을 대략 268번 돌릴 때마다 짝수가 연속으로 28번 나오는 일이 한 번 일어날 수 있다. 하지만 그런 지식으로는 베팅하는 자리에서 제한된 도움만 받을 수 있을 뿐이다. 무언가가 연속으로 나오는 일이 언제쯤 발생할지는 알 길이 없다. 룰렛휠이 계속 돌아간다면 언젠가 어느 곳, 어느 휠에서는 연속적인 베팅 결과가 다시 나타날 것이다. 하지만 그게 올해 라스베이거스에서 일어날지, 100년 뒤에 어떤 카지노에서 일어날지는 아무도 모른다. 게다가 짝수가 연속으로 네 번, 다섯 번, 여섯 번 나온다고 하더라도 그런 일이 언제까지 계속될지는 알 수가 없다. 이를테면 베팅하는 순간에 우리는 이런 질문을 하게 된다. 이번 베팅을 시작으로 짝수가 28번 연속으로 나올 수 있으니 계속 짝수에 베팅해야 할까? 아니면 연속으로 나오던 짝수가 여섯 번째에서 멈출 수 있으니 지금까지 딴 돈을 챙기고 베팅을 그만둬야 할까?

언제 베팅을 시작하고, 언제 베팅을 그만둬야 할까? 연이은 운이 언제까지 계속될까? 무작위 이론은 이런 질문에 어떤 대답도 하지 못한다. 이 같은 질문에 있어선 전혀 도움이 되지 않는 이론이라는 것이 그 이론 안에서 드러난다.

이런 의미에서 보면 무작위 이론에서 말하는 운은 확률게임의 상황에서든, 좀 더 진지한 생계(이 자체도 거대한 확률게임이다)의 상황에서든 다루기 힘든 요소다. 무작위 이론은 일정 결과가 나올 확률이나 나오지 않을 확률을 말해줄 수는 있지만, 거기까지일 뿐 그 이상은 알지 못한다. 내가 마틴 가드너에게 운에 관한 책을 쓸 거라고 말하자, 그는 그런 책은 쓰지 않는 편이 좋을지도 모른다고 말한 적이 있다. 가드너도 운이 "모호한" 주제라고 생각했다. 물론 무작위 이론의 관점으로 바라보면 그렇다. 운이란 그저 일어나는 것이다. 운과 관련하여 합리적인 말을 하거나 합리적인 행동을 한다는 건 불가능하다.

이런 이유 때문에 순수한 운의 영역에서 활동하는 전문 도박꾼들은 무작위 이론에 무언가가 빠졌다고 느끼곤 한다. 이들 중 대부분은 무작위 이론가보다 자신들이 운을 더 잘 관리할 수 있다고 생각한다. 이들에게 운이란 좀 더 명백하고 실제적인 것이다. 다시 말해, 운이란 무작위적인 사건들이 만들어낸 결과물을 가리키는 이름이라기보다는 개별적으로 존재하는 무언가다.

이 같은 사람 중 하나가 라스베이거스에 위치한 듄스클럽의 대표인 메이저 리들이다. 몇 년 전 리들은 『주말 겜블러들을 위한 안내서』라는 흥미로운 책을 썼는데, 그 책에는 다음과 같은 불만의 토로가 나온다. "운은 좀처럼 도박이론에 통합되지 않는 유일한 요소다. 운을 이해한다는 것은 자신에게 불리한 확률을 어떻게 줄일지 아는 것만큼이나 도박에 있어서 필수적인 부분이다."

리들은 무작위 이론 주창자들과는 확연히 다른 관점으로 운을 본다. 그는 무작위 이론을 신중히 연구해왔고 자신의 책에서 어떤 무작위 이론가들도 흠잡지 못할 여러 확률 계산을 소개하기도 했다. 하지만 리들은 거기서 그치지 않고, 운을 개별적인 실재로 바라보는 데까지 나아간다. 그는 운이 우리에게 통계적 확률 이상의 또 다른 도움(혹은 또 다른 어려움)을 줄 수 있다고 봤다.

예를 들어, 리들은 위험이 따르는 모험을 하기 전에 항상 자신의 운을 "시험"해보라고 조언한다. 그 모험이 도박이든 개인적으로 중요한 일이든 상관없이 말이다. 그는 카지노에 들어가면 "그날의 운이 어떤지 확인해보기 위해" 작은 베팅을 몇 번 걸어봐야 한다고 말한다. 만약 운이 잘 풀리면 그때 좀 더 큰 베팅을 걸어야 한다는 것이다.

무작위 이론 주창자들이 보기에 이는 완전히 터무니없는 말이다. 이들은 어떤 운의 흐름이 시작됐다는 사실이 그 운의 지속을 의미하지는 않는다고 말한다. 한 게임이 끝나고 다음 베팅을 할 때, 게임에서 이길 확률과 질 확률은 언제나 정확히 같다. 그전 베팅에서 어떤 운의 흐름을 탔느냐와는 전혀 상관이 없다. 따라서 운을 "시험"한다는 것은 무의미한 일이다.

하지만 리들이나 많은 도박꾼들, 투자자들, 운을 시험해보는 일반적인 사람들에게 이는 무의미한 일이 아니다. 리들은 운이 일정 기간 동안 일정 인물에 유리하도록 확률을 높여주거나 낮춰주는 신비한 힘이라고 주장한다(그 자신도 이 힘이 어떻게 작용하는지는 알지 못한다). 운이 어떻게 작용하는지 알고 있다고 생각하는 사람도 있지만, 리들은 겸손하게도 그와 관련된 어떤 이론도 내놓지 않는다. 연이은 운이 찾아오기 전에 그 운을 포착하고, 어느 정도 이용하는 것이 가능하다고 말할 뿐이다.

리들은 어느 날 저녁 20달러를 챙겨 듄스클럽에 방문한 한 신문기자의 사례를 들어 설명한다. 이 기자는 크랩게임이 벌어지는 테이블에서 사이드 베트를 작게 걸어 몇 번 이긴 상태였다. 옆에 서 있던 리들은 이것이 기자의 운이 고조되고 있음을 알려주는 신호라고 봤다. 도박꾼들이 사용하는 용어로 표현하자면 이 남자의 운은 "달아오른" 상태였다. 따라서 리들은 기자에게 점점 더 크게 베팅하라고 조언했다. 기자의 운은 계속 달궈진 상태였고 연전연승을 보이고 있었다. 운을 잘 이해하고 성공적으로 이용했던 것이다. 하지만 이쯤에서 새로운 질문이 생겨나게 된다. "그 운은 언제 끝나게 될까?" 이 기자는 갑자기 운이 떨어질 위험을 감수해가며 계속 더 큰 액수를 베팅해야 하는 걸까? 당시 리들은 기자의 운이 점차 떨어지고 있음을 느꼈고 게임을 그만두라고 제안했다. 그러나 기자는 그만두고 싶어 하지 않았다. 나중에 리들이 한 말에 따르면, 그 기자는 운이 너무 좋았던 나머지 그 문제조차도 운이 해결해줬다고 한다. 그날 저녁 내내 술을 너무 많이 마신 바람에 기자가 기절해버린 것이다.

다음 날 아침, 리들은 술이 깨 휘청거리며 아침을 먹으러 온 기자에게 게임에서 딴 돈 2만 1,265달러를 건네줬다.

무작위 이론 신봉자들은 그런 진기한 사건이 발생할 수 있을 뿐 아니라 심지어 자주 일어날 수도 있다고 인정하지만, 연이은 운을 미리 알아채거나 리들의 말처럼 그런 운을 이용하는 건 불가능하다고 완고히 주장한다. 무작위 이론가들의 관점에 따르면, 그가 게임에 이길 수 있었던 건 단순히 여러 사건들이 우연히 그에게 유리한 방식으로 한꺼번에 발생해 패턴을 이뤘기 때문이다. 여러 사건이 한꺼번에 일어나도록 "야기하는" 요인 같은 것은 없었다. 여러 날 중 꼭 그날 저녁, 여러 사람들 중 꼭 그 기자가 운을 연달아 경험하게 만든 요인 같은 것은 없었다는 것이다.

운이 "달아올랐다"라는 표현을 사용하는 도박꾼들의 태도는 무작위 이론가들이 봤을 때 터무니없는 것이다. 누군가의 운이 달아올랐다고 말한다는 것은 그 사람의 운이 일시적으로 평상시보다 더 좋다는 것을 암시하는 것이기 때문이다. 운이 따른다고 표현되는 이런 상태는 무작위 이론의 세계에서 존재할 수 없는 것이다.

～

해리 월든은 오랫동안 도박을 해오면서 지금까지 제대로 이겨본 적이 없었다. 하지만 미혼으로 혼자 살고 있는 55세의 월든은 이런 자신의 처지에 크게 상심하지 않았다. 작고 마른 몸에 큰 코와 매력적인 미소를 지닌 그는 한때 버스기사, 택시기사, 트럭 운전수, 신발 판매원으로 일했으나 현재는 무직 상태다. 이마저도 그는 긍정적으로 받아들였는데, 뉴욕의 용커스나 애퀴덕트 같은 경마장에 더 자주 갈 수 있기 때문이었다.

월든은 살면서 한 번도 성공이라는 것을 해본 적이 없는데, 이상하게도 자신이 그렇다는 것을 말하는 데 주저함이 없었다. 보기 드문 사람이었다. 그는 매우 유쾌할 뿐 아니라 거침없는 태도로 자신의 이론을 설명했다. 돈이 있을 때 나무랄 데 없이 관대했고, 돈이 없을 때는 그런 상황을 불평하지 않았다. 그런 그를 두고 사람들은 운에 관심이 없는 사람이라고 생각할지도 모른다. 월든은 운이 오고가는 것을 흥미롭게 지켜보면서도 개인적으로 크게 개입하려 하지 않았다. 자신의 운에 관심을 갖고 있다고 볼 수는 있지만, 그렇게 많이 신경 쓰는 것처럼 보이지는 않았다. 월든에게 있어 삶은 의미도 목적도 알 수 없는 무작위적인 사건들로 가득찬 것이다. 그는 그런 무작위적인 사건들에 저항하거나 그 속에서 질서를 만들어내려 하기보다는 큰 의미를 부여하지 않은 채 그런 상황을 그저 받아들인다. 돈이 생길 때마다 베팅을 걸며 운의 자비에 자신을 내맡기는 것이다.

"이길 때가 있으면 질 때도 있는 거죠." 월든이 쾌활하게 말했다. "살면서 바보 같은 짓을 저질렀던 적이 있어요. 몇 번 감옥에 갔죠. 한번은 마권업자에게 돈을 갚으려고 절도를 저질러 감옥에 갔고, 술 취해 난동을 부려 체포된 적도 몇 번 있어요. 하지만 지금은 술을 끊었어요. 3년 전에 의사가 이렇게 말하더군요. '해리, 결단이 필요해요. 술병에 코르크 마개를 끼워두지 않으면 올해 안에 죽게 될 거예요.' 그래서 단번에 술을 끊었죠. 저한테는 가족이 몇 명 있는데, 저한테 왜 경마를 끊지 않는지 묻곤 해요. 그러곤 제게 이렇게 말하죠. '해리, 어리석게 굴지 마. 술을 끊을 수 있다면 경마도 끊을 수 있어.' 하지만 제가 보기에 도박을 끊어야 할 이유가 하나도 없었어요. 저는 가족들에게 이렇게 말해요. '뭐 어때. 도박한다고 죽는 것도 아닌데. 나 여기 멀쩡하게 살아 있잖아. 안 그래?' 저는 피해만 없다면 누구나 자신이 좋아하는 일을 즐길 권리가 있다고 생각해요. 게다가 언젠가는 제가 크게 이길 수도 있는 거잖아요. 이 방법 말고는 제가 큰돈 벌 기회는 절대 없을 거예요."

나는 그래서 경마를 좋아하는 거냐고 물었다. 부자가 될 수 있다는 희망 때문에 경마를 좋아하는 것인지 물은 것이다. 월든이 웃으며 대답했다. "희망이요? 정확히 말하자면 희망은 아니에요. 일어날 가능성이 있다는 거지, 그 이상은 아니죠. 만약 그런 일이 일어난다면 정말 좋겠지만, 희망만 잔뜩 품고 빈둥거렸다면 전 지금쯤 정신병원에 있을 거예요. 희망은 사람을 망가뜨려요. 알아요? 저는 희망을 품기보단 주어진 것을 그저 받아들인답니다. 때로는 운이 따르기도 하죠. 예를 들어볼게요. 몇 주 전에 경마를 하러 갔는데 그날 내내 계속 돈을 잃고 있었어요. 빈털터리 상태였죠. 말 그대로 진짜 빈털터리요. 콩 통조림 한 개도 못 살 정도였어요. 다섯 번째 경주까지 갔을 때 저한테 남은 돈은 2달러뿐이었어요. 그때 기수 교체가 있었어요. 저는 그게 행운의 신호라고 생각해서 그 흐름을 따라가기로 했고, 승산이 낮은 베팅을 했어요. 이긴다에 2달러를 걸었죠. 결과적으로 제가 이겼어요. 많은 돈은 아니었지만 어느 정도의 돈은 받을 수 있게 됐죠. 그런데 딴 돈을 찾으러 가는 도중에 길에서 뭘 발견했는지 아세요? 우승마를 찍은 10달러짜리 마권 두 장이 바닥에 떨어져 있었어요. 누군가가 실수로 버린 것이었죠. 현금으로 바꿀 수 있는 것이었어요.

2부 운의 속성에 관한 고찰: 몇몇 과학적 시도

그렇게 전 약 800달러를 벌어 경마장을 떠날 수 있었죠. 그날 밤, 행운의 여신은 제 편이었어요."

"하지만 이제 다른 예도 들어볼게요. 저는 꽤 많은 돈을 따기도 하지만 진짜 큰돈을 딴 적은 한 번도 없어요. 제가 늘 파산 직전인 이유도 그 때문이죠. 한번은 사진 판정이 필요할 만큼 대접전이었던 경기에서 우승하지 못할 말에 돈을 건 적이 있어요. 거의 이길 뻔한 경기였죠. 제 인생이 늘 그랬어요. 제 주위에는 큰돈을 따는 사람들이 있는데, 제가 그 사람들이 큰돈을 따도록 돕는 경우도 있다니까요. 마치 운이 저를 지나친 후 제 옆에 서 있는 사람에게 떨어지는 것 같아요. 한번은 이런 일도 있었어요. 어느 저녁 용커스에서 더블트윈으로 베팅을 한 상태였어요. 베팅한 금액의 50배를 받게 되는 거였죠. 제가 선택한 말의 이름은 슈가 힐 밀리었어요. 이 이름은 절대 잊을 수 없을 거예요. 저는 슈가에게 돈을 걸었고, 결과는 사진 판정이 필요할 만큼 대접전이었어요. 10분을 기다린 끝에 제가 선택한 말이 졌다는 판정이 났어요. 6,000달러를 벌 수 있었는데 코앞에서 놓친 거예요. 그 정도면 하룻밤 사이에 큰돈을 벌었다고 할 만한 액수였어요. 하지만 전 빈털터리로 집에 돌아갔죠.

이야기는 여기서 끝나지 않아요. 저는 집으로 가다가 커피가 마시고 싶어서 경마하는 사람들이 자주 가는 식당에 들렀어요. 그곳에 한 남자가 자기 부인과 함께 있더라고요. 이 부부는 낮 동안 계속 경마장에 있다가 큰돈을 잃고 일찍 자리를 떴다고 했어요. 행운이 따르지 않는 날이었나 보더라고요. 남자의 표정이 정말 우울해 보였어요. 되는 일이 하나도 없는 날을 보내고 있는 것 같았죠. 제가 식당에 들어오는 걸 보더니 그 남자가 물었어요. '이봐요, 트윈더블 게임 봤어요? 일등이 누구예요?' 제가 대답했죠. '묻지 마요. 너무 심난하네요. 7번이었던 것 같아요.' 그 남자는 벌떡 일어나더니 이렇게 말했어요. '이럴 수가, 내가 선택한 말이네!' 남자는 그렇게 말하고는 잉글리시 머핀을 테이블에 둔 채로 부인을 데리고 경마장으로 돌아갔어요. 그가 받은 금액은 5,000달러였어요. 이 남자는 질 거라는 확신이 너무 강해서 제가 제때 식당에 들르지만 않았어도 마권을 죄다 버릴 뻔했던 거예요."

월든에겐 운을 설명할 만한 이론이 있었을까? 그에게 그런 건 없었다.

"정말 이해하기 어려워요." 월든이 말했다. "운을 이해하는 것은 불가능해요. 정직한 남자가 하나 있다고 가정해봐요. 이 남자는 연로하신 할머니를 부양하고 있고, 세금도 잘 내고, 참전용사들에게서 양귀비꽃도 구입해요. 누구든 도움을 청하러 이 남자에게 찾아가지만, 남자의 수중엔 2~3달러뿐이죠. 반면 이런 남자도 떠올려보세요. 아기가 신고 있던 신발을 훔쳐서 되파는 사람 말이에요. 이 두 사람 중 누가 경마에서 이길 것 같아요? 나쁜 사람이나 좋은 사람이나 이길 확률은 같아요. 이걸 제대로 이해하는 건 불가능해요. 혹시라도 언젠가 운이 뭔지 알게 된다면 저한테도 좀 알려주세요."

월든은 잠시 시무룩해 보이더니 다시 미소를 지어 보였다. "아, 아무렴 어때요." 그가 말했다. "오늘 지면 내일 이기고 하는 거죠. 우리에겐 언제나 내일이 있잖아요."

2장
초자연 이론

로버트 브라이어 박사는 내 눈을 똑바로 쳐다보며 룰렛에서 이길 수 있는 확실한 방법을 알고 있다고 말했다.

확실한 방법? 강한 표현이었다. 나는 브라이어 박사에게 그 말이 진짜냐고 물었다. 그는 틀림없이 그렇다고 말하고는 강한 표현을 하나 더 덧붙여 명백하게 확실한 방법이라고 재차 말하기까지 했다. 브라이어 박사와 그의 다른 동료 한 명은 라스베이거스에 있는 카지노에서부터 시작해 쿠라사우의 카지노까지 방문해 반복적으로 이 방법을 테스트했으며, 그의 말에 따르면 돈을 따지 않고 카지노를 나오는 경우는 한 번도 없었다고 했다.

기이한 일이었다. 마틴 가드너도 이 두 사람만큼이나 분명하게 다음과 같이 말한 적이 있다. "조작된 게임에 참가했거나 그들이 게임을 조작한 게 아닌 이상 그 누구도 룰렛게임에서 자주 이길 수 없어요. 당연히 카지노는 그런 거짓 신화가 계속되길 원해요. 그래야 사람들이 게임을 하러 오니까요."

나는 수백 년간 개발되었던 여러 룰렛 공식을 연구했으나 가드너의 도움으로 그중 어떤 방법도 효과가 없음을 확신하게 됐다. 그 방법들 중 상당수는 처음에 그럴 듯해 보이고 마음을 동하게 하는 면이 있는데, 바로 그런 면 때문에 오랫동안 사람들 사이에서 회자될 수 있었다. 그중 몇몇 방법은 큰돈을 잃을 확률을 낮춰주긴 하지만 동시에 같은 비율로 큰돈을 딸 확률도 떨어뜨렸다. 어떤 방법으로도 확률게임의 상대편인 카지노 하우스의 승률을 낮출 수는 없었다. 기본적으로 모든 룰렛 공식은 비슷했다. 운이 좋으면 이긴다는 것이다.

하지만 브라이어 박사의 이야기는 달랐다. 브라이어 박사는 롱아일랜드 포스트 캠퍼스에서 철학을 가르치는 교수다. 곱슬머리에 마른 체형인 삼십대 초반의 브라이어 박사는 쾌활하고 활기찬 성격이었다. 그는 거의 평생 초심리학에 관심을 쏟아왔다. 초심리학이란 초자연적 현상, 즉 '프시 psi'에 관한 연구를 의미한다. 여기서 프시는 다른 사람들의 생각을 읽는 능력(텔레파시), 미래를 보는 능력(예지력), 손을 대지 않고 정신만으로 물리적 대상에 영향을 주거나 움직이는 능력(염력) 등 증명되지 않은 인간 능력을 말한다. 브라이어가 주장하는 "확실한" 룰렛 공식에서 중요한 역할을 하는 것이 바로 이 예지력이다.

브라이어 박사의 룰렛 공식은 어떻게 작용하는 것일까? 또 그 근거는 무엇일까?

그는 이렇게 말했다. "당연한 말이지만, 미래를 확실히 예측할 수만 있다면 룰렛게임에서도 확실히 승리할 수 있어요. 빨간색이 나올지 검정색이 나올지 미리 알면 매일 밤 룰렛 테이블에 앉아 즐거운 마음으로 하우스가 정한 최대 베팅금액이 될 때까지 가진 돈을 계속 두 배씩 늘려갈 수 있어요. 미래를 예측할 수 있는 사람들은 존재하지만 확실하게 예측할 수 있는 사람은 아무도 없다는 것이 초심리학에서는 항상 가장 큰 골칫거리로 작용해왔어요. 특정 인물이 오늘은 초능력을 능숙하게 사용해도 내일은 그렇지 못할 수 있죠. 또한 오랜 기간 관찰한 결과, 이 사람이 카드나 룰렛 결과를 일반적인 확률보다 10퍼센트 더 높은 확률로 예측한다고 해도, 그 긴 기간 안에는 예지력이 발휘되지 않는 여러 짧은 기간들이 존재할 수 있어요. 이는 도박을 할 때 문제가 될 수 있어요. 만약 예지력을 가진 사람의 도움을 받아 한 달 내내 룰렛게임을 한다면 결국에는 돈을 따게 될 테지만, 이런 접근방식은 현실적이지 못해요. 초능력이 제대로 발휘되지 않는 날에도 계속 게임을 이어나가려면 막대한 현금을 보유하고 있어야 하기 때문이에요. 그밖에도 게임이 엄청 지루해진다는 단점이 있죠."

이것이 브라이어 박사가 자신의 공식을 만들면서 해결해야 했던 주요 문제였다. 브라이어 박사가 이 문제를 근본적으로 어떻게 해결했는지 다음을 살펴보자.

브라이어 박사는 그가 H.B.라고 부르는 한 여학생의 도움을 받았다. 브라이어 박사와 다른 사람들 모두 흡족해할 만큼의 강력한 예지력을 선보인 학생이었다. 브라이어 박사는 이 학생에게 특정한 날, 특정 시간에 특정 카지노의 룰렛휠이 50회 도는 동안 매번 빨간색이 나올지 검정색이 나올지를 예측하게 했다. 이 과정은 며칠간 여러 번 반복적으로 이뤄졌는데, 그렇게 함으로써 특정 50회에 대한 예측이 여러 버전으로 쌓이게 됐다. 브라이어는 이를 바탕으로 각각의 룰렛 회전마다 가장 많이 예측된 색을 기록했다. 예를 들면, 예지력을 가진 학생이 첫 번째 룰렛 회전에서 빨간색보다 검은색을 더 많이 보았다면 예측 결과를 검정색으로 기록한 것이다. 브라이어는 이런 방식으로 불확실성을 줄일 수 있을 것이라 기대했다.

그런 다음 브라이어는 친구 월터 티민스키와 함께 쿠라사우에 있는 특정 카지노를 특정 날짜에 방문했다. 티민스키는 도박을 매우 좋아할 뿐 아니라 도박 관련 글이나 뉴스레터를 발행하는 회사 호즈에누아의 대표이기도 하다. 브라이어와 티민스키는 평균을 낸 예측을 챙겨들고 H.B.와 함께 베팅 없이 룰렛휠이 몇 번 돌아가는 것을 지켜봤다. 그 결과 H.B.의 예측이 일반적인 확률과 신뢰할 만한 차이를 보였다. 결과에 만족한 브라이어와 티민스키는 예측 자료를 참고하여 준비해간 50회 중 남아 있는 게임에 베팅했다. 처음에는 작게 시작해 점점 금액을 늘려갔다. 이 둘은 처음 카지노에 도착했을 때보다 훨씬 더 많은 돈을 거머쥐고 그곳을 떠났다. 브라이어는 얼마나 벌었는지 말하길 거부했다.

~

    초능력이라는 것이 정말 존재한다면 운을 설명하는 데 큰 도움이 될 것이다. 그러나 초자연적 현상 연구는 낯선 분야다. 초자연 이론 지지자들은 이런 연구가 과학으로 분류되길 원하지만(여기서 나도 그렇게 분류하고 있다), 다른 분야의 과학자들은 초자연 이론을 과학으로 받아들이려 하지 않는다. 잠정적 이류 과학이라는 호칭이 그나마 지금까지 초자연 이론이 받은 최고의 평가다.

    물리학, 생물학 등 다른 여러 분야의 과학자들 중 일부는 초자연 현상이 실제로 존재하며 초심리학이 연구할 만한 가치가 있는 분야라고 생각한다. 또 어떤 과학자들은 이 분야가 연구할 만한 가치가 있다고 생각하면서도 의심을 갖고 대하는 경향이 있다. 반면 초심리학이 학문이라는 허울을 뒤집어쓴 신비주의라고 생각하거나 별 볼일 없는 유행 지난 주제라고 생각하는 과학자들도 있다.

    이 연구의 문제는 (적어도 지금까지는) 측정이나 구체적인 설명이 불가능한 어떤 힘들을 주제로 다루고 있다는 것이다. 더 심각한 문제는, 설령 그런 힘이 존재한다고 상정하더라도, 그 힘의 작용 방식을 추측해보기는 매우 어렵다는 것이다. 만약 뉴욕에 있는 H.B.가 라스베이거스나 쿠라사우에 있는 룰렛이 한 달 후 어떤 결과를 낼지 예측할 수 있다면, 그 정보가 어떻게 H.B.에게 전달될 수 있었던 걸까? 어떤 형태의 에너지를 가지고 어떤 경로를 통해 어떤 방식으로 전달된 것일까? 초심리학자들은 이런 질문에 대답하려 계속 애쓰지만 유치한 질문을 더 유치하게 만들 뿐이었다.

브라이어 박사는 학술지 《소셜 팔러시》에서 애석해하며 이렇게 말한 바 있다. "초심리학은 현대 물리학의 개념도식 내에선 설명될 수 없는 현상을 연구하는 과학 분야다." 만약 초능력이 존재한다 해도 현대과학으로는 설명될 수 없을 것이다. 적어도 서구과학으로는 불가능하다. 동양과학과 철학에선 초능력이 존재할 수도 있다는 가능성을 좀 더 열어두고 있는 듯하다. 하지만 서양과학자들은 실험이 반복 가능해야 한다고 생각하고, 관찰된 영향 전부를 설명할 수 있는 합리적인 이론을 간절히 원한다. 그들에게 초자연적 현상은 이해할 수 없는 난제다. 초자연적 현상의 존재를 인정하든 의심하든 그 현상 자체가 매우 귀찮은 존재인 것이다. 서구과학자들은 차라리 그런 현상들이 사라져버림으로써 귀찮게 고민해야 할 필요가 없어지길 바랄 것이다.

초자연적 현상은 사라질 것 같지도 않고 과학계나 사회 전반에 완전히 받아들여지지도 않을 것 같다. 적어도 우리가 살아있는 동안엔 말이다. 가장 가능성 높은 예측은 초자연적 현상을 두고 벌이는 토론이 계속될 것이라는 것이다. 초심리학자들은 초자연적 현상이 존재한다는 증거들을 계속 내놓을 것이고, 다른 과학자들은 끊임없이 그런 증거에 비판을 쏟아 낼 것이다.

지금까지 제시된 증거를 보면 대부분 보이거나 들리지 않는 먼 거리의 카드가 무엇인지 알아맞히는 실험을 통해 얻은 데이터다. 젊은 식물학자 조셉 뱅크스 라인 박사는 1920년대에 이 카드 맞히기 실험을 대중화했으며 초심리학이란 과학 분야를 거의 만들어냈다고도 할 수 있는 사람이다. (그 이전에는 초자연적 현상에 관한 연구가 의심의 여지없이 '신비주의'로 분류됐었다.) 라인 박사와 그의 제자들은 계속 초자연적 현상을 보여주는 사람들을 발굴해냈다. 일반적인 다섯 가지 감각으로는 알아채기 힘든 것을 알아내는 묘한 능력의 소유자들이었다.

초심리학자들에게는 각자 편애하는 초능력자가 있는데, 라인 박사의 경우엔 오랫동안 함께한 휴버트 피어스라는 신학생이 있었다. 라인 박사와 피어스는 다섯 가지 상징 중 하나가 그려진 카드 25장을 가지고 특별한 카드 실험을 진행했다. 만약 초감각적 지각이 없는 사람이 이 카드를 가지고 나오는 순서를 마구잡이로 추측하면 통계적으로 알아맞힐 확률이 25장 중 5장 정도다. 피어스는 이 실험을 진행하는 동안 25장 중 평균 10장을 맞혔으며, 한번은 25장 전부를 맞히기도 했다. 무작위적인 우연의 일치로 이렇게 완벽히 알아맞힐 확률은 매우 희박하다. "우연만으로는 일어날 수 없었던 일입니다." 라인 박사가 주장했다. "그러니 분명 어떤 다른 힘이 작용하고 있는 겁니다. 우리는 초능력이 존재한다는 사실을 받아들여야 해요."

피어스보다 훨씬 더 놀라운 초능력자를 발견한 초심리학자들도 있다. 그중 기네스북에 기록된 가장 뛰어난 초능력 사례가 뉴욕에 위치한 헌터 칼리지의 버나드 리스 교수의 1936년 실험에서 나왔다. 이 실험에서 우수한 사례로 기록된 인물은 26세의 여성이었다. 리스 교수는 카드 25장의 순서를 알아맞히는 실험을 총 74번 시행한 결과, 이 여성이 25장 중 모든 순서를 완벽히 맞힌 경우가 한 번, 24장의 순서를 맞힌 경우가 두 번 있었으며, 전체적으로 평균 18.24장의 순서를 맞혔다고 주장했다. 기네스북에 따르면 이 여성과 같은 평균 점수를 우연히 얻을 확률은 10의 700승 분의 1이라고 한다. 리스 교수는 라인 박사의 주장과 비슷한 말을 했다. "우연히 일어난 일이 아닙니다. 그러니……."

이를 두고 다른 과학자들은 입을 모아 별것 아니라고 말한다. 이렇게 큰 흥미를 보이지 않는 과학자들 중에는 무작위 이론 주창자인 워런 위버 박사도 포함돼 있다. 그는 늘 사람들에게 어떤 일이든 일어날 수 있으며 따라서 일어날 수 있는 일은 일어나게 된다는 첫 번째와 두 번째 확률 법칙을 상기시키곤 한다. 그의 주장에 따르면 피어스나 다른 사람들이 선보인 높은 카드 점수는 그저 무작위적인 운이 이례적으로 연속성을 띠며 나타난 것에 불과하다. 위버 박사는 그렇게 높은 점수가 나올 확률은 매우 낮으며, 따라서 순수 무작위성이라는 측면에서 봤을 때 그런 결과가 나왔다는 것은 믿기 힘든 "이상한" 현상 같다고 인정하긴 했지만, 더 이상한 건 라인 박사의 해석이라고 주장했다.

라인 박사는 이 두 개의 "이상한" 해석 중 하나를 선택해야 했다. 그리고 그는 자신이 보기에 더 그럴듯해 보이는 해석을 골랐다. 위버 박사는 라인 박사가 잘못된 선택을 내렸다고 주장했다. "저는 그의 해석을 받아들일 수 없습니다."

만약 라인 박사의 해석이 맞다면 상황은 더 편리해질 것이다. 초능력의 존재가 확실히 존재한다는 것이 증명만 된다면 일부 사람들이 다른 사람들보다 운이 더 좋은 이유를 설명하는 데 크게 도움이 될 것이기 때문이다. 이 개념 도식에서 보자면 가장 운이 좋은 사람은 가장 뛰어난 초능력을 가진 사람이다. 만약 우리가 다른 사람의 마음을 읽을 수만 있다면 그게 설령 때때로 희미하게 일어나는 일이라 해도 포커나 사업, 연애, 중고차 매매에서 운을 크게 높일 수 있다. 또한 미래에 일어날 사건을 일부분 모호하게나마 알기만 해도 라스베이거스와 주식시장에서 성공을 거둘 수 있다. 구직에서부터 복권 구매에 이르기까지 여러 수많은 일을 시도할 때면 예지력을 사용해 언제 어디로 가야 원하는 것을 얻을 수 있는지 알수 있게 될 것이다. 마찬가지로 물리적으로 존재하는 물체를 정신력만으로 움직일 수 있다면 그 능력이 서투르다 해도 헤아릴 수 없는 큰 가치를 갖게 될 것이다. 주사위를 굴릴 때나 카드를 섞을 때 매번 의도대로 정확히 컨트롤할 수는 없더라도 자신에게 유리할 정도로 물체에 영향을 줄 수도 있고, 여러 복권티켓이 담긴 통에서 자신의 티켓을 위로 이동시켜 뽑히게 만들 수도 있다. 또한 자신을 덮치려 달려오는 차의 방향을 틀 수도 있고, 또⋯⋯.

이런 생각은 달콤한 백일몽을 불러일으킨다. 하지만 단꿈에 젖어 의심의 날을 거두는 일은 없어야 한다. 많은 과학자들이 못마땅해 하며 지적하듯, 모든 초능력 연구의 핵심에는 이런 갖가지 달콤한 몽상이 감춰져 있다. 인간이라면 누구나 갖고 싶어 하는 능력이 연구의 주제이기 때문이다. 다른 사람들과 마찬가지로 초심리학자들의 내면도 이런 소망에 흔들리고 들뜰 수밖에 없다.

하지만 라인 박사의 선택이 옳을 수도 있음을 나타내는 증거도 많이 존재한다. 라인 박사나 브라이어 박사 같은 사람들이 바보는 아니니까 말이다. 우리는 자신만의 결론에 도달하기 전에, 무언가가 존재한다고 주장하는 이들의 말을 경청할 필요가 있다. 이제부터 이들의 연구가 어떤 결과를 내놓았는지 확인해보자.

초능력 연구를 살펴보면 유행이 변화하는 게 보인다. 초능력의 세 가지 기본 이론(텔레파시, 예지력, 염력)은 지난 수십 년간 상대적으로 각광받기도 하고 뒤로 밀려나기도 했다. 세 가지 이론이 모두 타당하다고 믿는 연구자가 다수이지만, 한편으론 한두 가지 이론에 집중하는 연구자들도 존재한다. 예를 들자면, 몇몇 연구자들은 텔레파시가 다른 초능력보다 더 받아들이기 쉬운 개념이라고 생각하는데, 텔레파시가 어떻게 작용하는지 더 수월하게 추측해볼 수 있기 때문이다. 이를테면 H.B.가 내 마음을 읽을 수 있다고 해보자. 이 자체도 기이한 일이긴 하지만 미래를 예측하는 것만큼은 아니다. 텔레파시는 기존의 물리법칙을 크게 거스르는 것처럼 보이지 않는다. 나의 마음이란 (내가 느끼기에) 의심의 여지없이 이곳에 존재하는 복잡하고 분주한 생각 덩어리이니까 말이다. 내 마음속에선 꼬리의 꼬리를 무는 생각들과 시냅스들이 윙윙 소리를 내며 딸깍거린다. 어쩌면 내 마음 안에서 어떤 에너지가 만들어지고 있는지도 모른다. 그리고 그런 에너지 중 일부가 새어나가거나 울림을 만들어내 H.B.에게 전달되는 것일 수도 있다. 이런 상상에 기반을 둔 마음 간의 소통이란 개념은 일정 기간 동안 초능력 연구에서 크게 각광받았으며, 사실상 라인 박사와 피어스가 역사에 남을 만한 카드게임을 시작할 때 염두에 두었던 개념도 바로 이것이었다.

하지만 지금 이 분야에서 가장 많이 연구되고 있는 주제는 예지력이다. 이런 흐름은 대략 1960년대 초부터 시작됐다. 케네디 형제의 암살 같은 심각한 국가적 불운을 예측했다고 주장하는 진 딕슨 등 유명한 예언가들은 대중뿐 아니라 초능력 연구자들의 상상력까지 자극했다. 이 장에서는 내용을 간략하게 전달하면서도 요즘의 시류를 충실히 전달하기 위해 주로 예지력 연구에 한해 소개하도록 하겠다. 하지만 예지력과 관련된 내용을 다른 두 가지 초능력 이론에 적용해도 꽤 정확히 들어맞을 것이다.

현재 미국을 포함한 전 세계에는 예지력 같은 초능력을 연구하는 단체가 많다. 그중 가장 눈에 띄는(여러 면에서 가장 특이하기도 한) 몇몇 단체는 놀랍게도 유물론을 고집스럽게 추구하는 러시아에 있다. 미국에서 가장 유명하면서도 높이 평가되는 단체는 아마도 미국심령연구학회ASPR, American Society for Psychical Research일 듯하다. 이 단체의 간행물을 살펴보면 과거에서부터 지금까지 여러 저명한 사상가들이 이 단체의 일원으로 활동한 것을 확인할 수 있으며, 그중엔 지그문트 프로이트도 포함돼 있다. 이 단체는 뉴욕 센트럴파크 근처에 위치해 있는데, 적갈색 벽돌로 지어진 건물은 어둡고 조용해 단체의 성격과 꼭 맞게 귀신이 출몰할 것처럼 보인다. 이곳의 연구소장은 칼리스 오시스 박사다. 키가 크고 마른 오시스는 라트비아 출신으로 영국 억양이 강했으며 학자들이 쓸 만한 전문적인 용어를 자주 사용했다.

오시스 박사는 초능력 연구의 모든 측면에 관심을 보이지만 특히 주목하고 있는 것은 예지력이다. "저는 복권 당첨자들의 사례에 끌립니다." 오시스 박사가 내게 말했다. "최근 이에 대한 연구가 몇 개 진행되고 있는데, 예지력이 복권 당첨에 영향을 미친 것으로 보여지는 사례가 많이 발견됐어요. 이를테면 복권 생각은 전혀 하지 않으며 길을 걷던 사람이 별안간 어떤 예감을 느끼게 되는 거예요. '이 가게에 들어가서 복권 한 장을 사야 해. 그 복권이 당첨될 거야'라는 생각을 하게 되는 거죠. 그렇게 복권을 사면, 후에 그 복권이 당첨되는 식이에요. 이런 일은 꽤 자주 발생하는 듯해요."

그런 일은 꽤 자주 발생한다. 그리고 소개할 만한 기이한 사례도 많다. 몇 년 전 23세였던 로버트 브란슨은 메릴랜드에서 진행된 크리스마스 특별 복권에 자신이 당첨될 거라는 확신이 들었다. 아내와 아이가 있던 브란슨은 겨우 먹고살 만큼의 수입밖에 없었지만 그래도 복권을 몇 장 샀다. 브란슨의 아내는 그가 복권을 사들고 집에 오자 화를 냈지만 (나중에 브란슨이 기자들에게 한 말에 따르면) 그는 이상하게도 차분했다. 사온 복권 중에는 숫자 7이 반복적으로 등장하는 것이 한 장 있었는데, 7은 브란슨의 행운의 숫자였다. 그는 뚜렷한 이유 없이 그 복권이 당첨될 거라 확신했다. 실제로 그 복권으로 브란슨은 약 500달러의 당첨금을 탈 수 있었으며 볼티모어 강당에서 열리는 최종 복권 추첨의 대상자가 됐다.

최종 복권 추첨자의 이름이 발표되기 직전, 브란슨이 앉은 자리에서 일어났다. 마치 그의 이름이 호명된 것을 들은 것 같았다. 사람들은 말없이 그를 물끄러미 쳐다봤다. 잠시 후 당첨자의 이름이 불렸고, 그 이름의 주인공은 브란슨이었다. 당첨금은 약 100만 달러였다.

오시스 박사는 이런 종류의 이야기를 좋아한다. 그중에서도 특히 통상적인 경우보다 더 자주 복권에 당첨되는 사람들의 이야기에 훨씬 더 많이 끌린다. "그런 사람들은 강력한 예지력을 가지고 있을 수 있어요." 오시스 박사가 말했다. "그 사람들이 예지력을 의식적으로 사용하든 안 하든, 다른 사람들이 그들을 보며 운이 좋다고 말하는 이유는 근본적으로 그들의 예지력 때문일 겁니다."

오시스 박사의 결론은 실제로 설득력 있게 느껴졌다. 만약 복권에 한 번 당첨됐다면 위버 박사의 말처럼 그저 누구에게나 생길 수 있는 운이 자신에게 발생한 것이라고 생각할 수 있다. 하지만 두 번 이상 당첨됐다면, 그러니까 다른 사람들보다 훨씬 더 많이 복권에 당첨됐다면 왜 자신만 그토록 운이 좋은지 질문해봐야 한다. 예를 들어, 랜디 포트너의 사례를 보자. 포트너는 뉴욕 롬에 살고 있는 21세의 청년이다. 그가 처음 주에서 주최하는 복권을 구매한 것은 열여덟 살 때였다. 그가 현재까지 복권에 당첨된 횟수는 19번이다.

그렇게 당첨된 금액 중 다수는 25달러, 100달러처럼 상대적으로 소액이었다. 하지만 한번은 약 5만 달러의 당첨금을 받기도 했고, 어떨 때는 푼돈을 넘어서는 금액에 당첨되기도 했으며, 현재는 매우 어린 나이임에도 안락한 생활을 누릴 만큼의 재력가가 되었다. 포트너는 지금보다 더 많은 돈을 모을 수도 있었지만, 현재 뉴욕 주 주최의 복권 추첨은 중단된 상태다. 경영상에 문제가 있다는 주장이 제기된 이후로 오랫동안 수사에 진척이 없었기 때문이다.

"제가 왜 그렇게 자주 당첨됐는지 저도 모르겠어요." 포트너가 나에게 말했다. "저는 복권을 꽤 정기적으로 구매했지만, 당첨 경험이 없는 사람들보다 복권을 더 많이 구매한 건 아니었어요. 제가 처음 복권을 구매한 건 고등학교를 졸업하고 식료품점에서 일하기 시작했을 때예요. 그 가게는 복권을 팔았는데, 몇 주에 걸쳐 운이 좋다고 느껴지면 여윳돈이 있을 때마다 거기서 복권을 샀어요. 신기해요, 운이 좋다는 느낌이 든다는 게. 어떤 때는 복권을 사봤자 별 볼일 없을 거라는 느낌이 오기도 했어요. 당첨이 안 될 거라고 확신했죠. 이 가게 안에 당첨될 복권이 없다는 걸 알았던 것 같아요. 또 어떤 때는 이 가게 어딘가에 당첨될 복권이 있다는 느낌이 왔어요. 그러면 복권 몇 장을 골라 구입했죠. 그렇게 해서 산 복권으로 작은 금액이나마 당첨된 경우가 많아요. 정말 신기한 경험이었어요. 말씀드렸듯이 저도 그 이유를 잘 모르겠어요. 다른 사람들은 항상 당첨되지 못할 복권을 사요. 그러고는 저에게 와서 이렇게 물어요. '왜 나는 한 번도 당첨이 안 되는 거지?' 제가 이 사람들한테 뭐라고 대답할 수 있겠어요? 저도 이유를 모르는 걸요."

랜디 포트너는 자신에게 예지력이 있다고 확신하는 것 같지 않다(그가 예지력을 가지고 있다는 가정하에). 하지만 포트너나 다른 비슷한 사례들을 연구해온 오시스 박사는 포트너보다 덜 회의적이다. 그는 이렇게 말했다. "예지력이 아니라면, 어떤 사람은 한 번도, 단 한 번도 복권에 당첨이 안 되는데 어떤 사람은 열 번 이상 당첨되는 상황을 무엇으로 설명할 수 있겠어요? 이건 그저 우연히 일어난 일이 아니에요."

오시스 박사는 예지력을 사용해 사고를 피하는 현상에도 관심이 많았다. 이를 주제로 한 흥미로운 이야기가 지금까지 많이 만들어졌는데, 또 그만큼이나 시시한 이야기도 많다. 그 시초는 1912년에 일어난 타이타닉 호의 침몰 사건인 듯하다. 이로 인해 1,500명 이상의 목숨을 잃었다. 그 사건 이후로 몇 달 동안 신문과 잡지에는 타이타닉 호에 탑승할 뻔했지만 어떤 이유에서인지 승선하지 않았던 사람들의 이야기로 가득했다. 대체로 신문 1면에는 다음과 같은 제목이 실렸다. "○○○이 나를 살렸어요." 여기에는 꿈, 예감, 행운의 사건, 점쟁이, 교회에서 본 환영, 아이의 간청, 개 같은 단어들이 들어가곤 했다. 이 사건 이후로 큰 재난이 일어나면 신문과 잡지의 편집자들은 항상 이와 비슷한 사례를 여러 개 찾아내거나 필요하다면 만들어내야 한다고 생각하게 됐다. 여기서 문제는 재난을 예견하거나 피했다고 주장하는 사례들이 해당 재난이 발생하기 전에 얘기되는 것이 아닌 발생 후에 전해진다는 것이며, 충분히 증빙된 이야기도 거의 없다는 것이다.

수년간 이 같은 재난 예측 사례를 열정적으로 수집해온 한 사람이 있었는데, 그가 바로 초심리학자를 남편으로 둔 루이자 라인 박사다. 루이자 라인 박사는 적어도 일부 사람들은 가끔 불운이 닥쳐오는 것을 느낄 수 있으며, 그런 능력을 통해 재난을 피할 수 있다고 믿었다. 그는 자신의 책 『마음의 숨겨진 통로Hidden Channels of the Mind』에서 어느 날 밤 이상한 꿈을 꾸고 일어난 한 여성의 사례를 소개했다. 이 여성은 다 쓰러져가는 낡은 집에 살고 있었는데, 꿈속에서 그 집이 거센 폭풍우에 흔들리는 장면을 보게 됐다. 집이 흔들리자 오래된 큰 샹들리에가 천장에서 느슨해지더니 아기침대에서 자고 있던 아이 위로 떨어지는 꿈이었다.

이 여성이 그 같은 무서운 꿈에서 깼을 때 폭풍우는 불고 있지 않았다. 실제 그날 저녁 날씨는 맑고 고요했다. 그럼에도 이 여성은 샹들리에 아래에 있던 아기침대를 다른 곳으로 옮겼다.

이런 종류의 이야기는 앞부분만 들어도 끝을 알 수 있기 때문에 그다지 재미는 없다. 말 안 해도 알겠지만, 그날 밤 늦게 갑자기 폭풍우가 일었고, 낡은 집이 흔들려 샹들리에가 천장에서 떨어졌다.

아마도 루이자 라인 박사는 충분히 세심하게 연구 대상자를 확인해본 후 그 여성의 이야기가 사실이라는 결론에 이르렀을 것이다. 비록 입증 기록도 없고 증빙될 가능성도 희박했지만 말이다. 하지만 이런 이야기는 항상 의문점을 남긴다. 이런 현상을 설명할 다른 타당한 방법도 있을 수 있지 않을까? 이 이야기가 정말 예지몽이 있었다는 것을 증명할 수 있을까?

어쩌면 위에서 묘사한 그대로 정말 샹들리에가 천장에서 떨어졌는지도 모르며, 실제로 그 여성이 때마침 아기침대의 위치를 옮겨 불운한 사고를 피했는지도 모른다. 하지만 예지몽이 아닌 다른 이유로 아기침대를 옮겼을 수도 있다. 나중에 큰 샹들리에가 바닥에 떨어진 것을 보고서 아기침대를 옮기지 않았더라면 어떤 일이 일어났을까를 상상했을 테고, 그로 인해 큰 충격을 받은 나머지 과거와 현재, 사실과 공상을 구분할 수 없는 감정 상태에 빠지게 됐을 수도 있는 것이다. 예지몽을 꾼 것이 아니라 나중에 잠에서 깬 상태에서 상상한 것일 수도 있다.

여기서 문제되는 한 가지는 우리 대부분이 이런 종류의 이야기가 사실이기를 원한다는 것일지도 모른다. 사실이길 너무나 원한 나머지 우리는 가끔 지나치게 무비판적으로 변하기도 한다. 내 경우, 이 여성의 이야기가 사실이길 바라는 이유는 적어도 두 가지다. 첫째로 이 이야기가 완벽하게 만족감을 주는 이야기가 아님에도 여전히 듣는 사람으로 하여금 살짝 소름 돋게 하는 잘 구성된 이야기라는 것이다. 둘째로 나 역시도 밝혀지지 않은 예지력을 가지고 있어 과거에 언젠가 무의식적으로 그런 능력을 사용했던 건지도 모른다는 희망을 품게 한다는 것이다. 이 이야기는 운에 대한 나의 통제력이 내가 생각하는 것보다 더 강한 게 아닐까 하고 생각하게 한다.

오시스 박사는 이런 이야기들을 문제없이 사실로 받아들이긴 했지만 입증할 기록이 없다는 것이 큰 걸림돌이라는 것은 인정했다. 이는 거의 해결 불가능한 일이다. 오시스 박사는 한 초심리학자가 이 문제를 영리한 방법으로 해결하려 한다는 것을 들어 알고 있다고 했다. 만약 성공만 한다면 꽤 믿을 만한 증거를 확보하게 될 순수한 통계적 접근이었다.

그 초심리학자의 논리는 이러했다. "만약 우리가 가정하는 대로 많은 사람들이 의식적이든 무의식적이든 초능력을 사용하고 있다면, 추락 사고가 예정된 비행기에 탈 뻔했지만 그러지 않은 사람들이 많이 있을 거야. 이 현상을 입증하고 정량화하는 것이 가능할까? 꽤 가능할 것 같은데. 항공사에 가서 예약을 취소하거나 예약해놓고 나타나지 않은 사람들의 기록을 보여달라고 하기만 하면 돼. 만약 어떤 비행기 한 대가 추락할 운명에 놓여 있었다면 그 비행기의 좌석을 예약한 사람들 중 많은 이가 탑승을 하지 않았을 거야. 평균적으로 계산하면 분명히 추락한 비행기에 탑승하지 않은 인원이 추락하지 않은 비행기에 탑승하지 않은 인원보다 훨씬 더 많을 거야."

정말 멋진 아이디어다! 하지만 안타깝게도 이 연구는 실행되지 못했다. 탑승 기록을 요구받은 항공사들 모두가 이 연구로 자신들의 이미지가 실추될까 난색을 표했기 때문이다.

~

머거릿 무드리는 친근하고 수다스러운 51세 가정주부다. 브리티시컬럼비아 서리 출신인 무드리는 알아듣기 쉬운 말투를 사용했으나 (미국인이 듣기에는) 특이한 억양을 가지고 있었는데, 캐나다 서부의 억양이 살짝 느껴졌다. 무드리는 자신이 대체로 운이 좋은 편이라고 믿었다. 하지만 그런 운이 지속된다기보다는 주기적으로 찾아온다고 생각했다. "운이 찾아올 때도 있고 사라질 때도 있어요." 무드리가 말했다. "가끔 한 번씩 번뜩이는 느낌 같은 게 찾아와요. 어떻게 설명해야 할지 잘 모르겠지만 뭐랄까, 무언가를 하거나 어디로 가야 한다는 느낌이 짧은 순간 들어요. 마치 갑작스런 충동 같아요. 그런 느낌을 자주 받진 않지만 저는 그런 느낌이 오면 어떻게 행동해야 할지 잘 알아요. 살면서 오랫동안 이런 느낌이 오기도 하고 잠잠하기도 하고 그랬어요. 그 덕분에 대체로 운 좋게 살 수 있었죠. 저와 저희 가족은 만족스런 삶을 살고 있어요."

무드리의 남편은 굴삭기 운전사다. "남편은 굴삭기로 땅 파는 일을 해요. 사람들이 원하는 대로 크고 작은 구멍을 파주죠." 두 사람 슬하에는 자녀가 일곱 있는데 그중 네 명은 결혼했다. 막내는 아직 부모와 함께 살지만 경제적으로 독립한 상태다. 이 부부는 가끔 일주일 동안 여행을 떠나기도 한다. 겨울이 되면 네바다로 간다. 따뜻한 기후도 즐길 수 있고, 도박도 할 수 있기 때문이다. "저는 슬롯머신 하는 걸 좋아해요." 무드리가 말했다. "사람들은 슬롯머신으로 돈을 딸 확률이 적다고 말하지만, 그래도 전 즐겨 해요. 저한테 슬롯머신은 취미활동이에요."

무드리의 말이 맞다. 슬롯머신으로 돈을 벌 확률은 낮다. 실제로 네바다의 위험천만한 쾌락의 정원에서 표준형 슬롯머신만큼 승률이 낮은 것도 없다. 이 시끄럽고 천박한 기계의 확률을 연구해온 무작위 이론가라면 절대 이 기계 근처에는 얼씬도 하지 않을 것이다. 하지만 무드리는 무작위 이론을 믿는 사람이 아니었다.

1976년 1월 22일, 무드리 부부가 겨울휴가를 떠난 지 이틀째 되는 날, 두 사람은 리노로 가 해롤드 클럽에 방문했다. 클럽 이름에 아포스트로피를 쓰지 않기로 유명한 곳이었다. 그곳에 들어간 무드리 앞에 여러 줄의 슬롯머신이 줄지어 있었다. "사람이 사용하고 있는 슬롯머신이 많지 않아서 거의 아무거나 골라 사용할 수 있었어요. 하지만 뭐랄까, 슬롯머신 하나가 저를 끌어당기는 것 같은 느낌이 들었고 저는 곧장 그 슬롯머신을 향해 걸어갔어요. 이상한 경험이었죠. 전혀 망설이지 않았어요. 그 슬롯머신을 사용해야 된다는 것을 이미 알고 있었거든요."

그 슬롯머신은 1달러 은화를 사용하는 기계였다. 무드리는 슬롯머신에 동전 9개를 집어넣었다. 그는 당시를 떠올리며 고맙다는 말도 없이 기계가 동전들을 집어삼켜 약간 어리둥절했다고 말했다. 무드리는 다시 한 번 1달러 동전을 집어넣었고, 그 열 번째 동전으로 역사에 남을 잭팟을 터뜨렸다.

무드리가 사용한 슬롯머신의 종류는 "이중 미터기가 달린 프로그레시브"였다. 이 대단한 발명품 안에는 미터기가 두 개 들어 있어 서로 독립적으로 움직인다. 각각의 미터기는 앞으로 터질 잭팟이 얼마인지 숫자로 표시해준다. 누군가가 이 기계에 동전을 하나 넣고 레버를 당길 때마다 이두 미터기 중 하나의 잭팟 숫자가 증가한다. 누군가 잭팟을 터뜨리면 두미터기 중 하나가 무작위로 배당되어 해당 미터기에 쓰인 잭팟 숫자만큼의 상금을 받게 된다. 그러면 해당 미터기는 다시 원래의 기본 세팅으로 돌아가며, 일반적으로 달러가 사용되는 슬롯머신의 기본 세팅값은 5,000

달러다. 반면 잭팟이 터지지 않은 나머지 미터기의 경우 아무 일도 일어나지 않은 것처럼 잭팟 숫자가 계속 차분히 늘어난다. 이런 종류의 슬롯머신의 경우, 한 미터기에서 수년간 여러 번 잭팟이 터지는 동안 다른 미터기에서는 단 한 번만 잭팟이 터지는 경우도 있을 수 있다. 당연한 말이지만 슬롯머신을 하는 사람이 가장 바라는 일은 아주 오랫동안 잭팟이 터지지 않고 계속 숫자가 오르고 있는 미터기에서 잭팟을 터트리는 것이다.

그런데 그 일이 바로 무드리에게 일어났다. 수년간 그 미터기에서 잭팟을 터뜨린 사람이 한 명도 없었던 것이다. 무드리가 받은 돈은 해롤드 클럽이 오래전에 생긴 이래 달러용 슬롯머신에서 터진 잭팟 중 가장 큰 금액이었다. 무드리는 11만 3,232달러를 벌어 캐나다로 돌아갔다.

3장
동시성 이론

우리는 앞서 우연의 일치가 모든 것을 증명하기도 하고 동시에 무엇도 증명하지 못한다는 것을 확인했다. 하지만 이쯤에서 두 가지 사례를 더 살펴본다면 우연의 일치를 더 잘 이해할 수 있을지도 모르겠다. 이미 앞에서 우연의 일치에 대해 살펴봤으니 지금부터는 운의 작용을 과학적으로 설명하는 세 번째 이론의 관점으로 그 우연의 일치를 분석해보자.

이 세 번째 이론은 다양한 지지자들에 의해 여러 이름으로 불려왔다. 어떤 사람들은 이 이론을 "동시성"이라고 부르고, 또 어떤 사람들은 "연속성"이라 부르며, 때때로 "클러스터링 효과"라고 부르기도 한다. 이 책에서는 혼란을 피하기 위해 "동시성"이라는 이름으로 부르도록 하자.

동시성 이론은 무작위 이론이나 초자연 이론보다 (순화시켜 말하자면) 과학으로서 비교적 덜 인정받아왔다. 사실 무작위 이론을 지지하는 사람들이라면 대체로 동시성 이론이 운을 설명하는 세 가지 "과학적" 시도에 포함되지 않는다고 주장할 것이다. 이들은 동시성 이론이 "신비주의적" 시도를 소개하는 장에 포함돼야 한다고 생각할 것이다.

무작위 이론 주창자들은 이런 장의 이동이 동시성 이론의 지위를 강등시키는 행위라고 느낄 테지만, 반면 재밌게도 신비주의자들에겐 그렇게 함으로써 동시성 이론의 위치가 격상된다고 느낄 것이다. 현재로서는 내가 보기에 동시성 이론을 다른 장으로 옮긴다는 건 지위의 강등도 격상도 아니다. 범주의 변화만 있을 뿐 불명예도 명예도 아닌 일이다. 내가 동시성 이론을 세 가지 "과학적" 시도 중 하나로 소개하고자 한 이유는 이 이론이 때때로 신비주의적인 면을 드러내긴 하지만 기본적으로 서구의 실용주의나 과학과 비슷한 인상을 주기 때문이다.

동시성 이론의 지지자들은 이 이론을 신비주의가 아닌 물리학이나 수학, 혹은 다른 인정받는 과학의 측면에서 설명한다. 아니 그렇게 설명하려고 최선을 다한다.

동시성 이론을 어떻게 이해하면 좋을까. 지금 함께 살펴보자.

∽

내가 여기서 첫 번째로 소개하고 싶은 우연의 일치 사례는 FBI 국장인 클래런스 켈리가 나에게 해줬던 이야기다. 이 기괴한 이야기는 워싱턴

FBI 본부에서 일하는 사람이라면, 특히 1억 6,000개의 지문이 보관된 신원확인부서에서 일하는 사람이라면 대부분이 익히 알고 있는 이야기이기도 하다. 이들은 왜 FBI가 잉크 묻힌 지문 같은 것에 그토록 많은 시간과 노력을 투자하는지 질문하는 방문객들에게 이 이야기를 들려준다.

나도 켈리에게 이 같은 질문을 했었다. FBI가 바라는 것과 두려워하는 것에 대해 횡설수설 대화를 나누다 나온 질문이었다. 켈리는 체구가 크고 친절한 성격을 지닌 육십대 중반의 남성으로 네모난 얼굴에 군턱이 자리 잡은 호감 가는 인상의 소유자다. 내가 지문에 대해 묻자 켈리는 재밌는 이야기하는 것을 좋아하는 사람처럼 미소를 지으며 의자에 기대고는 담배에 불을 붙이며 이렇게 말했다. "윌 웨스트 이야기 들어본 적 있어요?"

"아니요."

내가 윌 웨스트에 대해 들어본 적이 없다고 하자 켈리가 즐거워하며 이야기를 시작했다. 그의 말에 따르면 범죄수사가 과학적으로 이뤄지기 시작한 것은 19세기 초부터라고 한다. 경찰과 법의학자들은 19세기 내내 한 문제 때문에 골머리를 썩었는데, 그건 바로 확실한 신원 식별이 어렵다는 것이었다. 예를 들어, 어떤 한 범죄를 조사하던 중 조 스미스라는 사람이 사건 당시 현장에 있었다고 증언하는 목격자를 찾았다고 해보자. 우리는 그 목격자가 진실을 말하고 있다는 것을 어떻게 확신할 수 있을까? 만약 한 경찰이 도움을 주겠다고 나서며 이렇게 말했다고 해보자. "맞아요. 제가 그 스미스라는 사람을 아는데, 피도 눈물도 없는 범죄자예요. 예전에 그 사람을 제가 체포했던 적이 있어요." 그런데 정작 스미스 본인은 경찰서 내부가 어떻게 생겼는지도 모른다며 사실을 부인한다면, 이때 우리는 사건의 진실을 어떻게 찾을 수 있을까?

19세기 범죄학자들은 우연의 일치가 개입될 여지가 없는 신원 식별법을 찾고자 했다. "그 사람 얼굴을 알아요"라는 진술만으로는 부족했다. 비슷하게 생긴 얼굴이 너무 많기 때문이다. 실제로 경찰관들은 우연의 일치로 인해 옷차림뿐 아니라 목소리와 이름의 이니셜까지 비슷하고 심지어 예리한 눈을 가진 목격자도 헷갈리게 할 만큼 여러 면에서 비슷한 점이 많은 두 사람을 상대해야 했던 적도 있었다. 그렇기에 범죄학자들은 다음과 같은 질문을 던졌다. 모든 사람이 저마다 가지고 있는 고유한 특징이라는 것이 존재할까? 두 사람이 동시에 가지고 있을 확률이 매우 적어 우연의 일치가 발생할 요소를 효과적으로 배제시키는 어떤 고유의 특징이라는 것이 존재할까?

프랑스 인류학자 알퐁스 베르틸롱은 1870년쯤 이 같은 질문에 대해 한 가지 답을 제시했다. 베르틸롱 측정법이라 불리는 이 방식은 신체의 두개골과 특정 뼈대의 길이를 측정하여 신원을 식별하는 방식이었다. 이후 30년간 이 측정법을 사용해 베르틸롱이 직접 수천 명을 대상으로 신체를 측정하고, 경찰에서도 수십만 명의 신체를 측정하였는데, 그 결과를 확인해 보니 범죄과학 분야의 오랜 숙원이었던 개인 고유의 특징을 마침내 찾아낸 것 같았다. 베르틸롱 측정법으로 정확히 측정했을 때 두 명이 같은 신체 치수를 갖는 일은 없었으며, 심지어 쌍둥이로 태어난 사람들도 신체 치수가 서로 달랐다. 게다가 베르틸롱은 개인에게 주어진 신체 치수는 하나의 공식으로 간략하게 표현될 수 있으며, 이 공식은 일단 성인으로 다자라고 나면 변하지 않는다는 사실을 입증해냈다.

월 웨스트가 이 이야기에 등장하게 되는 때는 1903년이다. 월 웨스트가 등장하면서 벌어지게 된 기이한 사건으로 인해 베르틸롱 측정법은 실효성을 잃게 됐고, 지문이라는 현대적 신원 식별법이 일반적으로 받아들여지게 됐다.

웨스트는 중범죄로 유죄판결을 받고 캔자스 레번워스에 위치한 연방교도소로 이송됐다. 그는 전과기록에 대해 묻자 이전에 죄를 저지른 사실이 없다고 주장했다. 전과가 있는 죄수는 그렇지 않은 죄수보다 더 난폭하게 다뤄지고 가석방도 더 늦게 받는다는 것을 알고 있었기에, 자신은 지금까지 평생 시민으로서 법을 준수하며 살아왔다고 흔들림 없이 주장했다. 하지만 웨스트를 교도소에 수감시키는 일을 맡았던 전과기록 담당자는 그의 얼굴이 낯익다고 생각했다. 담당자는 캘리퍼스를 꺼내와 베르틸롱 측정법을 사용해 웨스트의 신체를 측정했다. 그런 다음 베르틸롱 측정법에 따라 상호 참조 표시가 된 파일이 있는 곳으로 가 웨스트와 같은 신체 치수를 찾았다. 그는 결국 득의양양한 모습으로 같은 치수 하나를 찾아냈다. 해당 파일 카드를 꺼내보니 그 카드에는 윌리엄 웨스트라는 이름이 적혀 있었다.

"한 번도 복역한 적이 없다고?" 담당자가 말했다. "이 카드를 보면 네가 거짓말하고 있다는 게 분명하다고. 너는 교도소에 수감된 적이 있을 뿐 아니라, 바로 여기 레번워스에서 복역했어."

"저는 살아생전 교도소는 구경도 못해봤어요!" 웨스트가 항의했다.

"그 말이 사실이라면, 신체 치수가 같으면서 이름까지 똑같은 사람이 두 명이라는 건데, 그런 일은 10억 년에 한 번 일어날까 말까 하는 일이야." 담당자가 말했다.

"그런 일이 지금 일어난 거라니까요." 웨스트가 소리쳤다.

실제로 그런 일은 일어났다. 마침내 사람들은 웨스트의 항의에 귀 기울이기 시작했고, 확인 작업을 더 진행한 결과, 믿기 힘들 정도로 놀라운 우연의 일치가 발생했다는 것을 발견하게 됐다. 웨스트라는 이름을 가진 또 다른 사람이 매우 오래전부터 사건이 발생한 그 당시까지도 레번워스에서 복역하고 있었으나 살인죄로 종신형을 살고 있었기에 사람들 사이에서 반쯤 잊힌 상태였던 것이다. 두 웨스트를 한곳에 데려와 보니, 이들의 얼굴과 체형이 놀랄 만큼 비슷했다. 거의 쌍둥이 형제만큼이나 닮아 있었다. 누구든 이 두 사람의 사진을 본다면, 그러니까 측면과 정면을 찍은 두 사람의 얼굴 사진을 본다면, 절대 이들을 구분하지 못할 것이다.

당시 레번워스에는 지문 채취라는 새로운 아이디어를 주장하는 사람이 있었다. 그는 이 기이한 사건이 절호의 기회라고 생각했고, 두 명의 웨스트에게서 지문을 채취했다. 두 사람의 지문은 상이했다.

그렇게 하여 지문 채취가 범죄자의 신원을 확인하는 방법으로 더 선호되기 시작했다. 현재까지 지문 채취 방식은 우연의 일치가 발생할 확률이 가장 낮은 최고의 신원 식별법으로 인정받고 있다. "현재까지"라고 표현한 것에 주목하길 바란다. 사실 지문 채취가 우연의 일치로부터 완전히 자유롭다는 보장은 어디에도 없다. 우연의 일치가 전혀 일어나지 않을 거라는 이론적 근거가 없다는 말이다. 내년이든 100년 후든 동일한 지문을 가진 두 사람이 나타날 수 있다. (실제로 확률 제1법칙과 제2법칙에 의하면 결국에는 그런 일이 발생하게 될 것임을 알 수 있다.) 그러나 FBI에 보고된 바에 따르면 아직 전 세계 어디서도 그런 일은 일어난 바 없다. 여기서 신기한 이야기를 하나 더 해보자면, 다시 카지노로 돌아가 특별한 형태의 우연의 일치, 그러니까 연달아 찾아오는 운이라는 기존의 난제를 재고할 필요가 있다. 이제 윌 웨스트보다 더 이전 시대를 살펴보자. 이번에 소개할 이야기는 '몬테카를로에서 판돈을 쓸어간 한 남자'에 관한 것이다.

추잡한 90년대라 불리는 1890년대에는 "몬테카를로에서 판돈을 쓸어간 한 남자"라는 제목의 노래가 유행하고 있었다. 1920년대와 1930년대에도 가끔 불렸던 노래다. 그 당시 대부분의 사람들은 이 노래가 옛 뮤지컬 레뷰(춤과 노래, 시사풍자 등을 엮어 구성한 가벼운 촌극)나 보드빌에서 불렸던 것이라고 생각했다. 그러나 사실 그 노래는 지어낸 이야기가 아닌 실제 뉴스 거리를 실어나르는 음악에 가까웠다. 몬테카를로에서 판돈을 쓸어간 남자는 실존 인물이었다. 게다가 그런 일은 한 번도 아니고 세 번이나 일어났다.

이 이야기를 시작하기에 앞서 "판돈을 쓸어간다"라는 표현은 들리는 것만큼 그렇게 대단한 사건을 의미하지는 않았다는 것을 말해두어야 할 것 같다. 대체로 그런 표현은 새로운 손님을 끌어오기 위해 카지노 매니저들이 퍼뜨리는 요란한 광고문구였다. "판돈을 쓸어간다"는 것은 한 테이블에 배당된 하우스 돈을 모두 따가는 것을 의미했으며, 이 이야기의 배경이 되는 시대에는 그 금액이 대체로 10만 프랑 정도였다. 어떤 손님이 판돈을 쓸어가면 해당 테이블에선 그날 하루 게임이 진행되지 않았으며, 의식에 따라 그 테이블 위에는 검은 천을 드리웠다. 물론 다음 날이 되면 그 테이블에선 다시 게임이 진행됐다. 약삭빠른 매니저는 손님들이 그 테이블로 구름처럼 몰려들 거라고 정확히 예견했다. 손님들은 그 테이블에 불운(하우스의 입장에서)이 몰린다고 믿었기 때문이다.

찰스 웰스는 키가 작고 뚱뚱한, 다소 신비에 싸인 영국인으로 배경이 잘 알려지지 않은 프리랜서 발명가이자 투자자였다. 그는 주머니 속에 몇 백 프랑을 가지고 1891년 몬테카를로에 나타났다. 그는 룰렛 테이블로 가서 빨간색과 검정색 중에 하나를 고르는 베팅(확률이 반반인 게임 중 하나)을 시작했다. 몇 차례 검정색에 베팅한 다음 빨간색에 베팅했고 그 후 룰렛이 몇 번 회전하는 동안 베팅을 쉬었다가 다시 게임에 뛰어들었다. 웰스의 운은 달아오른 상태였다. 거의 모든 베팅마다 돈을 땄다. 처음엔 흥미롭게 쳐다보던 딜러는 웰스가 그날 저녁 내내 돈을 따는 모습을 보며 놀라움을 감추지 못했다.

웰스의 베팅에는 어떤 '공식'도 없어 보였다. 다른 룰렛게임 참가자들처럼 숫자를 줄줄이 적어두는 검은색 작은 노트를 들고 다니지도 않았다. 게임을 할 때 참고하는 공식이 없는 것 같았다. 그저 이상하리만큼 베팅이 매번 맞아떨어졌을 뿐이었다. 마치 웰스는 언제 검정색이나 빨간색이 연달아 나올지, 그 흐름이 언제 끝날지 알고 있는 것 같았다. 사람들은 웰스의 주위로 모여 그의 비법을 알아내려 애쓰며 노트에 무언가를 미친 듯이 적어 내려갔다. 하지만 누구도 그 상황을 설명해내지 못했고, 웰스와 같은 순서로 같은 베팅을 해 돈을 따려 했던 시도도 모두 실패했다.

몬테카를로에 있는 카지노도 다른 모든 카지노와 같이 베팅금액에 제한을 두고 있었다. 게임에서 이길 때마다 웰스의 돈은 두 배로 늘었고, 두 배 늘어난 금액이 그대로 게임 베팅금액으로 쓰였기 때문에 그의 베팅금액은 금방 제한금액에 달했다. 그 때문에 웰스의 돈이 늘어나는 속도가 늦춰졌지만, 문제가 될 정도는 아니었다. 그날 저녁이 다 가기 전, 웰스는 모든 판돈을 쓸어갔다.

그로부터 이틀 후 웰스는 다시 나타나 같은 테이블로 향했다. 이번엔 확률이 반반인 게임을 하지 않았다. 대신 이번에는 숫자묶음에 베팅했다. 더즌 베팅도 가능한 이런 게임에서는 게임 참가자가 이길 확률이 빨간색과 검정색 혹은 짝수와 홀수, 낮은 수와 높은 수 중 하나를 고르는 게임에서 이길 확률보다 더 낮다. 하지만 만약 게임에서 이기면, 당연히도 확률과 비례하여 받는 금액도 더 커진다. 사람들이 숨죽여 놀라는 사이, 웰스는 또 한 번 판돈을 쓸어갔다.

몇 달 후, 신비에 싸인 웰스는 다시 한 번 더 모습을 드러냈다. 이번에 그는 이길 확률이 가장 낮은 게임을 했다. 바로 한 가지 숫자에 베팅한 것이다.

옛날에 만들어진 몬테카를로 룰렛휠에는 숫자가 1부터 36까지 있었으며, 추가로 "하우스 넘버" 0이 들어있었다. (현대식 미국 휠에는 두 개의 하우

2부 운의 속성에 관한 고찰: 몇몇 과학적 시도

스 넘버 0과 00이 들어있다.) 따라서 몬테카를로에서 한 가지 숫자에 베팅했을 때 이길 확률은 37분의 1이 된다. 만약 그 게임에서 이기면 베팅금액을 돌려받고 추가로 그 금액의 35배를 더 받게 된다. 이는 고위험 고수익 게임으로 대담한 사람이나 돈을 잃고 싶어 안달난 사람 혹은 술 취한 사람들이 하는 게임이다.

웰스는 숫자 5에 돈을 올려두고 그대로 계속 두었다. 룰렛휠에서 숫자 5가 다섯 번 연달아 나왔다.

다시 한 번 판돈이 바닥났다. 불가사의한 인물 웰스는 약 9만 8,000프랑을 챙겨 사라졌다. 그는 이후 단 한 번도 몬테카를로에 나타나지 않았다. 안타까우면서도 찬물을 끼얹는 이야기가 되겠지만, 이후 웰스는 수상쩍은 투기에 가진 돈 전부를 경솔하게 써버리고는 해결하기 힘든 법적 문제에 휘말려 무일푼으로 감옥에서 사망했다. 하지만 그런 고통 속에서도 그에겐 추억할 만한 놀랍고도 대단했던 행운이 있었다.

∼

이 두 가지 기이한 이야기를 설명할 방법은 많다. 아니 좀 더 노골적으로 정확히 말하자면, 설명하고자 시도하는 방법이 많다고 해야 할 것이다. 만약 무작위 이론을 지지하는 사람들이 이 이야기를 들었다면 그런 일은 그저 일어난 일일 뿐이며, 누구에게라도 언젠가 일어났어야 할 일이고, 따라서 보이는 것만큼 흥미로운 일이 아니라고 주장할 것이다. 반면 이 이야기를 들은 신비주의자들은 길잡이 별이나 행운의 숫자에 대해 말할 것이다. 초자연 이론 신봉자들은 윌 웨스트에 대해서는 할 말이 없을 테지만 몬테카를로에서 일어난 기이한 사건은 예지력이나 염력의 측면에서 설명하려 할 것이다. 밥 브라이어 박사는 의문점이 많다고 생각했지만 그래도 이 초자연 이론을 지지했다. 그는 특정 룰렛 숫자가 다섯 번 연속으로 나오는 현상은 매우 드문 일임을 지적했다. 우연히 발생한 것일 수도 있으나, 브라이어 박사는 웰스가 그런 현상이 일어나도록 유도했다고 믿는 것이 더 타당하다고 봤다. 그는 웰스가 세 번 판돈을 쓸어간 당시, 그의 "달아오른" 운의 상태를 두고 초자연적 에너지가 잠시 비정상적으로 높아진 상태였지 않을까 추측했다.

동시성 이론은 이와 전혀 다른 설명을 내놓는다. 이 이론을 주장하는 사람들은 웨스트나 웰스의 기이한 사례가 발생한 배경에 신비하고도 불가사의한 그러나 동시에 완벽히 자연스러운 물리적 우주의 속성이 자리 잡고 있다고 주장한다. 이 속성은 비슷한 것들을 한데 모으는 힘이다. 이 힘을 통해 비슷하거나 관련 있는 것들은 같은 공간에 모이거나 혹은 같은 시간에 모이게 되는데, 시간과 공간이라는 두 조건을 동시에 만족시키는 경우도 있다. 이 힘은 여러 사건들로 하여금 동시에 발생하게 하고 정연한 패턴을 만들어낸다. 이 힘으로 인해 우연의 일치가 발생한다.

다시 말해, 동시성 이론 지지자들은 지금 우리가 이해하고 있는 일반적인 무작위 법칙 안에 결함이 하나 존재한다고 주장한다. 만약 웨스트의 경우처럼 어떤 두 사람이 외모도 비슷하고 이름도 같다면, 이 두 사람이 한곳에 모일 확률은 마틴 가드너 식으로 계산한 확률보다 높다는 것이다. 또한 웰스의 사례처럼 행운이 연달아 몰려오는 현상은 동시성 이론의 관점으로 봤을 때 무작위 이론가들이 추측하는 것보다 더 자주 발생하며 더 쉽게 예측할 수 있는 현상이다.

무작위 이론 지지자들은 과거의 우연적인 사건이 미래의 우연적 사건에 어떤 영향도 미치지 않는다고 주장한다. 이는 운이 한 번 트이기 시작하면 그 운이 계속될 가능성이 크니 판돈을 키워야 한다는 리들의 견해와 상반되는 주장이다. 무작위 이론은 리들의 견해를 뒷받침할 어떤 논리적 근거도 존재하지 않는다고 주장한다. 반면 동시성 이론가들은 리들의 견해가 탁월하다고 인정한다. 이들은 운이 연달아 들어오는 경험은 특정 종류의 사건이 한데 몰림으로서 발생한 현상일 수 있다고 주장한다. 동시성 이론에 의하면 이 세상에는 정연한 패턴을 만들어내고자 하는 우주적 힘이 존재하며, 룰렛휠에서 숫자 5가 연속으로 나왔던 것처럼 웰스가 판돈을 쓸어가며 경험했던 기이한 일들은 부분적이나마 이 힘 때문에 발생한 것이다.

동시성은 운을 설명하는 모든 이론 중에서도 가장 다루기 힘든 개념이다. 동시성 이론이 상정하고 있는 한데 모으는 힘이 어떤 방식으로 혹은 어떤 매개를 통해 작동하는지 관찰하기가 어렵기 때문이다. 다수의 동시성 이론가들은 작동방식을 설명하려는 시도조차 하지 않는다. 그저 설명하기를 포기한다. 그리고 다음과 같이 말한다. "이런 현상이 발생하는 것을 관찰할 순 있지만, 그 힘의 속성을 밝혀내는 것은 현재의 과학 수준에선 인간의 이해를 넘어서는 일입니다." 이들은 우리가 우주의 상당부분을 이해하지 못하고 있다고 지적한다. 이 세상에는 우주의 안팎이 뒤집히는 블랙홀이 존재하고, 시간을 거슬러 이동하는 듯 보이는 아원자 입자도 존재하며, 일상적으로 경험할 수 없는 소름끼치도록 낯선 현상들도 많이 존재한다. 한데 모이게 하는 힘(혹은 동시 발생시키는 힘)은 이런 현상들의 또다른 형태다. 이런 현상들은 언젠가 명확히 밝혀질 날이 올 수도 있겠지만, 그전까지는 제대로 주목받지도, 인정받지도 못하는 설명 불가능한 불가사의로 남아있을 수밖에 없다.

동시성 이론을 처음으로 제안한 후 그 이론을 설명하려는 노력은 하지 않았던 여러 사람들 중에는 17세기 후반에서 18세기 초를 살았던 프랑스 수학자 피에르 레몽 몽모르트도 있다. 몽모르트는 피에르 페르마나 블레이즈 파스칼과 같은 다른 프랑스 동료 수학자들에 비해 오늘날 덜 알려진 인물인데, 동시대를 함께한 친구인 아이작 뉴턴과 비교해봐도 한참 더 무명에 가깝다. 몽모르트는 페르마와 파스칼이 그만둔 확률 계산 연구를 이어받아 큰 진전을 이뤄냈지만 안타깝게도 41세에 사망했다. 그의 사망만큼이나 안타까운 일은 그가 기록한 연구 문헌이나 노트 상당수가 프랑스 대혁명이란 혼란의 시기에 흔적도 없이 사라져버렸다는 것이다.

이렇게 기억 속에 잊힌 몽모르트를 알리려 노력하고 있는 현대 수학자가 있는데, 바로 런던대학교의 교수인 플로렌스 데이비드이다. 확률 이론들을 역사적으로 개관한 흥미로운 책 『게임, 신 그리고 도박Games, Gods and Gambling』을 보면 꽤 많은 페이지가 몽모르트의 아이디어와 독특하면서도 짧았던 삶에 할애돼 있다. 의아하게도 데이비드는 그런 아이디어들을 형성하는 데 있어서 깊은 영향을 미쳤을지도 모를 여러 요소들, 즉 실용수학과 종교적 신비주의 사이의 갈등과 관계에 그리 감명을 받은 것 같지 않다. 몽모르트는 한동안 노트르담에서 수사신부로 활동하기도 했던 성실하고 독실한 종교인이었다. 또한 자신이 사랑하는 수학 안에서 지상의 것이 아니라 느껴지는 힘을 계속 발견했다. 특히 우연의 일치나 운이 비정상적으로 오랜 기간 연달아 찾아오는 현상, 다시 말해 여러 사건이 기대처럼 무작위로 일어나지 않아 보통의 확률 수학으로는 설명되지 않는 상황을 이해하기 힘들지만 흥미로운 대상으로 여겼다. 그는 결국에 두 손 들고 포기하며 다음과 같은 글을 썼다.

"정확히 말하자면, 우연히 일어나는 일이란 없다. 누구나 자연을 연구하면 곧 자연의 창조자가 차분하고 한결같은 방식으로 무한한 지혜와 통찰의 흔적을 남기며 움직인다는 확신을 갖게 된다. 따라서 '우연'이라는 단어에 진리와 부합하는 의미를 부여하려면 만물이 일정한 법칙에 따라 통제됨을 염두에 두어야 한다. 우리는 이것들이 우연에 의해 좌우된다고 생각하는데, 우연이란 자연적 원인이 숨겨져 있어 찾아낼 수 없을 때를 말하는 것이다. 오직 이렇게 정의해야지만 인간의 삶을 우연에 의해 결정되는 게임이라고 말할 수 있는 것이다."

몽모르트는 때 이른 죽음에 이르기 전, 수학자들이 계산한 확률 법칙에 미묘한 결함이 존재할지도 모른다는 생각을 막 하기 시작했다. 확률 법칙은 종이 위에서는 오류가 없어 보이지만 사람들의 일상적인 삶에 적용해보면 잘 맞지 않는다. 이 법칙은 논리적인 듯 보인다. 하지만 그 점이 이 법칙의 가장 심각한 오류일 수 있다. 우리가 생각하는 '논리'라는 개념은 어쩌면 그 안에 기본적인 결함을 내재하고 있는지도 모른다. '논리'라는 것은 결국 인간적인 관념이기 때문이다. 다시 말해, 논리란 지상에서는 인간의 목적에 맞게 잘 작동하는 듯 보여도 사실은 이 지상이 아닌 다른 우주에선 적용되지 않는 법칙이라는 것이다. 수학자 쿠르트 괴델이 지적했듯 우리는 이 논리적 결함이 무엇인지 절대 알아내지 못할 수도 있다. 만약 논리라는 우리의 기본 체계에 오류가 있다면, 더 많은 논리로 무장한들 그 오류를 알아낸다는 건 불가능하지 않을까 싶다. 따라서 우리는 무언가를 보고 생각하는 데 있어 영원히 오류라는 덫에서 빠져나오지 못할지도 모른다. 이는 운에 대한 고찰에 있어서도 마찬가지일 것이다.

이런 다른 종류의 확률 개념에 처음으로 이름을 붙여준 사람은 오스트리아 생물학자 파울 카메러인 듯하다. 카메러는 이를 "연속성"이라 불렀다. 이 주제에 대해 20세기 초 자신의 견해 대부분을 이미 출판한 바 있는 카메러는 단순히 관심만 보인 것이 아니라 우연의 일치라는 것에 완전히 사로잡혀 있었다. 그는 스무 살 때부터 마흔 살이 될 때까지 자신에게 일어난 연속성 사례를 기록했다. 예를 들어, 어느 날 아침 우연히 희귀종에 가까운 나비 하나가 궁금해진 카메러는 책을 뒤져 그 나비에 대해 찾아봤다. 그런데 같은 날 오후 서점 근처를 지나가다가 창가에 잘 보이게 진열된 책에 그날 찾아본 나비의 사진이 실려 있는 것을 보게 된 것이다. 그리고 그날 밤 카메러는 다시 한 번 그 나비를 보게 되는데, 이때는 들판에 있는 나비를 직접 보게 된다.

　카메러에게 그런 우연의 일치는 의미심장한 것이었다. 그의 관점에서 보자면, 우연의 일치는 어떤 알려지지 않은 힘, 그러니까 유사한 것끼리 한데 모으고, 사건을 무작위가 아닌 여러 묶음의 형태로 발생하게 만드는 힘이 존재한다는 것을 보여주는 것이었다. 그러나 카메러의 기대와 달리 그의 주장에 귀 기울여주는 과학자는 많지 않았다. 대체로 많은 사람들이 그의 생각이 별나다며 일축했고, 일부는 그가 기록한 연속성 사례가 부분적으로 조작된 것이라 의심하기도 했다. 그 의심을 뒷받침할 증거는 없었다. 하지만 과학적 증거를 위조했다는 스캔들에 휩싸이자 절망한 듯 보였던 카메러가 1926년 권총자살로 삶을 마감했고, 그 자살로 인해 그의 주장은 더이상 힘을 받진 못했다.

　스위스의 심리학자이자 철학자, 신비주의자이기도 한 칼 융은 "동시성"이라는 단어를 만들어냈다. 이 주제에 관해서 칼 융의 견해는 카메러와 거의 같다. 오늘날 융은 심리요법에 기여한 공로로 유명하지만 사실 그 자신은 동시성 이론이 자신의 업적에서 중요한 부분을 차지한다고 여겼다. 융도 마찬가지로 우연의 일치 사례를 모았다. 그가 즐겨 이야기했던 것들(끊임없이 이 이야기들을 늘어놓으며 친구들을 지루하게 만들었다고 한다) 중 하나는 풍뎅이에 관한 것이었다. 하루는 한 여성 환자가 융의 서재에 찾아와 자신의 꿈 얘기를 하고 있었다. 꿈을 꾸고 난 후에도 감정이 사라지지 않고 남아있어 힘들어 했던 것이다. 그 꿈에는 풍뎅이 장식품이 등장했다. 고대 이집트인들이 신성시했던 아프리카 딱정벌레 모양과 닮은 보석 장식품이었다. 그런데 환자가 풍뎅이 장식에 대해 말하는 순간 융은 무언가가 창문을 두드리는 소리를 듣게 된다. 창문을 바라보니 커다란 풍뎅잇과의 딱정벌레 한 마리가 있었다. 유럽에서 찾아볼 수 있는 것들 중 풍뎅이와 가장 비슷한 종이었다.

아하! 동시성! 융이 외쳤다. 그는 "질서"를 부여하는 어떤 알 수 없는 원리가 인간사에 작동하고 있다고 추측했다. 이는 "비인과적인" 것을 의미한다. 다시 말해, 이 원리를 작동시키는 메커니즘은 우리에게 익숙한 인과법칙의 영향을 받지 않는다는 것이다. 여성 환자의 꿈 이야기 때문에 딱정벌레가 융의 창문에 뛰어오른 것이 아니었다. 마찬가지로 딱정벌레의 목적 없는 무작위적인 움직임으로 인해 환자가 꿈 얘기를 하게 된 것도 아니었다(그전날 밤 딱정벌레 꿈을 꾸게 된 것도 마찬가지다). 두 사건 모두 인과성을 넘어서는 어떤 힘에 의해 동시에 발생한 것이었다.

융은 이 일에 대해서 많은 생각을 한 결과 마침내 "비인과적 원리"란 무엇인가에 관해 이론을 하나 만들어냈다. 그는 심지어 물리학자 볼프강 파울리를 설득해 관련 책을 저술하는 데 도움을 받기도 했다. 파울리는 항상 인간이 볼 수 없는 질서의 원리가 우주에 존재한다고 말할 준비가 되어 있는 사람이었으면서도, 그 당시나 그 이후의 모든 물리학자들과 마찬가지로 그런 원리들이 일반적인 인간의 "논리"에서 보면 매우 불가능하게 느껴질 수 있다는 점도 선뜻 인정했다. 그러나 그는 동시발생 원리(우연의 일치를 발생시키는 원리)의 속성에 관한 융의 견해를 믿진 않았던 것 같다. 융의 견해는 공상과학소설에 나올 법한 물리학과 심리학 그리고 극단적인 신비주의가 묘하게 섞인 것이었다. 나를 비롯하여 융이 의도한 바를 이해해보려 애쓴 사람들 대부분은 그가 무슨 말을 하려 했는지 이해하지 못했다.

아마도 융을 이해하려 가장 많이 애썼던 사람은 아서 쾨슬러였을 것이다. 쾨슬러는 흥미로운 인물이다. 그는 1905년 부다페스트에서 태어나 인생의 첫 3분의 1을 순전히 모험을 하며 보냈다. 정치부 기자로 활동하며 유럽을 떠돌았으며, 공산당에 가입했다가 탈퇴하기도 했다. 2차 세계대전 때는 프랑스의 포로수용소에 갇혔다가 풀려났으며, 영국군에 대항하여 싸우기도 했다. 그러다가 쾨슬러는 소설가가 되어 『한낮의 어둠』 등 높이 평가받는 책 몇 권을 모국어가 아닌 영어로 써냈다. 하지만 소설가로서의 시기가 끝나고 1970년 즈음부터는 자신의 뛰어난 상상력을 초자연 연구와 동시성 이론에 사용했다.

쾨슬러는 현대 동시성 이론가로서 선두에 선 사람이라 할 수 있을 것이다. 또한 이 이론을 홍보하는 데 확실히 중요한 역할을 하기도 했다. 그는 『우연의 일치의 근원The Roots of Coincidence』과 그 후에 출간된 『우연이라는 도전The Challenge of Chance』(영국 과학자 알리스터 하디와 로버트 하비와 공동 저술)에서 왜 동시성이라는 개념이 자신과 융을 비롯한 다른 이들에게 호소력을 가지는지 설명했다. 그의 이런 시도는 성공적이었다. 쾨슬러 덕분에 동시성은 연달아 발생하는 행운같이 이해하기 힘든 운과 관련된 현상을 설명해보려 애쓰는 사람들에게 매우 솔깃한 개념으로 받아들여지게 됐다. 하지만 동시성을 '과학'의 범주에 넣으려 했던 그의 시도는 많은 노력에도 불구하고 성공적이지 못했다. 쾨슬러는 양자론과 원자물리학을 자주 거론한다. 그가 타자기로 써내는 양자론과 원자물리학 이야기는 무척이나 재밌지만, 이 둘과 동시성의 관계는 잘해봐야 아주 희미한 정도다. 쾨슬러는 진지하게 받아들여지는 양자론을 동시성과 함께 같은 페이지에 거론하면 동시성 또한 진지하게 받아들여질 거라는 희망을 품었던 것 같다.

하지만 쾨슬러의 주장에 매혹적인 면이 없진 않았다. 그는 이렇게 질문한다. 만약 운이 무작위적인 것이라면 왜 우리는 항상 "무질서 속에서 질서가 자연스럽게 드러나는 현상"을 경험하는 걸까? 쾨슬러는 자신의 연구 프로젝트에 행운을 가져다주곤 하는 "도서관 천사" 얘기를 한 적이 있다. 종종 그는 잘 알려지지 않아 찾는 데 몇 시간 혹은 며칠이 걸릴 거라고 예상되는 참고문헌을 찾아 도서관을 간다. 그곳에서 그는 책장을 따라 걸으며 아무 책이나 집어드는데, 공교롭게도 그 책이 바로 그가 찾던 참고문헌이 담긴 책인 것이다. 어떻게 이런 일이 생기는 걸까? 무언가가 그의 삶 속에서 사건들을 동시 발생시키고 있는 것이다. "인과의 메커니즘을 넘어서는" 어떤 힘에 의해, 참고문헌을 얻고자 하는 그의 필요와 아무 책이나 집어든 행위가 어떻게 된 일인지 한데 모여 수렴된 것이다.

쾨슬러는 이렇게 묻는다. 도대체 무작위라는 것이 무엇인가? 어떤 종류의 사건들은 때에 따라 좀 더 무작위로 일어나는 것처럼 보인다. 이에 대해 쾨슬러는 '운'과 병아리가 등장하는 기이하고도 흥미로운 실험 이야기를 하나 해줬다. 몇몇 영국 과학자들이 무작위로 스스로 꺼졌다 켜졌다

하는 태양등을 하나 만들어냈다. 확률 법칙에 의하면 태양등도 동전 던지기와 같은 결과를 보여줄 것이라 예상할 수 있었다. 태양등이 켜져 있거나 꺼져 있는 상태가 연달아 발생할 수는 있어도, 장기적으로 봤을 때 "꺼져 있던" 시간과 "켜져 있던" 시간의 총합은 거의 같아야 했다. 실제로 태양등이 탁자에 홀로 놓여 있을 때는 그런 방식으로 작동했다. 하지만 과학자들이 태양등 아래 울타리를 친 후 병아리를 모아두자 태양등은 그전과 다른 방식으로 작동했다.

태양등이 꺼지면 불쌍한 병아리들이 울타리 밖으로 고개를 내밀었다. 너무 추워서 태양등이 켜지길 바랐던 것이다. 따뜻해지기 위해 병아리들이 할 수 있었던 일은 운에 의지하는 것 말고는 없었고, 운은 그런 병아리들을 도왔다. 병아리가 있을 때마다 태양등이 켜져 있는 시간이 꺼져 있는 시간보다 더 길어졌다. 다시 말해, 행운이라고밖에 보이지 않는 운이 그 병아리들에게 연달아 찾아온 것이다. 실험을 진행했던 과학자들은 일반적인 무작위 법칙을 넘어서는 무언가가 작동했다고 결론 내렸다. 그것은 무엇이었을까? 초자연 이론을 지지하는 사람이라면 염력이라고 대답했을 것이다. 다시 말해 과학자들의 의지가 태양등을 계속 켜진 상태로 만들었으며, 이는 과학자들이 따뜻한 마음을 가지고 있어서이기도 하고 또 자신들의 실험에서 흥미로운 결과가 도출되길 바라는 마음 때문이라는 것이다. 반면 쾨슬러와 그의 동료 과학자들은 어떤 질서를 만들어내는 힘이 병아리에게 유리한 상황으로 사건을 동시 발생시켰다고 생각했다.

동시성 이론 지지자들은 보이는 것만큼 사건이 무작위로 발생하지 않는다고 주장한다. 그 밑에는 패턴이 깔려 있다. 즉 보이지 않는 힘이 혼란 속에서 질서를 만들어내기 위해 소리 없이 애쓰고 있다는 것이다. 만약 우리가 행운을 이해하고자 한다면, 그 패턴이 어떻게 작동하는지만 이해하면 된다.

종업원으로 일하고 있는 린다는 46세의 날씬한 여성이다. 얼굴은 예쁘지만 표정이나 걷고 앉아 있을 때의 모습에는 피로가 비친다. 나는 뉴욕의 알코올중독모임에서 제공해준 채광 좋은 방에서 린다를 인터뷰했다. 우리는 함께 플라스틱 컵에 담긴 커피를 마셨다.

"패턴이 뭔지 알고 싶으세요?" 린다가 물었다. "정말 제대로 잘 찾아오셨네요. 제게는 살면서 계속 반복적으로 경험하는 일이 있어요. 어렸을 때부터 끈질기게 저를 따라다녔는데, 아마 제가 죽을 때까지 계속 이럴 것 같아요. 그게 뭐냐면 바로 술이에요. 저에게 술은 사악한 물건이에요. 좋은 일이 생기거나, 이제 숨 좀 돌리려나 싶을 때면 안 좋은 일이 생겨서 상황을 망쳐놔요. 그리고 그 안 좋은 일들은 항상 술과 관련돼 있어요. 술에서 벗어날 수가 없는 거죠."

린다는 클리블랜드에서 태어났다. 회사 임원이었던 아버지는 알코올중독자였는데, 중년 초반에 이르기 전까지는 일에서 꽤 큰 성공을 거뒀다. 린다는 대학에 진학해 경영학을 전공할 계획이었다. "하지만 고등학교 2학년 때, 술이 아버지의 발목을 잡았어요. 아버지는 술에 취해 비틀거리며 회의장에 나타나기 시작했고, 마침내 인내심이 바닥난 회사는 아버지를 해고했어요. 제가 알기로 아버지는 그 후 괜찮은 직장에 들어간 적이

한 번도 없으세요. 그 일이 있고 나서 얼마 후에 아버지는 저희 가족을 버리고 떠났고, 캘리포니아에 있는 싸구려 호텔에서 사망하신 채로 발견되기 전까지 소식도 모르며 지냈어요."

집에는 대학에 갈 돈이 남아있지 않았다. 린다는 고등학교 3학년 때 수강 과목을 타자와 속기로 돌렸고 졸업 후엔 여러 비서직을 거쳤다. "하는 일이 마음에 들지 않았어요. 지겹고 보수도 낮은 일이었거든요. 그런데 결국에 진짜 괜찮은 일을 하게 됐어요. 시카고에 있는 작은 광고회사 대표의 비서직이었죠. 보수가 꽤 괜찮았지만 무엇보다 좋았던 건 회사로부터 다른 업무로 전환시켜주겠다는 약속을 받았던 거예요. 기본기만 익히면 더 흥미로운 일을 맡겨주겠다고 했죠."

그러던 어느 날 린다가 야근을 하고 있을 때, 그 지역 술집에서 식전주를 마시던 상사가 사무실에 들어와 술에 취한 상태로 린다에게 치근댔고, 린다는 상사의 뺨을 때렸다. "다음 날 아침 출근했을 때 모든 게 다 끝났다는 걸 알 수 있었어요. 제 상사는 당황해하면서도 화가 나 있었어요. 제가 자기 부인에게 이를까봐 걱정했죠. 완전히 손쓸 수 없는 상황이 돼버린 거예요. 제가 물었어요. '이제 어떻게 되는 건가요?' 제 상사는 우리가 더이상 같이 일할 수 없을 것 같다며 그만두라고 했어요. 제가 할 수 있는 일이 뭐가 더 있었겠어요? 회사를 그만뒀죠."

린다는 다른 곳에서 비서로 일하게 되었고, 그곳에서 랄프라는 영업사원을 만나 사랑에 빠져 결혼했다. "이때 저는 술을 조금 마시는 편이었어요. 많이는 아니고, 가끔 취하는 정도였죠. 주말 파티 같은 데서요. 그때는 몰랐는데, 그게 알코올중독의 첫 번째 신호였어요. 취하는 게 좋았어요. 좋아도 너무 좋았죠. 노력한 만큼 보상받는 삶을 살고 좋은 사람들을 주위에 둔 사람이라면 주말에 취하는 정도에서 멈출 거예요. 랄프가 제 인생에 들어왔을 때 저도 그 수준에서 멈췄어요. 저희는 행복한 결혼생활을 했어요. 랄프는 결혼하고 몇 주 후에 더 큰 회사의 영업사원으로 이직했고, 얼마 지나지 않아 승진하며 회사 내에서 입지를 다졌어요. 우리는 뉴욕으로 이사했고, 임신 사실을 알게 된 그 달에 교외에 있는 집 한 채를 샀어요. 그 후 여자아이가 태어났고, 엘리자베스라는 이름을 지어줬어요. 짧게 부를 때는 베스라고 불러요. 그때가 제 인생에서 가장 행복한 때였어요."

랄프는 영업일로 출장을 갔다가 운전해 돌아오는 길에 죽었다. 마주 오던 차가 그의 차선으로 방향을 틀어 정면충돌 사고가 일어난 것이었다. 당시 상대 운전자는 만취 상태였다.

린다는 작은 아파트로 거처를 옮기고 칵테일 바에서 종업원으로 일했다. "베스를 돌봐야 했는데 고등학생 베이비시터밖에 구할 수가 없어서 밤에 일할 수 있는 직장이 필요했어요. 팁으로 버는 돈이 꽤 됐어요. 딱 베스와 제가 생활해나갈 만큼만 버는 정도였죠. 그런데 제가 이 시기에 술을 많이 마셨어요. 거의 항상 토할 것 같은 상태였고, 지각하거나 아예 출근하지 않는 날들이 많았어요. 직장에서 쫓겨난 후 다른 일자리를 얻었는데 결국 그곳에서도 쫓겨났어요. 결국 전 알코올중독모임에 참여하게 됐어요. 중간에 모임을 그만두고 술에 손을 댔다가 다시 중독모임으로 돌아오고 했어요. 아시다시피 알코올중독자의 흔한 스토리죠. 그러다가 마침내 인생의 바닥을 치는 일이 있었어요. 밤새 술을 마시고 다음 날 아침에 깨보니 제가 낯선 호텔방에 생전 처음 보는 남자와 함께 있었던 거예요. 겁이 덜컥 나서 중독모임에 다시 나가기 시작했고 그 후로 완전히 술을 끊었어요."

린다는 몇 년간 커피숍에서 종업원으로 일하다가 팁이 더 후한 호텔 식당으로 직장을 옮겼다. 직원들이 자주 바뀌는 곳이어서 2년차가 되니 관리자들로부터 인정받는 고참급이 되었고, 부지배인으로 승진할 가능성도 높았다. 그런데 또 한 번 술이 린다의 인생에 훼방을 놓았다.

식당에는 좁은 돌계단을 통해 지하 쇼핑몰로 내려가는 출구가 하나 있었다. 하루는 린다가 그 계단을 내려가고 있는데, 술 취한 남자가 휘청거리며 뒤에서 따라 내려왔다. "그 남자는 고주망태로 취해 혼잣말을 중얼거리고 있었어요. 그 사람이 내쉬는 숨이 느껴질 정도로 가까운 거리였는데, 점점 더 가깝게 다가오더라고요. 갑자기 이런 생각이 들었죠. '맙소사, 이 사람 내려오는 속도가 너무 빨라서 못 멈추겠는데!'"

실제로 그 남자는 계단에서 떨어졌다. 그는 떨어지며 린다를 덮쳤다. 몸무게가 린다의 두 배쯤 되어 보이는 덩치 큰 남자였던 탓에 린다의 다리가 부러졌다. 거의 린다가 남자의 몸 아래에 깔려 있는 상태로 두 사람이 함께 계단에서 떨어졌다.

"제가 몇 초 동안 기절했던 것 같아요. 바닥에 부딪힌 기억이 전혀 없거든요. 의식이 돌아왔을 때 그 남자는 사라지고 없었고 한 여자가 저를 향해 달려왔어요. 저를 일으켜주려고 했죠. 하지만 저는 제 상태가 심각하다는 걸 알았어요. 다리 하나가 움직이질 않더라고요."

다리 쪽에 골절이 두 군데 일어났다. 그중 한 군데는 골수에 철심을 박는 특별 처치를 받아야 했다. "6개월이 지나서야 목발 없이 절뚝거리며 걸을 수 있었어요. 한동안 무직으로 지내다가 백화점 청구서 처리 부서에서 앉아서 할 수 있는 일을 구했어요. 그게 몇 년 전 일이에요. 오늘부터 다시 커피숍 종업원 일을 하게 됐어요."

린다는 수심에 잠긴 표정으로 커피를 홀짝이며 미소 지었다. "저는 자기 연민에 빠지는 성격이 아니에요." 린다가 말했다. "누구에게나 인생은 힘들죠. 저도 알아요. 하지만 이 술이라는 것 말이에요. 언제쯤 제가 이 술이란 것으로부터 벗어날 수 있을까요?"

"뭔가 도움 될 만한 이야기를 해드릴 수 있다면 좋겠네요." 내가 대답했다. 나는 내가 들었던 몇몇 운에 관한 이론을 얘기해줬다. 그중에는 동시성 이론도 있었는데, 이 내용이 린다의 흥미를 끄는 것 같았다. 나는 행운이나 불운이 연달아 찾아오더라도 언제든 그 흐름은 멈출 수 있으며, 린다가 겪고 있는 불운도 이미 멈춘 상태인지도 모른다고 말해주었다. 그 말이 린다의 기운을 북돋아줬던 것 같다. 헤어질 시간이 되자 나는 머릿속에 떠오르는 한마디를 건넸다. 린다에게 행운이 찾아오길.

운의 속성에
관한 고찰
: 오컬트와
신비주의적 시도

1장

숫자

펜실베이니아에 사는 윌리엄 바버는 1911년 4월 7일생이다. 누가 그 사실에 관심이나 가질까? 물론 바버에게는 관심 가질 만한 일이다. 또한 그의 부모님도 그의 생일을 중요하게 생각한다고 추정하는 것이 합당할 것이다. 하지만 그가 어떤 한 날짜에 태어났다는 사실 자체만으로는 주목할 만한 것이 못 되는데, 그 사실로 인해 바버가 특별한 사람이 되는 것은 아니기 때문이다. 모든 사람이 일정 날짜에 태어난다. 실제로 1911년에 태어난 아기는 약 5,000만 명이며, 그중 365분의 1인 13만 7,000명 정도가 바버와 같은 날(11/4/7) 태어났다고 볼 수 있다. 11/4/7에 태어난 사람들은 1811년과 1711년에도 존재하며, 수백 년을 더 거슬러 올라가면 같은 생일자는 계속해서 나온다. 그런 점에 있어서 펜실베이니아에 사는 바버는 특별한 사람이 아니다. 바버의 생일을 흥미롭게 만드는 것은 그가 '수비학(숫자와 사람, 장소, 사물, 문화 등의 사이에 숨겨진 의미와 연관성을 공부하는 학문)'이라는 특이한 운 통제법의 열렬한 추종자라는 사실이다. 그는 야구와 미식축구, 주식도 연구한다. 바버는 이 세 가지 이질적인 요소들을 결합해 주식시장 예측 시스템을 만들었는데, 이는 1960년 이래로 한 번도 예측에 실패한 적이 없음이 입증됐으며, 바버의 말에 따르면 그는 이 시스템 덕분에 부자가 될 수 있었다고 한다.

이 책의 앞부분에서도 그랬고 앞으로 분명 또 그러겠지만 이번에도 나는 실용적이면서도 어쩌면 너무 서구적인 사고방식을 가진 나로서는 사실이라고 보기 힘든 사건들을 소개해야 하는 난처한 입장에 처했다. 월스트리트의 뛰어난 분석가들조차도 예측하지 못하는 주식시장을 어떻게 수비학이 예측한다는 것일까? 말도 안 되는 일이다! 하지만 바버의 비합리적인 예측 시스템은 1960년부터 1975년까지 줄곧 차질 없이 예측에 성공했다. 이유가 뭘까? 어떻게 이런 일이 가능할까? '행운'의 숫자에 정말 뭔가 특별한 점이 있는 걸까?

어쩌면 정말 뭔가 특별한 게 있는지도 모른다. (자칭 과학이라고 하지만 과학이라기엔 부족한 듯한) 수비학의 기본 논지는 인간사에 일어나는 사건과 숫자 사이에 신비한 연결고리가 존재한다는 것이다. 다시 말해, 행운의 숫자가 나오면 행운이 깃든 사건이 일어날 것이며, 행운의 숫자가 나오지 않으면 행운이 깃든 사건이 일어나지 않을 것이라고 보는 것이다. 타당한 말 같은가? 글쎄, 모든 사람들이 그렇게 생각하지는 않을 것이다. 하지만 사

3부 운의 속성에 관한 고찰: 오컬트와 신비주의적 시도

람들이 왜 숫자에 집착하는지, 왜 숫자 속에 마법적 힘 혹은 예측의 힘이 들어 있다고 믿는지 이해해보는 것은 분명 어렵지 않은 일이다.

20세기 후반을 살고 있는 우리는 가엾게도 숫자라는 거대한 차가운 수프 속에서 매일 허우적거리며 지낸다. 전화번호, 주민번호, 국가부채, 개인부채, 그밖에 많은 숫자들이 우리 삶에 존재한다. 그중 몇몇은 잊고 싶어도 허락되지 않는다. 게다가 우리가 운을 시험해볼 때나 그 결과로 행운이나 불운이 찾아올 때 종종 숫자가 개입되곤 한다. 모든 도박은 알다시피 숫자로 가득하다. 복권, 룰렛, 경마, 주사위, 카드가 그렇듯 숫자들은 단지 확률이나 승패의 정도만을 표현하지 않고 흔히 게임 도구 그 자체에 인쇄되기도 한다. 그러니 이 벗어날 길 없는 숫자라는 걸쭉한 수프에 깊이 빠져 있던 사람들이 그 속에서 뚜렷한 관련성과 우연의 일치를 알아차리기 시작한 후, 결국 동시성 같은 것을 믿게 된다 해도 별로 놀랄 일은 아니다.

체구가 크고 친절한 육십대 중반의 백발노인 바버가 바로 그런 류의 사람이다. 기이하게도 그의 직업은 회계사다. 먹고살기 위해 신비주의와는 거리가 먼 방식으로 숫자를 다룬다. 하지만 한편으론 기이한 일이 아닌지도 모르겠다. 바버가 회계사이자 수비학자가 된 이유는, 그가 숫자 간의 상호작용에 큰 매력을 느끼고 좋아하기 때문이니까 말이다. 바버가 내게 말했다. "저는 학교에서 수학은 잘했어요. 다른 아이들보다 더 똑똑해서가 아니라 애써 요령을, 그러니까 손쉬운 방법을 배우려 했기 때문이에요. 숫자는 제 취미였어요. 열다섯 살 정도 됐을 때 전 특정 숫자가 제 삶에 반복적으로 나타난다는 것을 알아차리기 시작했어요. 무언가 예상치 못한 좋은 일이 일어날 때면, 그러니까 행운이 찾아올 때면 그 특정 숫자들이 연관돼 있곤 했어요. 특정 숫자라 함은 제 생일 4, 7, 11을 말하는 거예요. 근사한 숫자들이죠!"

언젠가 뉴욕을 지나가고 있던 바버는 커피숍에서 나를 만나 이 이야기를 해주었다. 그는 차를 마시며 시가를 피웠다. 붉어진 얼굴에는 미소가 가득했고, 파란 눈은 놀랍도록 반짝였다. 분명 지금 하고 있는 이야기 때문에 신이 난 모습이었다. 그는 이 세 숫자의 흥미로운(그의 기준으로) 특징들을 전부 열거했다. 그는 월과 일의 숫자인 4와 7을 더하면 11이 된다는 점을 지적했다. 나는 이것이 왜 중요한지 잘 이해하지 못했지만 바버가 이 사실을 매우 흥미로워 한다는 것은 확실했는데, 이것이 어떤 질서, 어떤 신비한 상호연계를 가리키고 있기 때문이었다. 그는 세 개의 숫자 4, 7, 11을 모두 더하면 22가 되고, 여기서 각 자리의 수를 다시 더하면 행운의 숫자 세 개 중 하나인 4가 나온다고 했다. 게다가 행운의 숫자 세 개를 모두 곱하면 308이 나오고, 여기서 다시 각 자리의 수를 더하면 11이 된다. 또한 행운의 숫자 세 개를 제곱한 후 그 제곱값을 다시 곱하면 94864가 되며, 여기서 각 자리의 수를 더하면 31이 나온다. 여기서 또 각 자리의 수를 더하면 다시 한 번 4가 나온다. 그리고……

이쯤 되면 모두 이해했을 것이다. 바버에게 4, 7, 11은 대단한 숫자다. 이 세 숫자는 특별히 쓸모는 없어 보이지만 수비학자가 보기엔 설명하기 어려운 여러 방식으로 중요한 특징을 많이 가지고 있다.

나는 바버에게 주식시장 예측 시스템에 대해 질문했다.

바버가 대답했다. "매우 흥미로운 시스템이죠. 제가 1964년에 발견한 것인데, 이 예측 시스템이 잘 적중하는지 1960년까지 거슬러 올라가 확인해봤어요. 1960년 이후로 1975년까지 이 시스템은 매년 정확한 예측을 내놓고 있답니다. 틀리는 일이 절대 없죠!"

이론의 여지없이 적어도 1960년 이후로는 정말 그랬다. 나는 이 시스템을 회의적인 태도로 꼼꼼히 확인해봤는데, 1950년대에는 여러 번 예측이 빗나갔지만 그 후로는 항상 예측이 적중했다. 누구든 지난 15년간 이 시스템을 이용해 주식을 사고파는 시기를 결정했다면 돈 벌 확률을 확연히 높일 수 있었을 것이다. 이 시스템은 3단계의 계산으로 이뤄져 있는데, 그 과정은 다음과 같다.

1단계: 현재 연도의 마지막 자리 숫자를 확인한다. 이를테면 1974년의 마지막 자리 숫자는 4다.

2단계: 새해 초에 로즈볼 미식축구 게임의 경기결과를 알아낸다. 이 게임은 항상 새해 첫날에 진행되고, 어떤 동네나 직장이든 해당 경기의 결과를 기억하고 있는 사람이 꼭 있다. 만약 승리한 팀의 점수가 30점 이상이면 현재 연도의 마지막 자리 숫자에 1을 더한다. 다시 1974년을 예로 들어보자. 그해 오하이오 주가 남부 캘리포니아를 42 대 21로 이겼다는 것은 모두 아는 사실이다. 그렇기에 이 공식에 의하면 1974

년의 마지막 자리 숫자인 4에 1을 더해야 하며, 그 합의 결
과는 5다.

3단계: 그해 메이저리그 정규시즌 동안 노히트 게임이 몇 번 있었
는지 찾아본다. 어쩌면 로즈볼의 경기 결과를 기억하고 있
던 스포츠 통계 정보통이 알 듯 말 듯 입술 달싹이며 노히
트 게임에 대해서도 말해줄 것이다. (9회까지 가지 않은 게
임은 계산하면 안 된다. 9회까지 완전히 다 진행된 경기만
계산해야 한다.) 이제 노히트 게임 횟수를 2단계에서 계산
한 숫자와 더한다. 1974년에는 노히트 게임이 2번 있었으므
로, 2에 5를 더해 7이라는 숫자를 얻을 수 있다.

예측: 만약 최종적으로 나온 숫자가 4, 7, 11 중 하나라면 다음해 주
식시장은 상승세를 탈 것이고, 그밖에 다른 숫자가 나온다면
주식시장은 하락세를 보일 것이다.

앞서 말했듯, 나는 이 시스템을 직접 확인했다. 스탠다드 앤드 푸어 종합
지수를 기준으로 삼아 주식시장의 상승세와 하락세를 판단했으며, 더 월
드 알마낙과 리더스 다이제스트 알마낙에서 필요한 스포츠 통계를 얻었
다. 그랬는데 아니나 다를까.

말도 안 된다고 말하는 사람도 있을 것이다. 하지만 주식 중개인이나 금
융 분석가 등 다른 전통적인 월스트리트 정보책들이 예측하는 방식이라
고 이보다 더 합리적이진 않을 것이다. 이들은 근본적으로 비합리적인 힘

으로 돌아가는 주식시장이 합리적인 수단을 통해 예측될 수 있다는 낙관적인 믿음을 갖고 있기 때문이다. 만약 바버의 방식이 틀렸다 말할 수 있다면, 월스트리트에서 옳은 방식을 사용하고 있는 사람은 전혀 없다고 봐야 할 것이다. 주식시장을 예측하는 합리적인 방법이란 존재하지 않는다. 주식시장은 이성이 아닌 감정에 의해 돌아간다. 주식으로 돈을 버는 단 하나의 확실한 방법은 좋은 운을 타는 것이다.

게임에서 운의 요소를 무시하거나 거부하는 것은, 특히 그 요소가 차지하는 비중이 큰 경우에 그러한 행동을 하는 것은 언제나 실수다. 월스트리트에 근무하는 사람들 대부분이 거의 항상 이런 실수를 저지르는 것 같다. 이들은 인간 이성을 성실히 적용하면 주식시장의 장기적인 미래를 예측할 수 있다는 믿음에서 위안을 얻는다. 이런 믿음을 통해 스스로가 준비되어 있다는 환상을 키우고, 그 안에서 안도하는 것이다. 안타깝게도 그 결과, 이들은 확실하고 신뢰할 만해 보이지만 실제로는 그러지 못한 예측들을 계속 내놓게 된다. 예측이란 사실 추측에 지나지 않는다. 룰렛 휠에 나올 다음 숫자를 추측해보는 것보다 더 믿을 만한 것도 못된다.

가장 운이 좋은 주식거래자는 주식시장이 순수한 이성의 영역이 아니라 적어도 부분적이나마 운에 좌우되는 영역임을 인정하는 사람들이다. 기발한 추론은 물론 주식 투자에 도움이 된다. 하지만 먼 미래를 예측할 때는 그렇지 않다. 월스트리트 전문가들이 주식시장의 장기적인 미래에 관해서 나나 바버보다 더 잘 알고 있을지는 의문이다.

실제로 바버의 미래에 대한 추측은 모두 맞았다. 그는 1968년 말에 가지고 있는 모든 주식을 팔았는데, 자신의 예측 시스템에 의하면 그해 숫자가 13이 나왔고 이는 1969년이 주식을 가지고 있기 좋은 해가 아니라는 것을 가리켰기 때문이었다. 오 주여, 예측은 확실했다. 1969년에는 예측 숫자가 15가 나왔는데, 이는 1970년도 우울한 해가 될 거라는 것을 의미했다. 실제로 1970년은 우울한 해였다. 1970년의 예측 숫자는 4였다. 1971년은 상황이 좋아질 거라는 것을 가리키는 숫자였다. 바버는 1971년 초에 주식을 조금 샀고 그 해 말에는 그의 자산이 약간 늘어 있었다.

하지만 바버의 시스템을 너무 칭찬만 하기에 앞서, 과도한 환상을 배제시켜줄 회의주의를 활용하는 것이 필요할 듯하다. 바버는 자신의 시스템이 잘 작동하는 이유는 행운의 숫자와 숫자가 예측하는 사건들 사이에 신비한 관련성이 존재하기 때문이라고 생각하며, 그가 제시한 증거는 15년 내내 그 예측이 모두 맞았다는 것을 보여준다. 하지만 그의 주장만큼이나, 그가 그저 일반적이지 않은 행운의 수혜자였다는 주장도 설득력이 있다. (나로서는 후자가 더 그럴듯하게 느껴진다). 룰렛게임에서 15번 연속으로 돈을 따는 것처럼 비정상적으로 오랫동안 행운이 연달아 찾아오는 상황이었을 수 있다는 것이다. 자주 일어나지 않아서 그렇지, 무작위적인 사건이 특정 사람에게 유리한 방식으로 15번 연속 발생하는 일은 분명히 가능한 일이다. 그러나 그 운이 16번째 게임까지 계속되리란 보장은 어디에도 없다. 내년 혹은 내후년에는 월스트리트의 합리적인 예측 시스템들 중 몇몇이 바버의 시스템보다 더 운이 좋아 예측에 성공할지도 모르는 것이다.

이에 바버는 다음과 같이 대답했다. "물론, 어떤 해엔 제 시스템이 틀릴 수도 있겠죠. 그런 일이 벌어져도 놀랍지는 않을 거예요. 저는 제 시스템이 완벽할 거라고 기대하지 않아요. 그저 제게 유리한 쪽으로 확률을 높여주기만을 바라죠. 다시 말해 우연히 맞출 확률보다 더 높은 확률로 미래를 예측해주길 바랄 뿐이에요. 만약 제가 룰렛게임을 한다면 4, 7, 11에 돈을 걸 겁니다. 하지만 매번 이 세 가지만 나오리라고 기대하진 않을 거예요. 통계적으로 계산된 확률보다 더 자주 나오기만을 바라겠죠."

바버는 룰렛게임을 해본 적이 있을까?

"아니요. 저한테는 룰렛게임이 지루해 보이더라고요."

∽

한 칵테일파티에서 진행된 설문조사에 따르면, 4명 중 3명은 행운의 숫자가 뭐냐고 묻는 질문에 행운의 숫자가 있다고 대답했으며 웃음기 없는 얼굴로 자신의 행운의 숫자를 대답했다고 한다. (이에 대한 예로 우리는 이미 숫자 10을 좋아하는 뉴저지 복권 당첨자 에릭 릭을 만난 바 있다.) 도박에 많은 시간을 투자하는 사람들 중에는 행운의 숫자가 있다고 말하는 비율이 4명 중 3명보다 훨씬 더 높다. 감히 말하건대 100명 중 99명에 달할 만큼 높다. 도박을 좋아하든 좋아하지 않든, 누구나 특정 숫자 하나 혹은 여러 개를 행운의 숫자로 생각할 가능성이 높다. 어쩌면 당신은 스스로를 미신에 끌리지 않는 냉정한 합리주의자라고 생각할 것이다. 그럼에도 당신의 어두운 의식 깊은 곳 어딘가에는 그곳을 맴도는 숫자가 존재한다. 행복했던 사건과 연결 지어진 어떤 하나의 숫자 말이다.

불운의 숫자도 널리 받아들여지는 개념이다. 미신을 경멸한다고 주장하는 많은 사람들이 예를 들어 숫자 13이 등장하면 눈에 띄게 불편해한다. 서구 대부분의 국가에서나 러시아에서는 이 음울한 숫자를 시큰둥하게 여긴다. (다른 나라들도 그 나라만의 불운의 숫자가 존재한다. 예를 들어 일본에선 4가 불길하게 여겨진다.) 미국에선 숫자 13에 대한 두려움이 뚜렷한 이유 없이 강하다. 미국이라는 나라가 13개의 식민지에서부터 시작된 이후로 대단한 행운을 누려왔고, 흔히 볼 수 있는 1달러 지폐 곳곳에 13이 그려져 있음에도 말이다. 1달러 지폐의 초록색 면을 보면 피라미드의 계단이 13개이며, 방패에는 13개의 줄이 그어져 있고, 13개의 별 무리가 떠 있다. 또한 13개의 꼬리털을 가진 독수리가 한 발에는 13개의 화살을 움켜쥐고 있고, 다른 발에는 잎이 13개 달린 올리브 나뭇가지를 쥐고 있다. 1달러 지폐는 불길한 물건일까? 10달러 지폐보다야 덜한 행운이라고는 할 수 있어도, 1달러를 쥐여주는 데 마다할 미국인은 거의 없을 것이다. 13달러는 말할 것도 없고 말이다.

그럼에도 우리는 가능한 한 13을 피하려 한다. 손님을 초대한 집주인은 가끔 저녁식사 자리에 13이란 숫자가 등장하지 않게 하려고 말도 안 되는 행동을 하기도 한다. 13층이 없는 건물이나 13호실이 없는 호텔도 많다. (일본의 경우 숫자 4를 피하기 위해 이와 비슷한 이상한 속임수를 사용한다.) 많은 미국인이 13일의 금요일에 무언가를 결정하고 약속하는 것을 꺼리거나, 위험이 따르는 일을 새롭게 시작하려 하지 않는다. 혹은 가능한 한 아무

것도 하지 않으려 한다.

다른 모든 나라에서처럼 미국 역사에서도 용감한 선택을 내린 사람들이 존재했다. 이들은 이런 13에 대한 공포심을 비웃으며, 13이 불길한 숫자가 아닐뿐더러 오히려 호감을 주는 숫자일 수 있음을 증명하려 애썼다. 1940년대와 1950년대에 브루클린 다저스의 투수로 활동한 랄프 브랑카가 바로 그런 종류의 사람이었다. 상대적으로 미신에 더 의존하던 팀 동료들이 두려움에 떨며 충고했지만 브랑카는 아랑곳 않고 자신의 등번호로 13번을 요구했다. 그는 1951년 내내 솜씨 좋은 장인처럼 공을 던졌고, 팀을 원 게임 플레이오프까지 끌고 올라가 뉴욕 자이언츠와 맞붙게 됐다. 마지막 플레이오프 게임이 끝나기 몇 초 전까지 다저스의 우승은 확실한 듯했다. 하지만 그때 재앙 같은 일이 벌어졌다. 이 일은 야구 역사가들이 지금까지도 두려워하며 거론할 정도로 너무나도 충격적이고 갑작스런 사건이었다.

다저스가 점수상으로 앞서가던 9회말, 브랑카가 투수 마운드에 올라가 있었다. 그때 자이언츠 선수가 2명 출루해 있었고 2명은 아웃된 상태였다. 마지막 자이언츠 선수 바비 톰슨이 타석에 섰다. 브랑카로서는 이 한 선수만 아웃시키면 게임과 우승기를 차지할 수 있었다. 그날의 게임 결과가 너무 빤히 예상된 탓에 관중들은 이미 출구로 이동하고 있었고, 수백만 명의 팬들은 텔레비전과 라디오를 끄고 내기 돈을 걸려 준비하고 있었다.

바로 그때 브랑카는 운이 나빴던 단 한 번의 투구로 인해 모든 것을 잃게 됐다. 나중에 그는 공이 손에서 떠나기 전부터 뭔가 잘못됐다는 것을 느꼈다고 말한 바 있다. 바비 톰슨은 브랑카의 공을 받아 홈런을 쳤고 우승기는 자이언츠에게로 돌아갔다. 그 이후로 브루클린 다저스나 로스앤젤레스 다저스에서는 그 어떤 선수도 13을 등번호로 사용하지 않았다.

~

　이상한 것은 미국인 대다수가 13을 불길한 숫자라고 생각하는 반면, 어떤 행운의 숫자도 그렇게 많은 사람들로부터 공감을 얻어내지는 못한다는 것이다. 그 이유에 대해 제대로 설명된 적은 없지만, 사람들이 13을 두려워하는 심리와 비교해봤을 때 행운의 숫자를 고르는 데 있어선 상대적으로 외부의 영향을 덜 받는 듯하다.

　어떤 사람들은 행운의 숫자를 임의로 고른다. 그러고는 왜 그 숫자가 행운의 숫자냐는 질문을 받으면 그저 어깨를 으쓱한 후 웃기만 할 뿐 대답은 하지 못한다. 어쩌면 그 숫자는 어린 시절 혹은 사춘기 시절에 좋아하게 된 숫자였을 수도 있다. 희망과 즐거움으로 가득했던 시즌에 자신이 입었던 미식축구 셔츠의 등번호일 수도 있고, 좋았던 시절을 떠올리게 하는 옛집의 번지수일 수도 있으며, 애틋한 마음으로 떠올리게 되는 친구 무리의 인원수일 수도 있다.

　반면, 바버처럼 신중하게 행운의 숫자를 고르고, 누군가 왜 그 숫자를 골랐냐고 물으면 그 이유를 설명할 수 있는 사람들도 있다. 왜 그 숫자가 다른 숫자보다 더 나은 것인지에 대한 근거 혹은 여러 근거들을 엮은 하나의 체계에 대해 설명할 줄 아는 것이다. 그 이유는 대체로 숫자들 간의 흥미로운(그러나 쓸모는 없는) 관계나 특징에 의존하는 경우가 많다.

바버가 4, 7, 11을 좋아한 이유는 이 숫자들을 여러 방식으로 더하고 곱하면 그로부터 재밌는 질서가 도출되기 때문이다. 이 숫자들은 정연해 보인다. 안락함이 느껴진다. 이 숫자들은 서로에게 속해 있는 것처럼 보인다. 내가 아끼는 숫자는 6과 28이다. 내가 이 두 숫자를 선택한 데에는 완벽히 멋진 이유가 있다. 첫째는 이 두 숫자가 나의 생일 6월 28일을 나타내기 때문이고, 둘째는 100 이하의 숫자 중 6과 28만이 "완벽한" 정수이기 때문이다. 정수론에서 완벽한 수란 인수들의 합이 자신과 같은 수를 말한다. 6의 인수는 1, 2, 3이고 이들을 모두 더하면 6이 된다. 28의 인수는 1, 2, 14, 4, 7이고 이를 모두 더하면 28이다. 완벽한 수는 매우 드물다. 백만까지의 수 중 20~30개밖에 되지 않는다. 그러니 이제 내가 왜 6과 28을 눈부시도록 멋진 숫자라 생각하는지 이해할 수 있을 것이다.

이 숫자들이 나에게 행운을 가져다줄까? 별로 그런 것 같진 않다. 한번은 크루즈에서 룰렛게임을 한 적이 있는데 그때 나는 6과 28 위에 25센트짜리 칩을 올려뒀다. 만약 이 두 숫자 중에 하나가 나오면 판돈의 35배를 따게 될 터였다. 즉 베팅한 금액은 그대로 돌려받고 추가로 8.75달러를 더 벌게 되는 것이다. 하지만 미국식 룰렛휠에서 나처럼 두 개의 숫자에 베팅했을 경우 휠이 한 번 돌 때마다 돈을 딸 확률은 20분의 1이다. 나는 휠이 20번 돌 때까지 게임을 했지만 두 숫자 모두 한 번도 나오지 않아 10달러를 잃었다. 내가 게임을 멈추자 바로 다음 게임에서 숫자 6이 나왔다. 나는 화도 나고 언짢아서 카지노 밖으로 나와 술 한잔을 하러 갔다. 같이 룰렛게임을 했던 사람이 나중에 굳이 나를 찾아와 더 우울한 소식을 전해 줬다. 내가 게임을 그만두자 그 후 열댓 번쯤 휠이 돌아가는 동안 28이 두 번 정도 나왔다는 것이었다.

이 일의 교훈은 뭘까? 내 생각에 행운의 숫자를 만들어 애착을 가지는 것은 재밌는 일이지만 그것에 너무 큰 기대를 걸면 안 되는 것 같다. 그저 행운이 찾아오길 바라는 마음으로 행운의 숫자를 간직하고 있는 게 좋다는 것이다.

~

낸시 버만은 은퇴한 수학교사다. 현재 캘리포니아에 살고 있으며 매해 몇 주간 라스베이거스를 방문한다. 버만은 라스베이거스에서 집에 돌아올 때면 거의 항상 가져간 돈보다 더 많은 돈을 들고 돌아온다고 주장한다. 그는 운과 기술이 모두 필요한 블랙잭을 좋아하지만 순수하게 운만 사용하는 룰렛게임도 좋아한다. 버만은 자신의 운이 계속 좋은 이유가 부분적으로는 그가 강력한 회문이라 부르는 신비한 11자리 숫자에 주의를 기울이기 때문이라고 생각한다.

수학만 생각하면 지루하거나 울고 싶어지는 사람이라면 다음의 몇 문단은 가볍게 건너뛰길 바란다. 회문이란 숫자나 구절이 왼쪽부터 읽든 오른

3부 운의 속성에 관한 고찰: 오컬트와 신비주의적 시도

쪽부터 읽든 뜻이 같은 것을 의미한다. 예를 들어 "A man, a plan, a canal, Panama"라는 문장은 철자를 오른쪽에서부터 읽어도 뜻이 같다. 숫자를 예로 들면 10101 같은 것이다.

알고 보니 몇몇 아름다운(숫자를 좋아하는 사람들에게 아름다워 보이는) 회문은 일련의 숫자를 거듭제곱하는 방식으로 만들어질 수 있었다. 만약 0부터 10까지의 숫자를 각각 제곱하여 그 값의 끝자리 수만 모아 순서대로 나열하면 01496569410이 나온다. 정말 아름답고도 신비한 현상이다. 이런 식으로 10부터 20까지의 숫자나 20부터 30까지의 일련의 숫자를 끝도 없이 가져와 제곱한 다음 끝자리 수만 모아 회문을 만드는 게 가능하다.

일련의 숫자들을 같은 방식으로 세제곱하면 또 다시 영원히 반복되는 결과가 나오는데, 이는 회문을 이루지는 않지만 다른 이유로 흥미로운 숫자라고 할 수 있다. 일련의 숫자들을 5제곱해도 마찬가지다. 버만의 강력한 회문은 일련의 숫자들을 4제곱(4제곱의 예는 2×2×2×2이다)하여 만든 것이다. 만약 이렇게 일련의 숫자들을 4제곱을 하면 01616561610라는 매력적인 숫자가 끝도 없이 반복적으로 나온다.

제곱의 횟수를 계속 늘려도 새로운 패턴의 숫자들은 나오지 않는다. 회문과 회문은 아니지만 반복적인 숫자가 계속 동일하게 되풀이되어 나온다는 것이다. 따라서 버만이 사용하는 언어대로 표현하자면 4제곱한 회문이 가장 '높은' 숫자다. 그렇기에 이를 강력한 회문이라 표현한 것이다. 게다가 4제곱한 회문은 보기에도 아름답고 기억하기도 쉽다.

하지만 이게 다 무슨 쓸모란 말인가? 버만은 강력한 회문을 이루는 네 개의 숫자 0, 1, 5, 6 사이에 신비하고 강력한 관련성이 있다고 믿는다. 이 네 개의 숫자들 중 하나가 룰렛휠에서 나오면 나머지 세 숫자가 강력한 에너지를 발하며 곧장 따라 나오려고 한다는 것이다. "저는 게임을 하지 않은 상태로 룰렛휠이 돌아가는 걸 지켜봐요. 0, 1, 5, 6 중 하나가 나올 때까지 기다리죠. 만약 이 숫자들 중 하나가 나오면 곧바로 다른 세 숫자에 베팅을 해요. 그러면 그 세 숫자 중 적어도 한 숫자가 일반적인 확률보다 더 빨리 나와요. 거의 확실하죠."

이상했다. 버만은 백발에 키가 큰 명석한 여성으로 다른 사람과 눈을 똑바로 마주치고 여느 남자보다도 더 힘차게 악수하는 사람이다. 그의 외모나 태도 어디를 봐도 지적으로 냉철하지 못하다거나 귀가 얇다거나 하는 인상은 느껴지지 않았고, 신비주의에 심취해 정신이 흐려진 것 같지도 않았다. 버만 스스로도 강력한 회문을 믿는다는 것이 자신의 기본적인 천성과는 맞지 않는 일이라고 인정했다. "저는 무척 실용적인 사람이에요." 버만이 약간은 당황스러운 표정을 지으며 말했다. "눈으로 볼 수 없는 건 믿지 않죠. 특히 돈과 관련된 일에서라면 더 그래요. 저는 신문에서 별자리 운세를 찾아 읽거나 행운의 물건을 가지고 다니는 일은 하지 않아요. 솔직히 이렇게 수비학과 관련된 이야기를 나누자니 좀 부끄러워요. 만약 수비학이 맞는지 틀린지 가려보자고 하시면 저는 드릴 말씀이 없을 거예요. 저는 수비학을 옹호할 생각이 없어요. 하지만⋯⋯."

하지만 다음에 무슨 말을 하고 싶었던 걸까? 아마도 버만이 하고 싶었던 이야기는 행운의 숫자가(만약 행운의 숫자를 가지고 있다면) 안도감을 준다는 것이었던 것 같다. 선택지가 다양하지만 합리적 선택 기준이랄 게 없는 당황스러운 상황에서 행운의 숫자는 우리에게 행동지침을 제공해준다. 그런 상황의 대표적인 예가 룰렛게임일 것이다. 룰렛게임에서 이길 확률을 높여주는 합리적인 방법이란 이 세상에 존재하지 않는다. 특정 종류의 베팅과 특정 베팅 공식은 돈을 잃는 속도를 늦춰줄 수 있다. 하지만 룰렛게임에서 그 이상의 합리적인 선택이란 없다. 어떤 한 숫자가 다른 어떤 한 숫자보다 더 좋다거나 더 나쁘다거나 하지 않다. 선택지는 많지만 합리적인 선택 기준이랄 게 없는 이런 상황에 직면하면, 우리는 마비된 사람처럼 그저 그 자리에 멈춘 상태로 어떤 선택도 하지 못할 수 있다.

물론 룰렛 테이블에서 의지가 마비되는 상태는 그렇게 중대한 일이 아니다. 그저 게임을 시작할 수 없게 된다는 것을 의미할 뿐이다. 하지만 인생에 있어 더 의미 있는 분야에서 자료가 불충분하거나 아예 없는 상태로 선택을 내려야 한다면 의지의 마비상태는 확실히 문제가 될 수 있다. 어떻게 해야 여러 선택지 속에서 제대로 된 결정을 내릴 수 있는 건지 모를 때에도 무언가 해야만 하는 순간들이 있다. 이를테면 낯선 고속도로에서 운전을 하다 갈림길이 나왔는데 어떤 길로 가야 할지 모르다면 우리는 그 순간 비합리적인 선택을 빠르게 내려 한다. 이때 만약 길 한가운데에서 차를 세우고 아무것도 하지 못한 채로 있게 되면 목숨이 위험해질 수 있기 때문이다. 그런 상황에서 선택에 도움을 주는 것은 그것이 무엇이든 소중하게 여길 만한 것이 된다. 그런 것들 중에 행운의 숫자도 포함된다.

버만의 입장에선 적어도 이런 관점을 취했을 때 강력한 회문에 대한 믿음이 타당하게 느껴지는 것이다. "숫자에 특별한 힘이 담겨 있다고 믿든 믿지 않든, 분명한 사실은 제게 이런 선택의 기준이 없었다면 룰렛게임을 하는 일은 절대 없었을 거라는 거예요. 저는 어떻게 선택을 내려야 하는지도 몰랐을 거예요. 수비학이 바보 같은 일이라고 생각하는 사람들이 많을지 몰라도 이것 덕분에 저는 제가 좋아하는 게임을 시작하게 됐어요. 돈을 많이 잃는다 해도 저는 이 게임을 즐길 거예요. 저는 게임에서 자주 이기기 때문에 원래 재밌던 게임이 더 재밌고 놀랍게 느껴지긴 하죠." 버만이 미소 지으며 덧붙였다. "하지만 꼭 수비학을 믿어야 하는 것은 당연히 아니에요."

글쎄, 내가 수비학을 믿는지 믿지 않는지 잘 모르겠다. 어쩌면 버만이 라스베이거스에서 번 돈 대부분은 지능과 합리적 선택으로 승률을 확연히 높일 수 있는 블랙잭에서 딴 것인지도 모른다. 룰렛게임에 관해서라면 이미 우리가 살펴본 제1확률 법칙 "어떤 일이든 일어날 수 있다"와 제2확률 법칙 "어떤 일이 일어날 가능성이 있다면, 그 일은 일어나게 된다"로 설명할 수도 있을 것이다. 행운이 연달아 오랫동안, 심지어 평생 동안 찾아오는 일은 때때로 일어날 수 있는 일이다. 버만이 룰렛에서 많은 돈을 딸 수 있었던 건 강력한 회문을 통해 신비한 힘이 작용했기 때문이라는 주장을 아직은 받아들이기 힘들어 하는 사람이 있을 수 있다. 하지만 적어도 우연의 일치가 일어날 가능성이 존재한다는 사실은 받아들일 수 있을 것이다. 어쩌면 버만이 룰렛휠 근처에 나타날 때마다 우연히 0, 1, 5, 6이라는 숫자가 자주 나왔던 것인지도 모른다.

우리가 무엇을 믿든 혹은 버만의 사례를 어떻게 해석하든, 버만이 선택에 관해 했던 말이 일리 있다는 것은 부인할 수 없을 것 같다. 확실히 운이 좋은 사람들은 정보가 부족한 상황에서도 결정을 내리는 재능이 있다. 이 흥미로운 문제에 대해선 나중에 더 깊이 살펴보도록 하자.

～

바텐더로 일했던 해롤드 머스는 지금은 은퇴하여 뉴저지의 트렌턴에서 살고 있다. 그는 친절하지만 말수는 많지 않은 69세 남성이다. 다른 여러 바텐더들처럼 머스도 개인적 생각은 대체로 속에 담아둔다. 운에 관한 견해에 있어서도 마찬가지다. 하지만 최근 몇 년간 사람들은 대화 주제나 생각 거리로 머스를 자주 떠올렸다. 그가 일확천금을 얻는 바람에 평온했던 무명의 삶에서 끌려 나오게 됐기 때문이다. 지금 그는 과거의 삶이 더 좋았다고 생각할 때가 많다.

1973년 1월 4일 머스는 뉴저지 주 복권에 당첨돼 5만 달러를 받았다. 그 후 1976년 3월 4일에 또 한 번 복권에 당첨되었고, 그때는 25만 달러를 받았다.

1976년 복권 추첨에서 머스가 받은 예비 추첨 번호는 4였다. 그 사실뿐 아니라 두 개의 복권에 당첨된 날이 모두 4일이었다는 사실 때문에 머스 주위에 있던 수비학자들은 그의 이야기에 열렬한 관심을 보였다. 이들 중 일부와 몇몇 동시성 이론 지지자들은 여러 숫자와 머스와의 관계를 입증하려고 온갖 노력을 다했다. 이들은 복권에 당첨된 두 날짜 73, 1, 4와 76, 3, 4의 각 자릿수를 곱하면 흥미로운 질서가 발견된다고 주장했다. 7, 3, 1, 4를 서로 곱하면 84가 나오고 7, 6, 3, 4를 서로 곱하면 504가 나오는데 84는 504의 인수일 뿐 아니라 두 수 모두 4로 끝나며 4로 나눗셈이 가능하다. 게다가 84에 504를 곱하거나 84와 504를 각각 제곱했을 때, 나온 값의 각 자릿수를 다 더하면 세 경우 모두 18이 나온다. 이는 동시성 이론을 깔끔하게 설명하는 숫자들의 사례처럼 보인다.

　내가 물었다. "당신은 이 모든 수비학적 설명을 어떻게 생각하시나요? 자신과 숫자 4 혹은 18 사이에 어떤 마법적 연관성이 존재한다고 생각하시나요?"

"아니요. 저는 3이 아닌 다른 숫자에는 관심이 없어요."

"그래요? 왜 3이죠?"

"번개가 같은 장소에 세 번 치는 일이 일어나지 않을까 늘 기다리거든요."

2장
운명과 신

어떤 사람들은 신이 존재한다고 믿고 어떤 사람들을 존재하지 않는다고 믿는가 하면, 신이 존재하는지 알 수 없다고 말하는 사람도 있다. 신이 존재한다고 믿는 사람들 사이에서는 신의 본질이 무엇이고, 신이 지상에 사는 필멸의 존재인 우리와 어떤 관계를 갖는지를 설명하는 수백, 어쩌면 수천 개의 이론이 존재한다. 하지만 운에 관해서라면 신의 존재를 믿는 사람들은 두 개의 큰 그룹으로 나뉜다 할 수 있다.

그중 한 그룹은 신이 우리를 창조하고 우리의 행복에 전반적인 관심을 가지고 있기는 하지만 구체적으로 개개인의 삶을 통제하려 하진 않는다고 믿는다. 신이 인류 전체를 아끼지만 특별히 나나 당신의 삶이 어떻게 흘러갈지에 대해 걱정하진 않는다는 것이다. 이 이론은 우리가 홀로 분투

하고, 자신의 운을 스스로 찾아내며, 천상의 도움이나 방해 없이 어둑한 운명의 길을 개척해가기 위해 이 세상에 태어났다고 말한다.

나머지 한 그룹은, 어쩌면 앞의 그룹보다 더 많은 사람들이 이 그룹에 속할 텐데, 신이 인간 한 명 한 명의 삶에 직접 관여한다고 믿는다. 신은 목적을 가지고 우리 인간을 지상에 보냈으며, 모든 사람의 인생을 그 목적이 완수되는 방향으로 세심히 이끈다는 것이다. 이 이론은 우리가 태어나기 전부터 신은 이미 우리가 어떤 인생을 살길 원하는지 알고 있으며, 우리의 정해진 운명도 알고 있다고 주장한다. 그 이후로 우리에게 일어나는 모든 일은 신이 마련한 계획의 일부다. 다시 말해 운은 신의 뜻이라는 힘, 의도, 자애로움에 의해 좌우된다는 것이다.

이 두 번째 관점이 모든 운에 관한 이론 중 가장 널리 받아들여지는 이론이 아닐까 싶다. 여기서 내가 이 이론을 분석하려 한다면 그건 주제넘은 시도이자 불필요한 내용이 될 것이다. 신과 인간의 운명에 관해 쓰인 책이 이미 백만 권은 될 테니 말이다. 그런 책들 중 가장 탁월한 것이 성경이다. 성경은 길게 말하지 않는다. "운은 신의 뜻이다." 그러나 이 문장은 성경의 여러 본질적 의미 중에 하나다. 즉, 신의 존재를 믿는 이들에게 생긴 모든 일은 그것이 좋은 일이든 나쁜 일이든 자애롭고 전능한 신에 의해서만 가능하다는 것이다. 많은 사람들이 시도한 바 있지만, 성경의 내용은 성경이 아닌 다른 곳에서는 그 의미가 잘 전달되지 않는다. 나는 여기서 그런 시도를 할 생각이 없다.

이제 운이 신의 뜻이라 믿는 한 비범한 여성과의 대화를 소개해볼까 한다. 이 책에 소개된 다른 이야기들과 마찬가지로 이 여성의 이야기 또한 정보 전달의 목적을 위한 것일 뿐 어떤 견해를 지지하기 위한 것은 아니다. 만약 당신이 운에 대해 다른 이론을 지지한다면 이 이야기가 당신의 생각을 변화시킬 가능성은 없을 것이다. 이 이야기는 (목적에 맞게 잘 전달만 된다면) 왜 어떤 사람들은 보이지 않는 영적 존재가 자신들의 운명의 모든 세세한 면을 통제하고 있다는 믿음을 합리적이라고 생각하는지를 설명해줄 것이다.

이 이야기를 시작하기에 앞서 표현 방식에 대해 말해두고 싶은 것이 있다. 여기서 말하는 보이지 않는 영적 존재는 사람들 사이에서 여러 이름으로 통용된다. 나는 이 영적 존재를 기독교와 유대교 용어인 "신^{God}"으로 부를 것이다. 여러 목적에 부합하는 의미를 표현하면서도 부르기 쉬운 짧은 단어이기 때문이다. 나는 또한 전통적인 방식에 따라 "그^{he}"라는 단어를 사용할 것인데, 이는 문체상의 편리함 때문이지 성차별적인 발언을 하거나 여타 종교가 믿는 신의 존재 가능성을 부인하려는 것이 아니다. 또한 부자연스러운 대명사 사용을 피하기 위해 "그$^{he, him}$"라는 단어를 대문자로 쓰는 지나치게 경건한 문체는 사용하지 않을 것이다. 만약 신이 있고 그 신이 이 책을 읽는다면, 그리고 신을 숭배하는 사람들이 말하듯 신이 정말 자애로운 존재라면, 바라건대 이런 문체를 기분 나빠하기보다는 기쁘게 받아들일 가능성이 더 클 것이다.

~

아이린 캠픈은 작가다. 아마도 그는 『조지 없는 삶 Life Without George』이라는 재밌고도 따듯한 책으로 가장 많이 알려졌을 것이다. 이 책을 바탕으로 TV쇼 <루실 볼>이 만들어지기도 했다.

캠픈은 이 책 말고도 여러 책을 썼는데, 모두 풍자적인 유머가 특징인 작품들로 혼란스럽고 늘 호의적이지만은 않은 세상에서 자신의 입장을 고수하려 노력하는 교외지역 중산층 여성인 자신의 경험을 바탕으로 쓴 것들이다. 캠픈은 충성도 높은 독자 팬을 거느리고 있으며 책과 TV쇼를 통해 꽤 많은 부를 모았다. 그는 자신의 유명세와 부에 대해 많은 생각을 해왔는데, 그것들이 중년시기에 예상치도 못하게 갑자기 찾아온 것들이기 때문이다. 부와 명성을 얻기 전에 캠픈은 빠져나갈 수 없을 만큼 어두운 절망에 빠져 있었다. 캠픈은 말했다. "만약 1960년에 누군가가 찾아와 제가 앞으로 책을 쓰게 될 거라고 예언했다면 저는 '말도 안 된다'라고 대답했을 거예요. 책을 쓴다는 생각을 해본 적이 없었거든요. 만약 그 사람이 내가 성공적인 작가가 될 거라고 말했다면 전 큰 소리로 웃었을 거예요. 그때 저는 이혼 후 무일푼으로 아이를 키우느라 애쓰고 있었어요. 완전히 비참한 상태였죠. 그 상황을 벗어날 방법이 없었어요. 인생이 완전히 끝난 것 같았어요. 그런데 그때……."

그런데 그때 행운이 찾아왔다. 엄청난 행운들이, 그 모든 일련의 행운들이 갑자기 캠픈의 인생에 들이닥쳤다. 그 모든 상황이 잠잠해지고 보니 캠픈의 인생 전체는 완전히 변해 있었다.

행운이라고? 캠픈은 그 모든 것이 처음부터 신에 의해 계획됐던 것이라 믿는다. "저는 사람들을 웃게 만들기 위해 이 세상에 보내졌어요." 캠픈이 완전히 확신에 찬 목소리로 말했다. "저에게 일어난 모든 일은, 그러니까 가난과 고통까지도 모두 이 일이 일어나기 위해 계획됐던 거예요. 지금의 나는 신이 계획하신 모습이에요. 다른 식으로 설명하는 건 불가능할 것 같아요. 제 인생에 이런 커다란 변화가 일어나기 위해서는 수백 개의 개별적인 사건들이 적절한 사람에게 적절한 방식으로 적절한 시기에 일어나야 했어요. 이 모든 사건들이 퍼즐조각처럼 딱 맞아떨어져야 했던 거예요. 만약 한 조각이라도 빠져 있었더라면, 모든 게 무너졌을지도 몰라요. 변화의 과정은 멈추고, 지금 저는 1960년에 느꼈던 절망에서 빠져나오지 못한 상태로 남아 있을 거예요. 저는 저보다 더 높은 존재의 힘이 이 모든 것을 계획했다고 믿을 수밖에 없어요."

오십대 중반의 캠픈은 매우 품위 있고 재치가 뛰어난 사람이다. 만약 정말 신이 캠픈을 이곳에 보낸 이유가 사람들을 웃게 하기 위해서라면, 캠픈은 신의 뜻을 잘 받들고 있는 것이다. 그는 자신이 살고 있는 코네티컷 리지필드 근처에서 열리는 라이온스클럽 모임, 위민스클럽 점심식사, 로터리클럽 만찬에서 가장 사랑받는 연사 중 한 명이다. 리지필드 외에도 전국을 돌며 다른 여러 그룹 앞에 자신의 이야기를 들려주는데, 그 이야기를 듣는 청중들은 대체로 항상 웃으며 돌아간다. 캠픈은 그런 재능이 어렸을 땐 없었다고 했다. 그는 자신을 작가로 만들기 위해 높은 곳의 계획자가 자신 안에 사람들을 웃게 만드는 능력, 그러니까 캠프 특유의 천연덕스럽게 자신을 농담거리로 삼는 재치가 생겨나게 했고 그것이 크게 자라나게 했다고 믿는다. 작가가 됐을 때 필요한 두 가지 요소, 즉 책의 소재가 되는 경험의 원천과 여러 사건들을 겪으며 형성된 성격을 갖추기 위해 자신의 인생이 처음부터 계획됐다고 생각한 것이다.

캠픈은 브루클린에서 태어났고 비교적 사건사고 없이 행복한 어린 시절을 보냈다. 위스콘신대학에 진학해서는 저널리즘을 공부했는데, 당시 캠픈은 특별한 이유 없이 그 대학을 선택했다고 생각했다. 하지만 지금은 하늘에 계신 분이 신중하게 이끌어주신 선택이었다고 믿는다. 위스콘신에서 캠픈은 미래의 남편이 될 젊은 청년을 만났다. 당시 2차 세계대전이 한창이었기 때문에 남자는 폭격기 조종사로 징집됐다. 그가 돌아오길 기다리는 동안 캠픈은 잠시 신문사에서 일했지만 마음에 들지 않아 그만두었다. 남자는 군에서 돌아온 후 잠시 멈췄던 일러스트 일을 다시 시작했다. 이 둘은 결혼하여 롱아일랜드 레빗타운에 집을 하나 샀고, 딸 하나를 낳았다.

"이때가 제 인생에서 행복했던 시절이에요." 캠픈이 회상하며 말했다. "저는 교외에 사는 젊은 전업주부였어요. 이 시절에는 젊은 엄마가 전업주부로 지내도 변명해야만 할 것 같은 죄책감 없이 만족하며 지낼 수 있었어요. 정말 멋지다고 생각했던 것 같아요."

하지만 이미 운명에 시동이 걸리고 있었다. 캠픈의 부모님은 린지필드에 집을 하나 샀다. 캠픈은 남편과 종종 그 집을 방문했는데, 작은 마을인

뉴잉글랜드(지금은 큰 마을이 됐다)가 마음에 들었고, 결국 그곳에 정착하기로 결정했다. 이 즈음 캠픈의 남편은 일러스트 일을 잘 해나가고 있었기에 건축가를 고용해 자신들만을 위한 집을 지을 여유가 있었다.

"저희가 고용한 건축가와 그의 아내는 친절한 사람들이었어요. 일 이야기가 끝나면 우리 넷은 밤에 함께 외출해 사교적인 시간을 보내곤 했어요. 얼마 후 건축가의 아내와 제 남편은 일과 상관없는 것에 대해 많은 대화를 나눌 정도로 친해졌고, 둘은 함께 도망쳤죠."

캠픈과 남편은 2년간 별거 후 이혼했다. 린지필드의 집은 캠픈이 가졌다. 캠픈은 자신과 딸의 생계를 꾸려나가기 위해 아버지가 운영하는 뉴욕의 꽃집에서 일했다. 하지만 그것만으로는 지출을 감당할 수 없었다. 집을 유지하기 위해서이기도 했지만 외로움을 느끼기도 했기에 그는 친구를 집에 들여 함께 살았다. 그 친구도 남편과 이혼한 후 린지필드에서 어린 아들과 함께 사는 여자였다.

이 시기가 캠픈의 인생에서 가장 힘든 때였다. "딸이 아니었다면 살아야 할 이유가 전혀 없었죠. 만약 딸이 없었더라면……. 글쎄요, 어쨌든 1950년대 말, 그렇게 어려웠던 때가 제가 교회에 나가기 시작한 시기예요. 그전에는 종교를 진지하게 생각해본 적이 없었지만 그때는 어떤 식으로든 위안이 필요했어요. 저는 상황을 나아지게 해달라고 기도하지 않았어요. 회의적인 생각이 너무 강해서 그런 걸 바랄 수도 없었죠. 제 기도는 이랬어요. '제 인생이 끝장났다는 거 잘 알고 있습니다. 동화 같은 놀라운 일이 일어나게 해달라고 부탁드리는 게 아니에요. 그저 지금보다 더 나빠지지만 않게 해주세요. 제발.'"

당시 캠픈은 이미 멀리서 운명이라는 기관차가 자신을 향해 천천히 방향을 돌리고 있다는 것을 모르고 있었다. 대륙 건너편 캘리포니아에서는 루실 볼이 종종 폭력적으로 변하던 남편이자 비즈니스 파트너였던 데시아나즈와의 결별을 겪고 있었다. 캠프는 잡지에서인지 신문에서인지 그와 관련된 기사를 읽었던 일을 기억해냈다. 그는 구릿빛 머리카락을 가진 배우 루실 볼에 대해 잠시 동정심이 느꼈으나 당연하게도 그 후로는 루실 볼의 이야기는 까맣게 잊으며 지냈다.

언젠가 캠픈은 주간지 《리지필드 프레스》의 편집자이자 발행인인 칼 내쉬를 우연히 만나게 됐다. 내쉬는 자신의 신문에 유머가 없어서 걱정이라는 말을 했다. 캠픈은 결혼 전에 잠시 기자생활을 했던 이후로는 글을 써본 적이 없었고, 내쉬를 우연히 만나기 전까지는 중단된 경력을 이어나가야겠다는 생각도 해본 적이 없었다. 지금의 캠픈은 신이 일부러 자신과 내쉬를 만나게 한 거라고 믿는다. 그날 저녁 집에 돌아간 캠픈은 내쉬가 했던 말을 다시 한 번 떠올렸다. 그러고는 며칠 후에 내쉬를 찾아가 지역주민과 사건에 관한 유머 칼럼을 매주 쓰고 싶다고 제안했다. 내쉬는 그가 써온 샘플을 몇 개 읽어보고는 마음에 든다면서 매주 5달러를 주겠다고 했다. "큰돈은 아니었어요." 캠픈이 말했다. "하지만 제 경제 상황을 고려해본다면 뭐든 마다할 입장이 아니었죠." 캠픈의 글은 "목요 칼럼The Thursday Thing"이라는 제목을 달고 몇 달간 신문에 실렸다. 하지만 그 후 내쉬는 특정 지역 명사로부터 항의를 받기 시작했다. 칼럼의 조롱거리가 된 것을 불쾌하게 생각한 사람이었다. 그렇게 "목요 칼럼"은 더이상 신문에 실리지 못하게 됐다.

그다음으로 준비된 신의 신비한 개입은 어느 하루 동안 지역 도서관에서 두 번 일어났다. 캠프은 책을 반납하기 위해 도서관에 가고 있었다. 그리고 그 길에 한 예술가 지인을 만났다. 그 지인은 "목요 칼럼"이 훌륭했는데 더이상 볼 수 없어 안타깝다고 말하면서 그 칼럼 내용을 모아 책으로 만들어보라고 제안했다. 캠프은 고맙다고 대답은 했지만 그 조언에 특별한 의미가 있다고 생각하진 않았다. 캠프은 도서관에 도착해 책을 반납했다. 어떤 여성작가가 쓴 그 책은 유머러스하다는 평을 받은 책이었지만 캠프은 그렇게 재밌지 않았다. 그리고 이런 생각을 사서에게 말하며 이렇게 덧붙였다. "제가 써도 이것보다는 재밌을 걸요." 그날 사서는 무척 예민한 상태였던 것 같다. 사서들은 캠프이 한 말과 같은 얘기("내가 써도 이것보다 낫겠네")를 자주 듣는데, 그럴 때면 이들은 대게 예의 바르게 고개를 끄덕이고는 개인적 견해는 마음속에 담아둔다. 하지만 이 사서는 마음속의 말을 털어놓을 필요를 느꼈다. 그래서 캠프에게 말만 하지 말고 써보라고 쏘아붙이듯 제안했다. "책을 쓴다는 게 말이야 쉽죠. 사람들은 여기 와서 매주 그런 말을 해요. 한 번이라도, 단 한 번만이라도 말로만 그치지 않고 진짜 책을 쓰는 사람을 만나봤으면 좋겠네요."

캠프은 예술가인 지인에게 격려의 말을 듣고 몇 분 후에는 사서에게 따끔한 충고를 들었다. 이 두 사건의 조합은 엄청났다. 캠프의 내면에서 톱니바퀴들이 맞물리며 돌아가기 시작했다. 그날 저녁 그는 두 이혼녀가 두 아이를 데리고 한 집에 사는 경험을 책으로 쓰기 시작했다. 대략 그 다음 해까지 여가시간을 이용하여 작업을 이어갔는데, 그에게는 빨리 끝내야 겠다는 생각이나 그 책으로 무엇을 하겠다는 계획도 없었다. "저는 제가 그걸 왜 쓰고 있는지도 몰랐어요." 캠픈이 말했다. "거의 취미나 다름없었 어요. 힘든 일을 잊게 해주는 것이었죠. 분명 그 책을 출판하고 싶다는 꿈 을 꿨던 것 같아요. 하지만 그런 일이 진짜 일어날 거라고 진지하게 믿진 않았어요. 바로 다음 페이지만 생각하며 계속 글을 썼어요. 이상한 충동 을 느꼈어요. 그때는 그걸 어떻게 설명해야 할지 몰랐는데 지금은 알 것 같아요. 그 충동은 저를 넘어서는 어딘가에서부터 비롯된 것이었어요. 정 해진 계획의 일부였던 거죠"

세심히 구성된 이 계획의 다음 단계는 뉴욕에서의 우연한 만남이었던 듯하다. "집으로 가는 열차를 타러 가는 중에 몇 년간 못 봤던 옛 친구와 우연히 마주쳤어요. TV 작가인 친구였죠. 만약 그 친구를 못 만났다면 모 든 게 다 헛수고로 돌아갔을 거예요. 그 만남은 퍼즐의 핵심 조각이었어 요. 친구가 저에게 술을 한 잔 샀고, 저는 그에게 요즘 뭐하고 지내는지 얘 기하다가 마지막엔 미완성 책 한 부를 건네줬죠. 그리고 그는 그 책을 한 TV 대본 편집자에게 보여줬어요. 그쪽에서는 책을 좀 더 다듬어야 할 필 요가 있다고 생각했기에 개선점 몇 가지를 얘기해줬어요. 특히 구조적인 측면에서의 조언이었죠. 그 후 몇 달 동안 저는 책을 여기저기 손보며 글 을 재배치했어요."

신의 계획대로 일이 계속 진행되려면, 계획의 다음 단계로 넘어갈 때 책

내용을 재배치하여 개선시키는 과정이 꼭 필요했다. 이 단계는 배우 시릴 리차드가 리지필드로 이사 오며 시작됐다. 처음엔 캠픈의 어머니가, 그다음엔 캠픈이 그와 안면을 텄다. 그리고 리차드의 집에서 열린 주말 파티에서 캠픈은 할리우드 작가 한 명을 만나게 된다. "그 작가에게 이렇게 말했어요. '작업하고 있는 게 하나 있는데, 책이라고 할 수 있죠.' 만약 제가 책을 쓸 거라고 말했다면 그 사람은 별로 관심 보이지 않았을 거예요. 하지만 저에게는 보여줄 원고가 실제로 있었기 때문에 그는 예의 바르게도 읽어보고 싶다고 했죠."

그 사람은 원고를 마음에 들어 했다. 그리고 그는 20세기 폭스의 스토리 편집자에게 그걸 보여줬다. 편집자도 마음에 들어 하긴 했는데 확신하진 못했다. 그래서 자기가 아는 뉴욕의 저작권 대리인에게 원고를 보내보면 어떠냐고 제안했다.

만약 교외에 사는 모르는 여자가 의뢰하지도 않은 원고를 멋대로 보냈다면 아마 그 저작권 대리인은 읽지 않았을 것이다. 하지만 그 원고는 유명 에디터가 추천한 것이었기에 저작권 대리인은 그걸 읽었고, 가능성이 있다고 판단하여 한 출판사에 원고를 보냈다. 출판사는 원고를 마음에 들어 했고 선금 1,000달러와 표준 인세 계약을 제안했다.

"정말 벅찬 기분이었어요." 캠픈이 말했다. "당시 저에게 1,000달러는 큰 돈이었어요. 누군가 책을 출판해주기만 해도 기뻤을 텐데, 실제로 선금까지 준다니까 정말 좋았죠!"

저작권 대리인은 이 사실에 캠픈만큼 열광하진 않았다. 그가 보기에 선금 1,000달러는 꽤 적은 금액이었다. 출판사 편집자들은 선금을 제안하며 은연중에 그 책이 많이 팔릴 것 같지 않다는 생각을 드러냈다. 저작권 대리인은 다른 이유가 있어서라기보다는 체면을 지키기 위해 계약서에 몇 가지 수정을 요청했다. 그중 하나가 책의 일부분이 TV에 팔리면 그로부터 들어오는 모든 수입은 작가에게 돌아간다는 내용이었다. 이 공상에 가까운 가정에 실소를 하였을 출판사는 흔쾌히 그 제안을 받아들였다. "그 당시 TV 방송을 꿈꾼다는 건 분명 말도 안 되는 일이었어요." 캠픈이 말했다. "솔직히 저 자신도 웃음이 나더라고요."

반면 캘리포니아에선 루실 볼이 데시 아나즈와 서로 고약하게 굴며 갈라섰다. 화가 난 루실 볼은 TV 방송계에서 쓰는 용어로 표현하자면 새로운 "탈 것"을 찾았다. 루실 볼과 그의 친구인 비비안 밴스는 남자 배역의 비중이 적은 시트콤을 원했으나 거의 3년 동안 그런 작품을 찾아 헤매다 보니 점점 자포자기 상태가 되어가고 있었다.

그러던 어느 날 루실 볼의 대리인이 캠픈의 책을 발견했다. 그렇게 그 쇼는 7년간 계속됐고 지금도 여전히 재방송되고 있다.

∽

행운에 관한 다른 여러 이야기들과 마찬가지로 이 이야기의 해석도 다양할 수 있다. 캠픈의 이야기를 무작위 이론이나 점성술, 초능력, 혹은 다른 이론의 관점을 취해 바꿔 얘기하는 것도 완벽히 가능하다. 이는 캠픈

자신이 인정한 바 있다. 하지만 마지못한 인정이었고 그마저도 가끔 있는 일이었다. 캠픈에게 종교적 해석이란 그 이야기 속 여러 사실들처럼 실제로 존재하는 것이다.

어쩌면 이 글을 읽은 당신의 해석은 다를지도 모르겠다. 캠픈만큼이나 자신의 해석이 옳다고 확신하고 있을 수도 있다. 그래도 좋다. 하지만 다른 사람이 자신의 해석을 믿게 만들려는 헛수고는 하지 않길 바란다. 당신의 얘기에 귀 기울이는 사람은 이미 당신의 말을 믿고 있는 사람들뿐이다. 사람들은 운의 특징에 대해 나름의 결론에 이르고 나면, 그게 모호한 결론일지라도 자신의 생각을 좀처럼 바꾸려 하지 않는다.

3장
부적과 별자리 그리고 전조

아버지는 종종 원인과 결과에 대한 이야기 하나를 해주곤 했다. 이 이야기 속에선 매일 정확히 정오가 되면 한 남자가 번화한 거리 모퉁이에 초록색 깃발과 나팔을 들고 나타났다. 그 남자는 깃발을 흔들다가 나팔을 몇 번 불더니 알 수 없는 주문을 외우고는 사라졌다. 그 모습을 몇 주간 지켜보던 경찰은 마침내 호기심을 주체할 수 없게 됐다. "도대체 뭘 하는 거요?" 경찰이 물었다. "기린이 못 오게 하는 겁니다." 남자가 대답했다. 이에 경찰이 말했다. "하지만 이 근처에 기린은 한 마리도 없는데요." 남자가 말했다. "제가 일을 잘 하고 있는 거죠. 그렇지 않나요?"

여러 해가 지나는 동안 이 이야기에선 등장인물이 바뀌기도 하고 음담 패설이 들어가기도 했지만 요점은 한결같았다. 아버지는 당신이 "빌어

먹을 멍청한 미신"이라고 부르는 것들을 반박하기 위해 이 이야기를 했다. 여기서 "빌어먹을 멍청한 미신"이란 행운에 대한 오컬트나 신비주의적 믿음 전체를 포함하는 것이었다. 아버지는 스위스 은행가였는데, 서유럽과 미국의 실용적인 산업문화에 단단히 뿌리박고 있는 분이었다. 아버지는 원인이 작용하여 결과를 도출해내는 것을 실제로 확인할 수 없다면, 그러니까 원인과 결과가 널리 알려진 물리법칙의 관점에서 정확히 어떻게 연결되어 있는지 확인할 수 없다면, 둘 사이에 어떤 관련성이 존재할 수 있다는 생각에 회의적이었다.

그렇기에 아버지는 누군가 점성술의 신빙성을 뒷받침하는 증거를 내놓으려 하거나("이번 주에 저에게 일어날 일을 별자리가 정확히 예측했다니까요!") 행운의 숫자를 옹호하는 증거를 내놓으려 하면("봐봐. 내가 뭐랬어? 오늘은 6일이라 난 이미 결과가 좋을 줄 알고 있었다고!) 언제나 이 기린 얘기를 했다. 타로카드나 찻잎 점, 검은 고양이, 사다리, 쏟아진 소금, 깨진 거울, 토끼 발 등 운에 영향을 주거나 운을 예측한다고 주장하는 수백 가지의 미신에 대해서도 마찬가지였다.

이 이야기의 요점은 물론 이론의 여지없이 상식적이다. 단순히 두 사건이 시간이나 공간상으로 근접하다는 사실에서 원인과 결과를 추론한다는 것은 논리적 오류다. 두 사건이 동시에 혹은 순차적으로 일어났을 때, 한 사건이 다른 한 사건의 원인일 수도 있고 아닐 수도 있다. 지난주에 길을 가다 검은 고양이를 본 후 이번 주에 다리가 부러졌다면, 그 일을 고양이 탓으로 돌리는 건 부당한 일일 수 있다는 것이다.

어떤 사람들은 넌지시 말한다. 그건 확실히 모르는 일 아닌가? 단순히 확인할 수 없다는 이유만으로 인과관계를 부인하는 것 또한 심각한 오류일 수 있다. 점성술이나 오컬트 신비주의 믿음을 지지하는 사람들은 이런 생각을 여러 근거의 주요 지지 기둥(하지만 휘청거리는)으로 여긴다. 이들은 실용적이고 물질중심적인 우리들의 냉철한 문화에선 무게나 크기를 잴 수 없거나 컴퓨터로 분석할 수 없는 것들이 설 자리가 너무 없다고 비난한다. 그리고 이렇게 말한다. "물질주의적인 서구과학의 측면에서 설명될 수 없다는 것이 이유가 될 수는 없어요."

신비주의자들은 햄릿을 자주 인용한다. "호레이쇼, 천지간에는 자네의 철학으로 상상하는 것보다 더 많은 것들이 있다네." 햄릿이 친구에게 자신이 방금 유령과 긴 대화를 나눴음을 말해주려 하는 것이다. 하지만 과도하게 인용되는 이 구절을 토론 무기로 이용하는 사람들은 호레이쇼가 그다지 설득되지 않았다는 사실은 등한시하며 덧붙여 설명하지 않는다. 호레이쇼는 덜 신비주의적인 이론에 끌렸다. 다시 말해 햄릿의 정신이 이상한 것 같다고 믿었다.

햄릿과 호레이쇼에게는 여러 사건을 자기 식대로 해석할 권리가 있었다. 아버지도, 아버지와 논쟁을 벌이던 사람들도, 당신도, 나도 마찬가지다. 신비주의자들이 운을 설명할 때 발견되는 특징 한 가지는 당신이 자신들의 말을 믿는지 안 믿는지를 자주 궁금해한다는 것이다. 또한 누군가의 운을 예측하거나 통제하는 게 가능하다는 사실(더 정확히 말하자면, 신이나 행운의 숫자 같은 호의적인 힘에 의해 누군가에게 유리한 방향으로 운이 통제되는 게 가능하다는 사실)을 가르쳐준다는 생각에 이들은 기대에 부푼 (혹은 몹시 흥분한) 모습을 보이기도 한다. 우리는 지금까지 신과 숫자에 관한 여러 이야기를 살펴봤다. 이제는 그밖의 일반적인 신비주의 믿음들을 간략히 살펴보자.

~

점성술은 태양과 달, 별, 행성들의 위치, 움직임, 관계가 인간사에 영향을 준다고 생각하는 믿음에 기반한다. 점성가 조셉 구더비지는 이렇게 말한다. "우리가 별을 볼 수 있다는 것은, 당연한 얘기지만 별빛이 우리에게 도달했다는 것을 의미합니다. 별의 복사에너지 말이죠. 별의 복사에너지가 우리에게 와 부딪친다는 것은, 상상컨대 우리가 그로부터 어떻게든 영향을 받는다고 볼 수 있죠. 어떤 방식으로 영향을 주는 걸까요? 중력이 정확히 어떤 방식으로 작용하는지 밝혀진 바 없는 것처럼, 별이 어떤 방식으로 우리에게 영향을 미치는지 알 수 없어요. 하지만 그 영향을 관찰하고 목록으로 만들어보는 것은 가능해요. 그게 바로 점성가들이 수천 년간 해온 일이죠. 점성술은 경험에 의거한 과학이에요. 관찰을 통해 하늘의 특정 패턴이 지구에 사는 사람들의 삶에 특정 영향을 일으킨다는 것을 알 수 있어요."

어떤 사람들은 구더비지와 점성가들이 증거를 선택적으로 사용하는 논리적 잘못을 저지르고 있다고 비난한다. 예를 들어 점성가들은 태양 별자리가 게자리인 사람들이 특정 측면에서 비슷한 성향을 보일 거라고 생각한다. 이를 증명하기 위해 점성가들은 동일한 성격을 보이는 게자리 사람들을 목록으로 만들어 보여준다. 이들이 내미는 증거자료에 결여돼 있는 것은 (1) 비슷한 성격을 보이지 않는 게자리 사람들 혹은 (2) 비슷한 성격을 보이는 전갈자리 사람들이다. 회의주의자들도 이와 같은 비난을 한다. 이에 대해 구더비지는 회의주의자들이 이 문제를 전혀 자세히 살펴보지 않았거나 피상적으로 다뤘다고 주장한다. 만약 어떤 한 게자리 남성이 일반적인 게자리와 다른 성격과 생활패턴을 보인다면, 그 이유는 당연하게도(점성가의 입장에서), 그리고 편리하게도 그 남자의 경우 태양 별자리가 가장 큰 영향력을 발휘하지 않는 별자리이기 때문이라는 것이다. 어쩌면 그가 태어난 시간과 장소에서는 달과 토성의 위치가 더 중요하게 작용했을 수도 있다.

또 다른 유명 점성가 매들린 모네는 나의 질문에 간단한 제안 한 가지를 했다. "별자리 점을 한번 보세요." 매들린이 말했다. "평생을 두고 점괘를 검증해볼 필요는 없어요. 그냥 충분한 기간 동안만 살펴보세요. 그러면 알게 될 거예요. 별자리 점이 잘 맞는다는 걸."

그 후 얼마 지나지 않아 나와 내 아내 도로시는 흥미로운 신문광고 하나를 발견했다. "생애 행운 별점…… 행운을 얻는 비법"이라는 광고문구가 쓰여 있었다. 광고에 따르면 이 새로운 종류의 별점은 오하이오 캔턴에 근거지를 둔 국제점성술협회라 불리는 조직에 의해 개발됐다고 한다. 협회의 회장은 점성가인 캐리 프랭스로 (광고에 의하면) 행운의 여신이라는 별명을 가진 여성이었다. 생애 행운 별점의 가격은 10달러였다.

도로시는 수표와 함께 태어난 장소와 시간을 상세히 적어 그곳에 보냈다. 행운의 여신은 30쪽 짜리 책자를 보내왔는데, 그 안에는 애초에 아내가 알고 싶어 했던 것보다 훨씬 많은 내용이 들어 있었다. 행운의 해, 날, 시간, 색깔, 숫자, "그런 것들이 결합된 분야" 등이 복잡하게 소개돼 있었다. 그러나 눈에 띄었던 한 가지는 아내의 삶에서 이례적으로 매우 좋은 운의 시기가 다가오고 있다는 것이었다. 그 시기는 1976년 늦봄부터 초여름까지였다.

내가 아내에게 말했다. "우리 부자 되겠다!" 나는 복권을 여러 장 사보라고 했고, 아내는 내 말대로 복권을 샀다. 하지만 아내가 산 복권은 한 장도 당첨되지 않았다.

점성가가 말했던 행운의 시기 동안 복권 외에도 특별히 운 좋은 일은 일어나지 않았다. 사실 최고로 운이 좋다고 했던 날에 아내는 격노할 만큼의 불운을 겪어야 했다. 아내는 몇 년 전 중단한 학업을 마치기 위해 최근 대학으로 돌아갔는데, 점성가가 운이 좋다고 한 날은 수학 기말고사가 있는 날이었다. 아내가 싫어하고 두려워하는 과목이었다. 시험시간은 두 시간이었다. 시험문제를 받은 아내는 시험지가 16페이지에 달하는 것을 보고 공황상태에 빠졌다. 시간 안에 끝내기 위해 서두르느라 느긋하게 풀었으면 쉽게 풀었을 문제에서 실수를 저지르고 말았다. 결국 8페이지까지 푼 다음에야 아내는 이것이 운명의 잔인한 장난이었음을 깨닫게 됐다. 시험지의 마지막 페이지가 8페이지였던 것이다. 아내가 받은 것은 같은 시험지 두 부가 스테이플러로 철해진 것이었다.

나는 몇몇 점성가에게 이 이야기를 해줬다. 그들은 내가 행운의 여신이 한 예언에 부당한 억측을 투영하고 있다고 나무랐다. 행운의 여신은 그 축복받은 시기 동안 행운이 찾아온다고 예언했지 그 행운이 어떤 형태인지는 말하지 않았다는 것이다. 행운의 여신은 아내가 복권에 당첨되거나 시험을 잘 보게 될 거라고 장담한 적이 없었다. "기다리며 지켜보세요." 점성가들이 말했다. "행운의 시기가 지나가기 전에 어떤 형태로든 좋은 일이 생길 거예요. 아마도 당신이 예상하지 못한 형태일 거예요."

그들 말이 맞았다. 비슷하면서도 꽤 놀라운 사건 두 개가 가까운 간격으로 연속으로 일어났다. 두 사건 모두 돈을 잃어버렸다가 찾는 일과 관련 있었다. 첫 번째 사건은 운이 안 좋았던 수학시험이 있고 며칠 뒤에 일어났다. 아내는 대학건물 밖에 있는 계단 위에 앉아 친구를 기다리고 있었다. 친구가 약속시간에 늦자 아내는 책을 읽기 시작했다. 바람이 많이 부는 오후였다. 낙엽과 종잇조각, 쓰레기가 허공에 가득 날아다녔다. 아내는 책에 몰두하고 있어서 얼굴에 무언가가 날아올 때까지는 이 모든 것에 거의 관심을 두지 않고 있었다. 얼굴에 붙은 것을 쓸어내려 했지만 바람 때문에 그러기 힘들었다. 아내는 자신의 뺨에 붙은 것을 떼어내고 그것을 살펴봤다. 20달러짜리 지폐였다.

갑자기 아내는 자신이 돈으로 만든 눈보라 속에 앉아 있었다는 사실을 알아챘다. 20달러, 10달러, 1달러 지폐가 공중에 날아다니고, 계단 근처나 땅바닥을 따라 바스락거리며 구르다가 벽이나 덤불에 달라붙었다. 아내

3부 운의 속성에 관한 고찰: 오컬트와 신비주의적 시도

는 급히 일어나 지폐들을 모으기 시작했다. 지폐를 잡으려 따라다니며 발로 밟기도 하고 손으로 낚아채는 동안 이 돈으로 만든 눈보라가 어디서 시작됐는지 궁금해 주위를 둘러봤지만 근처에 사람은 보이지 않았다.

마침내 돌아다니는 돈이 더이상 보이지 않게 됐다. 아내는 양손에 초록색 지폐를 가득 쥐고 그곳에 서서 어떻게 해야 하나 고민하고 있었는데, 겁먹은 듯한 표정의 한 어린 여자가 건물에서 나왔다. 이 여자는 아내가 계단 아래에서 당황한 표정으로 서 있는 것을 보자 눈이 휘둥그레졌다.

"본인 돈인가요?" 여자가 물었다. 곧 울음을 터뜨릴 것처럼 목소리가 떨렸다.

아내는 아니라고 대답했다. 주위에 날아다니는 돈을 주운 것뿐이라고 말했다.

여자는 말했다. "오, 하나님 감사합니다!" 여자의 무릎이 휘청거리더니 계단에 주저앉았다. 안도감에 몸의 힘이 빠진 것이다.

그 돈은 여자의 것이 아니었다. 동기생 연회 티켓을 판매하여 받은 돈이었다. 여자는 연회 준비를 맡고 있는 담당 사무실에 그 돈을 전달하러 가는 길이었다. 돈을 청바지 주머니에 넣어 두었는데, 몇 분 전에 사무실에 도착해서 보니 놀랍게도 돈의 절반 이상이 어떻게 된 일인지 주머니에서 빠져나간 것이다.

"그 돈을 어떻게 메꿀 수 있었을지 상상도 안 가요." 여자가 아내에게 말했다. "저는 지금 날아오는 청구서도 간신히 해결하는 처지거든요. 아, 주워주신 돈이 제가 잃어버린 금액이랑 비슷하면 좋겠네요."

"얼마나 잃어버렸어요?" 아내가 물었다.

"정확히 122달러예요." 여자가 대답했다.

두 사람은 아내가 쥐고 있던 돈을 함께 셌다. 총 액수가 122달러였다. 잃어버린 돈을 하나도 빠짐없이 되찾은 것이다.

이렇게 하여 (행운의 여신이 구체적으로 예언한 내용은 아니었지만) 아내는 다른 누군가에게 특별한 행운을 전달해주는 매개자가 됐다. 아내의 삶에서 이 사건이 횡재의 형태로 해석된 것이다. 돈을 잃어버렸던 여자의 얼굴에 떠올랐던 미소는 그만한 가치가 있는 것이었다.

두 번째 사건은 첫 번째 사건과 대칭되는 경험이었다. 어느 오후, 우리 가족은 길가에 위치한 프랜차이즈 아이스크림 가게 카블에 들렀다. 무더운 여름이어서 가게 안은 나이도 몸집도 (추측컨대) 양심의 정도도 각양각색인 사람들로 붐볐다. 이곳에서 아내는 모르고 가방에 있던 지갑을 흘렸다. 지갑 안에는 현금 90달러와 운전면허증, 신용카드, 그밖에 중요한 여러 종이와 플라스틱 물건들이 들어 있었다.

아내는 자신이 지갑을 잃었다는 사실을 다음 날에서야 알게 됐다. 우리 가족은 다시 카블에 돌아갔는데, 매장 매니저가 침착하게 모든 소지품이 그대로 담긴 지갑을 아내에게 건네줬다.

알고 보니 지갑이 돌아오기까지 꽤 놀라운 일이 연이어 일어났던 것 같다. 도중에 이 지갑은 많은 사람들의 손을 탔는데, 매번 그 사람들은 지갑을 가져가거나 내용물을 꺼내갈 기회가 있었으나 누구도 그러지 않았다. 땅에 떨어진 지갑을 한 아이가 발견했고, 그 아이는 지갑을 자신의 엄마에게 전해줬다. 그 아이의 엄마는 카운터에서 일하고 있던 십대 소녀에게 지갑을 맡겼다. 십대 소녀는 받은 지갑을 선반 위에 놓았고, 다른 직원이 그 지갑을 다른 곳에 옮겨 두었다. 그 지갑은 또 다른 직원에 의해 매니저에게 전달됐다. 이들 중 누구도 지폐 한 장 가져가지 않았다.

아내는 너무 기뻐 샴페인 한 병을 카블에 사갔다. 나는 행운의 여신에게도 한 병 보내야 하나 고민했다. 일전에 그의 예언에 대해 신랄한 비난을 했던 것에 대한 사과의 뜻으로 말이다. 한동안은 괜찮은 생각인 것 같았다. 하지만 당시 내 머릿속 어디에선가 기린 이야기를 하는 현명하고도 지혜로운 아버지의 목소리가 들렸다.

∼

꿈에 미래를 예견하는 정보가 담겨 있다고 믿는 사람들이 있다. 미리 알아차리고 그에 따라 적절히 행동하기만 한다면, 그 꿈을 꾼 사람이 통제 불가능한 것을 통제할 수 있다는 것이다. 어떤 사람들은 꿈의 도움을 받았다고 믿는다. 복권이나 경마에서 돈을 벌었다는 사람, 결혼 상대를 만나거나 사업상의 문제에서 올바른 결정을 내릴 수 있었다는 사람, 잃어버린 사람이나 소중한 물건을 찾았다는 사람, 침몰할 배나 추락할 비행기를 타지 않을 수 있었다고 주장하는 사람도 있다.

일반적으로 꿈은 터무니없는 생각으로 이뤄져 있기에, 꿈과 관련해 터무니없는 글들이 많이 쓰였다는 사실은 놀라울 일이 아닐 것이다. 이런 글들은 곳곳에서 찾아볼 수 있는데, 기괴한 신비주의 오컬트 그룹의 일지에서부터 정신분석가의 일지에 이르기까지 다양하다. 더 심한 것은 그 글들 중 대부분이 지루한 헛소리라는 것이다. 남이 꾼 꿈 이야기만큼 재미없는 이야기도 흔하지 않기 때문이다. 하지만 이보다 더 심각한 것이 있다. 바로 이런 글들이 부정확성과 노골적인 거짓말로 가득할 수 있는 자료라는 것이다. 다시 말해 그런 글들은 전부 사실 확인이 불가능하다. 만약 누군가가 "익사하는 꿈을 꿔서 타이타닉 호에 타지 않았어요"라고 말했다 해도, 그 사람이 실제로 그 꿈을 꿨는지 확인할 방법이 없다. 꿈은 절대 자신의 존재를 증명할 사실증거를 남기지 않는다. 그저 꿈을 꾼 사람의 말을 받아들일 수밖에 없다. 어떤 사람들은 자신의 꿈 이야기를 매우, 매우 자랑스럽게 생각하므로 그 말을 그대로 받아들인다는 것은 분별 있는 행동이 아닐 수도 있다.

그렇기에 나는 간밤에 경험하는 이런 이상하고도 비합리적인 일에 대해 증명하길 원하거나 증명할 필요가 있는 사람보다는 그렇지 않은 사람과 대화를 나누고 싶었다. 그런 사람 중 한 명이 뉴저지 힐즈데일에 사는 찰스 켈널이었다. 그는 은퇴한 판금 숙련공으로 현재는 바텐더로 일하고 있으며 느긋하고 쾌활한 성격의 오십대 남성이다. 켈널은 운이 좋았던 일화들을 듣고 수집하는 것을 좋아해서 스포츠팬들과 경마광들이 어울리는 바에서 일하는 것을 만족스럽게 생각했다. 그 자신이 믿고 있는 미신은 없었지만 신비주의 믿음을 배척하진 않았다. 그에게 초자연적 사건처럼 보이는 기이한 일이 일어나자, 이 일을 사람들에게 해줄 만한 이야기로 소중하게 여겼지만 다른 사람들이 그의 말을 믿게 만들려고 노력하진 않았다. 그는 미소를 지으며 자신의 이야기를 늘어놨다. 그러면서 친절한 태도로 청자가 자신을 놀리게 유도했고, 실제로 그가 자조하는 것인지 아닌지 헷갈리게 만들었다.

켈널은 꿈과 관련한 흥미로운 이야기 하나를 해주었다. "제 경우에 행운은 주기적으로 찾아오는 것 같아요." 그가 말했다. "운이 나쁠 때도 있고 좋을 때도 있죠. 행운만 주기적으로 찾아오는 게 아니에요. 뭐랄까, 운과 연관된 듯 보이는 미신적인 감도 주기적으로 느끼게 되죠. 이를테면 꿈 말이에요. 저는 꿈에서 어디에 베팅해야 할지를 봤다고 말하는 경마꾼이나 여러 도박꾼들을 많이 만나봤지만, 제가 꾼 꿈에 관심을 갖거나 그 꿈이 유용하다고 생각해본 적은 전혀 없었어요. 하지만 작년 한 달은 평소와 달랐죠. 그때 갑자기 꿈의 신통력을 믿게 된 거예요. 전에는 그런 적이 한 번도 없었고, 그때 이후로 더 이상 그런 일은 일어나지 않았어요. 하지만 그 한 달간은 정말 정상이 아니었죠. 그때 꿈을 이용해 시간당 벌어들인 돈이 평생 일하며 번 돈보다 많았어요. 아내는 저보고 잠을 많이 자라고 하더군요."

첫 번째 꿈은 귀신 들린 집에 관한 것이었다. 꿈은 대체로 논리적이지 못한데, 이 꿈도 마찬가지였다. 꿈에서 켈널은 이 집을 산 후 뿌듯한 마음으로 친구들에게 구경시켜주고 있는 중이었다. 친구들은 집을 못마땅해 하며 그에게 이런 집을 사다니 바보라고 말했다. 켈널은 친구들에게 자신이 겁먹지 않았다는 걸 보여주고 싶었다. 왜인지 꿈의 줄거리가 명료하지 않았는데, 그가 보기엔 정문으로 나가 큰 소리로 번지수를 읽으면 친구들에게 태연한 모습을 보여줄 수 있다고 생각했던 것 같다. 그 집의 번지수는 세 자리 숫자인 283이었다. 켈널은 그 집 정문 앞에 서서 용감하게 거리 양쪽을 향해 번지수를 큰 소리로 외쳤다.

잠에서 깨고 난 후에도 이 숫자는 켈널의 머릿속을 떠나지 않았다. 그가 기억하는 한 인생에서 이 숫자가 중요한 의미를 가졌던 적은 한 번도 없었다. 그저 수면 중에 뇌가 무작위로 조합한 세 자리 숫자 같았다. 이 숫자는 하루 종일 켈널의 머릿속을 맴돌았고, 늘 가던 뉴저지 주최의 "고르세요"라는 숫자게임의 50센트짜리 티켓을 사러 갔을 때도 계속 머릿속에 남아 있었다.

숫자게임은 세 자리 숫자를 맞추는 게임이다. 세 자리 숫자 중 일부를 어떤 식으로 맞추는가에 따라 여러 종류의 상금을 받을 수 있다. 그중 가장 큰 상금은 세 자리 숫자를 동일한 순서로 맞추는 사람에게 돌아간다.

켈널은 숫자 283에 베팅했다. "저는 꿈을 믿지 않았어요." 그가 말했다. "미신이나 그와 비슷한 것들을 믿지 않았죠. 하지만 이런 숫자게임에선 더 그럴듯한 추측 같은 건 없어요. 그저 즐기면서 자신에게 의미 있다고 생각되는 숫자에 베팅하는 것이 낫다고 생각해요. 심지어 터무니없어 보이는 의미라 할지라도 말이에요." 1등 상금은 결국 283에 베팅한 사람에게 돌아갔다. 켈널은 뉴저지 주로부터 500달러를 받았다.

며칠 후, 켈널은 수년 전 돌아가신 어머니가 등장하는 생생한 꿈을 꿨다. 그는 다음 날 복권을 사러 갈 때 어머니가 살았던 옛집의 번지수인 539에 베팅하면 어떨까 생각했다. 그 번호 덕분에 켈널은 다시 한 번 당첨되어 500달러를 받았다.

이런 식이었다. 그날 이후로 꿈에서 계속 숫자게임에서 이길 수 있는 세 자리 숫자가 나왔다. "저 때문에 주 정부가 파산하기 직전이었어요!" 켈널이 말했다.

그러다 신통한 꿈을 꾸는 재능은 처음 찾아왔을 때처럼 갑자기 사라졌다. 켈널은 그 후 단 한 번도 쓸 만한 꿈을 꾼 적이 없다. "그게 뭐였는지는 모르겠지만 완전히 사라졌어요." 그가 쾌활하게 말했다. "사실, 사라진 정도에서 그치지 않고 배반까지 했죠. 몇 달 전에 예전에 일했던 건물 꿈을 꿨어요. 그 건물에 세 자리로 이뤄진 번지수가 쓰여 있는 걸 꿈에서 정확히 보고 나서 다음 날 그 번호에 베팅했죠. 그 결과 전 50센트를 잃었을 뿐만 아니라 번호를 잘못 기억하고 있었다는 것도 알게 됐어요. 만약 그 번호를 제대로 기억하고 있었다고 하더라도 돈은 잃었을 거예요. 이 일이 우리에게 시사하는 건……."

그는 말을 멈추고 잠시 앉아 영문을 모르겠다는 표정을 지었다. "글쎄요," 그가 마침내 입을 땠다. "이 일이 뭘 시사하는 건지 잘 모르겠네요."

4부

운 조절

: 운을 바꾸는
5가지 전략

여정의 한복판에서

우리는 낯설고 구불구불한 길을 지나 이 미로를 헤쳐왔고 마침내 마지막 수수께끼가 놓인 중심에 서게 됐다. 이제 우리는 다음과 같은 질문을 할 준비가 돼 있다. 운을 바꾸려면 어떻게 해야 하는가?

지금까지 봐왔듯이, 운이 어떤 것이고 그것을 어떻게 다뤄야 하는지에 대해 설명하는 이론들은 많다. 이 모든 이론이 일부에게는 받아들여지지만 다른 일부에겐 받아들여지지 않는다. 심지어 인정받는 과학의 위엄 있는 인상을 풍기는 무작위 이론조차도 여전히 이론일 뿐이다. 무작위 이론을 강하게 지지하는 사람들은 종종 자신들의 견해가 명백히 논증된 진실이라고 주장한다. 그러나 이 이론의 원칙을 증명할 방법은 없다. 이 점에서는 모든 이론이 마찬가지다. 어떤 이론도 다른 이론을 믿는 사람에게 증명되는 것이 불가능하다.

　우리는 지금까지 판단이 강요되지 않은 환경에서, 가장 일반적으로 지지받는 이론 몇 가지를 살펴봤다. 이 모든 이론은 각각 한정된 지면에서 그 장점이 잘 드러나도록 소개됐으며, 일반적인 지지자들보다 상대적으로 더 논리정연한 지지자들의 입을 빌려 설명되고 옹호됐다. 이 책을 읽고 운에 대한 당신의 개인적인 관점이 극적으로 변했을 가능성은 거의 없을 것이다. 이 책의 취지가 어떤 이론이 더 타당한지 따져본다거나 다른 이론은 무시하고 하나의 이론을 옹호하는 것은 아니었기 때문이다. 어쩌면 이 책을 통해 기존의 관점 일부가 강화됐거나 새로운 사고방식을 알게 됐는지도 모른다. 어떤 쪽이든 중요하지 않다. 무엇을 믿고 있든 그것을 계속 믿으면 된다. 탐구하고 싶은 분야가 무엇이든 그 분야를 탐구하면 된다. 이 책은 기존의 관점을 바꾸라고 설득하지 않는다.

　'운 조절'이란 기존 운 이론의 보충물이지 대체물이 아니다. 무작위 이론을 믿는 사람이든 신비주의적 징조를 믿는 사람이든 그 어떤 이론의 지지자라 하더라도 이 운 조절의 도움을 받을 수 있다. 운 조절은 그 자체가 이론이라기보다 관찰에 입각한 여러 견해들을 모은 것이다.

　이 견해들은 하나의 질문에서 시작되었다. 운 나쁜 사람들은 절대 안 하는 운 좋은 사람들만의 행동은 무엇일까? 나는 지난 20년간 이 질문을 수많은 사람들에게 던졌다. 그 수가 너무 많아 몇 명인지 세는 일은 진즉에 포기했을 정도다. 이는 족히 천 명이 넘는 수인데, 통계학적으로 제법 큰 표본이라 할 수 있다. 나는 정신과 의사, 도박꾼, 투자자 등 이 분야에 전문지식이 있다거나 일반적인 사람들보다 이 분야에 대해 더 많이 고민해 봤다고 판단되는 사람들의 도움을 받아 나의 견해를 확인해봤다. 이들 각각의 견해는 그 나름의 비공식적이고도 특화된 표본을 바탕으로 하고 있는데, 이를테면 정신과 의사는 진찰실을 거쳐간 일련의 환자들을 자신들의 표본으로 삼았고, 도박꾼들의 경우엔 자신들이 기억하는 성공 사례나 실패 사례를 표본으로 삼았다.

　그 결과 운이 좋은 사람과 운이 나쁜 사람들을 구분할 수 있는 확연한 특징 다섯 가지가 존재한다는 것이 밝혀졌다. 이 다섯 가지 특징은 삶과 타인에 대한 태도, 내면의 심리 처리, 스스로에게 말하는 방식과 관련된 것으로, 운이 끊임없이 따르는 사람들의 사례에 반복적으로 등장한다. 반면 운이 나쁜 사람들의 사례에선 확실히 찾아보기 힘든 특징들이다. 이 다섯 가지 특징이 바로 운을 조절하는 다섯 가지 요소다.

1장
거미줄 구조

거미는 지나가는 파리를 잡기 위해 수많은 거미줄을 친다. 거미줄을 크게 칠수록 먹이를 많이 잡을 수 있다. 이는 행운을 잡고 싶어 하는 사람에게도 그대로 적용된다. 예외가 있긴 하지만 일반적으로 운이 좋은 사람들은 타인과 친밀한 관계를 자주 맺기 위해 많은 노력을 하는 사람들이다. 자, 이제부터 그 이유가 무엇인지, 거미줄 구조는 어떻게 작동하는지 알아보도록 하자.

∾

윌리엄 바탈리아는 행운의 매개자다. 다른 사람들에게 행운을 전달하는 일은 그의 직업이자 보람을 느끼게 해주는 일이다. 그가 전해주는 행운은 (상대가 받아들일 경우) 거의 언제나 삶을 변화시킬 만한 엄청난 것이며, 대개 갑자기 찾아오는 것이다. 바탈리아는 마치 텅 빈 하늘에 갑자기 나타난 몸집 큰 자애로운 새처럼 어떤 경고도 없이 행운의 주인공에게 날아든다. 그는 종종 어떤 상황으로 인해 자신이 동일한 자격을 가진 사람들 중 단 한 명을 고르게 되는지 생각해보곤 한다. 일부 사람들이 다른 사람들보다 운이 더 좋은 이유들 중 첫 번째 이유가 바로 이 상황 속에 숨겨져 있다.

　바탈리아는 기업에 관리직 인사 후보를 찾아주는 일을 한다(업계 용어로는 "헤드헌터"로 불린다). 그의 회사 바탈리아, 라츠 앤드 어소시엇츠Battalia, Lotz and Associates는 뉴욕에서 잘 알려진 회사다. 이 회사의 고객에는 주요 제조기업, 은행, 광고에이전시와 사회사업기관, 병원, 학교와 같은 봉사 조직 등이 있으며, 이들 대부분이 큰 규모와 자본을 갖춘 유명 단체다. 이 고객사들은 관리직에 공석이 생기면 내부 승진으로 충원이 불가능할 경우 바탈리아에게 도움을 청한다. 이때 바탈리아는 고객사로부터 몇 가지 지시사항을 전달받는데, 그 내용은 대체로 해당 공석에 앉히고 싶은 인재상을 구체적으로 설명한 내용이다. "판매문제를 해결해줄 부사장이 필요해요." 바탈리아가 고객사에게 듣는 말이다. "40세에서 50세 사이의 사람이어야 하고, 판매직원들을 관리한 경험이 적어도 10년은 돼야 하며, 실적도 뛰어나야 하고, 현장에서 운전하고 돌아다니며 소매상들에게 소비재를 판매한 경험도 있어야 하며, 영어만큼 스페인어도 잘해야 하고, 인품이 좋아야 하며, 많은 사람들 앞에서 연설하는 재능도 있어야 하고…….”

요컨대 고객사는 아직 세상에 알려지지 않은 누군가에게 자기성장이라는 황금기회를 주고 싶어 하는 것이다. 대체로 고객사가 제안하는 급여와 그 외 보수는 대개 연간 3만 5,000달러 이상이며, 10만 달러 혹은 그 이상인 경우도 있다. 바탈리아는 이미 이 정도의 돈을 벌고 있는 사람이나 장래의 전망이라는 측면에서 봤을 때 현재의 직업에 만족하는 사람은 찾아내봐야 소용없을 거라는 것을 잘 안다. 바탈리아의 제안을 한 단계 더 성장할 기회로 느끼는 사람, 그러니까 바탈리아의 갑작스런 출연을 중대한 행운이라고 생각할 사람들 사이에서 적임자를 찾아야 하는 것이다.

“항상 적임자를 찾기 시작할 때 좌절감이 느껴져요.” 바탈리아가 말했다. “이 나라 여기저기에 가능성 있는 후보자들이 수백 명은 있을 것 같은데, 그 수백 명 중에 우리가 찾게 될 사람들은 그저 소수일 거라는 느낌이 드는 거죠. 사실, 이건 그저 느낌이라기보다는 확신에 더 가까워요. 어떤 사람들은 정말 눈에 안 띄어요.”

바탈리아는 적임자를 찾을 때 여러 방법을 동원한다. 해당 분야 협회의 회원 명단을 살펴보거나 업계지와 학술지에서 관련 전문 분야에 대해 논문을 쓴 저자들을 찾아보기도 한다. 또한 비즈니스컨벤션이나 무역박람회, 학술세미나를 찾아다니기도 한다.

이 밖에도 바탈리아는 전국 방방곡곡에 엄청난 양의 전화와 편지를 돌리며 “혹시 이런 사람 아시나요?”와 같은 질문을 한다.

그가 찾아서 고객사에 소개한 후보자들은 전부 어떤 방식으로든 자기 자신을 눈에 띄게 만든 사람들일 것이다. 그중 일부는 누군가의 눈에 띄기 위해 일부러 노력한 사람들이다. 경력을 쌓는 내내 자기 홍보에 세심하게 주의를 기울이는 사람들이 있다. 이들은 자신을 받아주는 모든 협회와 단체에 가입하고, 끊임없이 전문 학술지에 논문을 투고하며, 연설할 자리를 적극적으로 찾고, 전 세계에 자신의 이름을 알리기 위해선 뭐든지 한다. 때때로 이들이 이렇게 부산히 활동하는 이유는 더 좋은 일자리를 제안해줄 사람들이, 그중에서도 특히 바탈리아 같은 헤드헌터들이 자신을 찾아올 거라고 의식적으로 기대하기 때문이다.

"하지만 제가 찾은 사람들 중 소수만이 제가 자신들을 발견할 수 있게 의식적으로 개인 홍보를 진행한 사람들이에요." 바탈리아가 말했다. "대부분이 헤드헌터에게 선택될 가능성에 대해서는 많은 생각을 해본 적이 없는 사람들이죠. 이들 중 대부분은 왜 그런지 모르겠지만 그저 많은 사람들에게 자기 자신을 알렸을 뿐 그럴 의도는 없던 사람들이에요. 이 사람들의 성향인 거죠. 사교적인 사람들인 거예요. 이들은 다른 사람들과 친하게 지내려 최선을 다해요. 모르는 사람에게 말을 걸거나, 여러 단체에 가입하는 것을 좋아하고, 사람들에게 인사하거나 모임에 참여하는 것을 좋아하죠. 비행기 안에서 누군가 옆에 앉으면 대화를 시작해요. 이들은 조간신문을 가져다주는 사람의 얼굴만 아는 게 아니라 그 사람의 이름이 뭔지, 아이가 몇 명인지, 휴가는 어디로 갔는지도 알아요. 내가 찾아내는 사람들은 이런 종류의 사람들이에요."

바탈리아와 그의 이전 파트너인 짐 라츠는 일자리를 제안 받게 될 사람들에게 그들이 어떻게 접근하게 되었는지 일련의 상황들을 분석해보기 위해 많은 시간을 할애하곤 했다. 알고 보니 대부분의 경우가 약간의 친분이 여러 번 이어져서 성사된 것이었다.

이를 제대로 보여주는 것이 캐서린 앤드루스의 사례다. 이 여성은 비서로 경력을 시작해, (바탈리아와 라츠가 갑자기 나타난 덕분에) 40세가 되기 전에 한 은행의 인사부 부장이 됐다. 이 한 번의 이직으로 앤드루스의 월급은 두 배 이상 늘었으며 자신의 한계를 엄청나게 확장할 수 있었다. 마치 눈먼 운이 굴러온 것 같았다. 하지만 앤드루스의 배경을 분석해보니, 그가 엉겁결에 자신의 운 대부분을 스스로 만들어낸 것 같았다.

앤드루스의 이야기를 더 흥미롭게 만드는 점은 오랫동안 그의 삶과 평행선을 달렸던 또 다른 삶이 존재했다는 것이다. 이 또 다른 삶의 주인공은 앤드루스의 고등학교 친구인 에벌린 테일러다. 테일러는 운 좋은 삶을 살지 못했다. 사람들의 관심을 끌지 못하는 평범한 삶이었다. 헤드헌터들이 테일러에 대해 알게 된 건, 언젠가 점심식사에서 앤드루스가 우연히 테일러를 언급했기 때문이다. 앤드루스는 이렇게 말했다. "왜 이렇게 행운이 저를 계속 따라다니는지 모르겠어요. 왜 저일까요? 왜 제 친구 에벌린에게는 행운이 따르지 않는 걸까요?"

앤드루스가 던진 질문의 답은 오랜 시간을 거슬러 올라가 시작된다.

앤드루스와 테일러는 디트로이트 교외지역에서 자랐다. 고등학교 때는 한시도 떨어지지 않고 붙어다녔고, 2년제 대학도 함께 입학했으며, 구직도 같이했다. 1950년대 후반에는 여성에게 허락된 취업 기회가 꽤 제한적이었기에, 이 두 사람은 즉시 돈을 벌려면 비서직에 지원하는 것이 가장 가능성이 높다는 결론을 내렸다. 그렇게 이들은 한 보험회사의 청구서 담당 부서에서 일하게 됐다.

1년이 지나기 전에 이 두 사람의 차이점이 경력에 영향을 미치기 시작했다. 앤드루스는 테일러보다 훨씬 사교적이었다. 점심식사 때 회사 구내식당에 가면 앤드루스는 주위에 있는 모든 사람에게 말을 걸었다. 같은 테이블에 앉은 사람이나 음식을 받기 위해 자기 뒤에 줄서 있는 사람과 대화했던 것이다. 그 회사는 큰 편이라 대부분의 직원들이 서로를 잘 몰랐다. 앤드루스는 낯선 사람들과 대화하며 타인의 삶과 생각을 듣는 것을 좋아했다. 다양한 사람을 만난다는 것은 업무의 지루함을 날려주는 즐거운 일이었던 것이다. 하지만 테일러는 매력적인 젊은 남자가 아니라면 낯선 사람들에게 관심 주지 않았다. 앤드루스가 구내식당 테이블에서 사람들과 활발하게 이야기 나눴던 반면, 테일러는 앤드루스 옆에 앉아 말은 거의 하지 않으며 지루한 표정을 지었다.

앤드루스가 점심시간에 가볍게 친해진 여러 동료직원 중에는 앤드루스보다 나이가 더 많은 인사부 직원이 있었다. 그는 종종 점심시간에 만나 대화를 나누며 앤드루스에 대한 두 가지 사실을 알게 됐다. 하나는 앤드루스가 지금 하고 있는 일을 지루하게 여긴다는 것이었고, 다른 하나는 여성의 경력 기회를 확대할 실질적인 방법에 대해서 앤드루스가 독창적인 아이디어를 가지고 있다는 것이었다. 하루는 이 동료직원이 복도에서 앤드루스를 발견했는데, 갑자기 좋은 생각이 떠오른 것처럼 보이더니 앤드루스를 불러 세웠다. 그는 인사부에 공석이 생겼다고 말하며 앤드루스가 관심 있다면 자신이 부서 이동이 가능하도록 힘써볼 방법을 찾아보겠다고 했다.

동료직원이 제안한 자리는 거의 비서직에 가까웠으나 흥미로운 점이 있었다. 당시 회사는 여성 직원들의 높은 이직률과 그 증가 추세를 걱정하고 있었다. 따라서 회사에서는 퇴사하는 여성 직원들을 한 명씩 면담하면서, 가능한 선에서 불만사항과 개선 지점을 알아내기로 결정했다. 인사부에 난 공석의 직무가 바로 이 면담을 진행하는 것이었다.

앤드루스는 이 직무를 맡기로 했다. 미수금 처리 부서에서 벗어나지 못한 테일러가 보기에 이 사건은 순전히 운 덕분에 생긴 일처럼 보였다. 앤드루스도 똑같이 생각했다. "잘 알지도 못하는 사람 덕분에 기회를 잡게 됐어요." 앤드루스는 수년이 지나 사색에 잠긴 표정으로 혼잣말을 했다. 그렇다. 그건 운이었다. 하지만 앤드루스는 여러 사람들에게 자기 자신을 알림으로써 그런 행운을 거머쥘 수 있는 상황을 직접 만들었다. 그 사람들 중 어떤 사람이 언제 어떤 형태로 행운을 가져다줄지 앤드루스가 미리 알 수 있는 방법은 없었다. 그러나 거미줄을 넓게 침으로써 결과적으로 무언가 일어날 통계적 확률을 높였던 것이다.

앤드루스는 이 업무를 2년간 한 후, 스스로 "비서의 덫"이라 부르는 것에서 벗어나 다른 직무를 맡게 됐다. 그는 면담을 전담하여 퇴사하는 직원이나 취업 지원자들과의 인터뷰를 진행했다. 그로부터 몇 년 후, 공석을 내부 승진으로 메우는 일반적인 과정을 통해 앤드루스는 인사부 차장

1장 거미줄 구조

이 됐다. 스스로 선택한 것이기도 하고 회사가 배정한 것이기도 한 그의 직무는 여성 직원들의 애로사항을 처리하고 승진 기회를 확대하는 것이었다.

앤드루스가 면담한 퇴사직원 중에는 마음 아프게도 테일러가 있었다. 테일러는 보수가 조금 더 높은 일자리를 찾았지만 그 일도 여전히 비서직이었다. 그에게는 이렇다 할 행운이 찾아오지 않았던 것이다. 그 후 테일러는 결혼과 이혼을 겪었고, 지금은 다시 비서로 일하고 있다.

앤드루스도 1960년대에 두 번 결혼할 뻔했지만 두 경우 모두 취소됐는데, 결혼 상대자와 자신의 경력 사이에 갈등이 생길 거라고 예상했기 때문이었다. 앤드루스의 경력에는 계속 행운이 따랐다. 어느 날 앤드루스의 전화벨이 울렸고, 한 남자가 이렇게 말했다. "앤드루스 씨인가요? 저는 윌리엄 바탈리아라고 합니다⋯⋯."

바탈리아는 어떻게, 그리고 왜 앤드루스에게 접근하게 된 걸까? 이와 관련해 흥미로운 이야기가 있다.

바탈리아의 고객은 인사부 부장을 필요로 하는 은행으로, 적임자만 찾는다면 후한 임금을 지불할 준비가 되어 있었다. 이 은행은 직원들 사이에서 벌어진 성차별 관련 갈등으로 인해 분열을 초래하는 골치 아픈 문제를 겪었고 그로 인해 많은 비용도 지출해야 했다. 이 은행이 바탈리아에게 요구했던 것은 직장에서의 여성 권리에 대해 이해가 깊고, 남성직원들의 심기를 거스르지 않으면서도 여성직원들의 요구를 충족시킬 능력이 있음이 확실히 증명된 능숙한 중역을 찾아달라는 것이었다. 바탈리아가 연락을 취한 여러 정보원 중에는 관련 문제에 대해 노동 관련 학술지에 글을 기고한 여성 교수도 있었다. 바탈리아가 원하는 사람의 조건을 설명하자 그 교수는 처음에 비관적인 대답을 했다. "제가 만나는 사람들은 대부분 학계에 종사하는 사람들이에요. 저랑 비슷한 종류의 사람들이죠. 제가 그 문제에 대해 많은 걸 알고 있긴 하지만 말씀하신 실제 현장경험에 대해서라면……." 교수는 잠시 침묵하더니 갑자기 말을 이었다. "잠시만요. 지난 주 이곳에서 한 여자와 우연히 대화를 나눈 적이 있어요. 직장 내 권리와 관련된 문제들을 주제로 한 세미나가 있었거든요. 기업 인사부 사람들이 많이 참석한 세미나였어요. 우연히 대화를 나눴던 그 여성은 디트로이트 근처에 위치한 회사의 직원이었는데, 제게 자신의 회사에서 진행하고 있는 흥미로운 혁신에 대해서 얘기해줬어요. 지금 그 사람의 이름을 기억해낼 수만 있다면……."

나중에 밝혀진 일이지만 그 사람의 이름은 앤드루스였다. 앤드루스는 계속 참여하고 있던 독학 프로그램의 일환으로 그 세미나에 갔던 것이었다. 자신의 성향에 충실했던 앤드루스는 그곳에서도 보이는 모든 사람에게 말을 걸었다. 하루는 저녁에 앤드루스와 여교수가 우연히 캠퍼스 내에서 같은 방향으로 걷게 되었고, 그때 앤드루스가 교수에게 말을 걸었다. 그는 교수에게 자신이 점심시간에 허물없이 면담을 하거나 남녀 직원 모두를 위한 회의를 여는 등 여러 방법이 활용된 시스템을 통해 이직률을 반으로 줄일 수 있었다는 얘기를 해주었다. 교수는 이 말을 듣고 깊은 인상을 받았을 뿐 아니라 앤드루스가 보여준 적극적인 호의에서 즐거움과 매력을 느꼈다.

이 사례는 앤드루스가 맺은 여러 인연 중 하나에 불과하다. 매년 습관적으로 맺는 수백 개의 인연 중 하나였다는 것이다. 앤드루스는 잘 알지도 못하는 교수를 통해 엄청난 행운이 올 거라고 예상하지 못했다. 하지만 사람들에게 말을 걸려고 노력하는 습관이 없었다면 그런 행운은 절대 앤드루스에게 찾아올 수 없었을 것이다.

~

만약 당신이 모르는 사람이나 안면이 있는 사람 혹은 친구의 친구를 통해 운 좋게 꿈을 실현할 기회를 얻고 싶다면, 앤드루스의 사례가 전하는 진실은 확실하다. 바로 '사교적인 만남'이라는 거미줄이 클수록 당신에게 좋은 일이 생길 확률이 더 높아진다는 것이다. 멀리 떨어진 운명의 기관차가 당신을 위해 지금 어떤 행운을 준비해두고 있는지는 알 수 없다. 인간관계에서 어떤 복잡한 상호접촉이 당신의 방향으로 벼락같은 행운을 이끌어줄지도 알 수 없다. 하지만 확실히 알 수 있는 것은 행운의 벼락을 맞을 확률은 당신의 이름을 아는 사람의 수와 정비례한다는 것이다.

이는 명백한 사실처럼 보인다. 그러나 어째선지 많은 사람들에게, 어쩌면 대부분의 사람들에게는 이것이 명백해 보이지 않는 것 같다. 종종 운이 좋은 사람들조차도 이를 잘 알아차리지 못한다. 앤드루스가 그런 사람들의 전형이다. 살면서 지나치는 수천 명의 다양한 사람들과 친하게 지내는 그의 습관은 행운을 끌어오기 위해 의도적으로 만들어진 게 아니었다. 앤드루스는 만남 그 자체가 좋아 사람들과 만났다. 사람들과 함께 있으면서 즐거움을 느꼈던 것뿐이었다. 나중에 되돌아봤을 때에야 앤드루스는 이것이 큰 행운들을 불러들인 주된 통로였다는 것을 알게 됐다.

기억하겠지만 이 책의 앞부분에서 만났던 더글라스와 윌리엄스도 이 점에서 비슷하다. 이 두 사람 중 누구도 거미줄 구조가 행운을 불러오는 원인이라는 생각은 해보지 않았다. 무명이었던 더글라스에게 경력을 시작할 멋진 기회를 준 그의 첫 번째 행운은 당시 무명배우였던 로런 바콜과의 지난 인연을 통해 찾아왔다. 바콜은 사교적이었던 젊은 시절의 더글라스가 친하게 지냈던 여러 사람 중 한 사람이었을 뿐이었다. 많은 사람들과 친하게 지냄으로써 더글라스는 바콜이 또 다른 행운의 인연이 되어줄 가능성을 높였던 것이다. 본인의 행운이 나중에 더글라스에게로 옮겨가도록 도와줄 인연 말이다. 반면 안타깝게도 나이든 윌리엄스는 친하게 지내는 사람 거의 없이 평생 외롭게 살았다. 다른 사람을 통해 윌리엄스에게 행운이 찾아올 확률은 좌절스러울 만큼 낮았다.

펜실베이니아 알렌타운의 스티븐 배럿 박사는 운이 좋은 사람과 운이 나쁜 사람 사이의 이런 차이점에 대해서 많은 생각을 해온 정신과 의사다. 그는 운이 좋은 사람들이 가지고 있는 특징이 그저 사교적인 관계를 능숙하게 시작하고 습관적으로 그런 관계를 맺는다는 것에 그치지 않는다는 것을 알아냈다. 이들은 사람들이 자신에게 친근하게 접근하도록 하는 매력 또한 분명히 가지고 있었다. 배럿 박사는 이 매력을 다음과 같이 불렀다. "대화의 장…… 마치 '제게 와서 말거세요, 우리는 잘 통할 거예요' 라고 말하는 것처럼 보이죠."

배럿 박사의 환자 중 많은 수가 고등학교나 대학을 다니는 여학생들이다. 수년간 배럿 박사는 "데이트 신청 못 받는 여자"라는 문제에 대해 골똘히 생각했다. 이런 일은 젊은 사람들 사이에서는 흔한 일이지만 이를 제대로 설명할 수 있는 사람은 거의 없다. 데이트 신청을 받지 못하는 이런 여자들이 상대적으로 사교에 더 적극적인 친구들만큼이나 생기 있고 예쁜 경우도 있다. 실제로 그 지역에서 가장 성적 매력이 넘치는 사람들 중 한 명으로 꼽히는 경우도 종종 있다. 데이트 신청을 못 받는 상황은 표면적으로 봤을 때 그저 무작위적인 불운처럼 보인다. 이를테면 적절한 남자가 아직 나타나지 않았기 때문이라고 생각할 수 있는 것이다. 혹은 적절하지 못한 친구들과 어울린다거나 과하게 엄한 엄마를 뒀다거나 하는 환경적 문제의 결과라고 생각할 수도 있다. 하지만 배럿 박사의 말에 따르면 이 문제의 근본 원인은 대체로 남자가 두려움과 불편함을 느끼게 만들어 주위에 얼씬 못하게 하는 여자의 태도(대화의 장)에 있다고 한다. "이런 대화의 장은 다른 여자들도 접근하지 못하게 만들 수 있어요. 데이트 신청을 못 받는 여자는 다른 관계에서도 외톨이로 지낼 수 있어요. 그런데 이들을 당황스럽게 하는 사실은 외톨이가 되고 싶지는 않지만 자신이 왜 외톨이인지 이해하지 못한다는 거예요. 제 사무실에는 이런 종류의 여자들이 찾아와 우는 경우가 많답니다."

이 대화의 장은 무엇으로 이뤄져 있을까? 배럿 박사는 그 속에 수백 가지의 요소가 들어 있다고 믿는다. 이를테면 표정, 자세, 목소리, 단어 선택, 눈길을 주고 고개를 가누는 방식 말이다. 이런 특징들이 한데 모여 있으면 하나하나 분석하긴 어렵지만 그로부터 생겨나는 총체적인 효과는 다른 사람들에게 확연히 드러난다. "우리는 모두 다른 사람이 우리를 좋아하는지 좋아하지 않는지 본능적으로 알 수 있어요." 배럿 박사는 말했다. "누군가가 친절한지 친절하지 않은지, 따뜻한 사람인지 차가운 사람인지 알아낼 수 있죠. 우리는 생면부지의 사람을 만나도 몇 초 만에 그 사람이 우리와 시간을 더 보내고 싶어 하는지 아닌지 알 수 있어요. 일반적으로 운이 좋다고 여겨지는 사람들(타인을 통해 행운을 전해 받은 사람들)은 매력적이고 편안한 대화의 장을 가지고 있는 사람들이에요."

최근 바디랭귀지를 분석하여 과학적으로 정리하려는 시도가 있었음에도 불구하고, 우호적인 대화의 장을 꾸며내는 것은 불가능하다. 아무리 활짝 미소 짓고 다정한 말을 해도 사람들은 거짓 친절을 금방 알아챈다. 사람들은 자신이 그것을 어떻게 알아냈는지는 알지 못하지만 자신의 판단은 매우 확신한다. 이는 모든 세일즈맨들이 가장 먼저 배워야 하는 교훈 중 하나다. IBM 창립자이자 지구상에서 가장 뛰어난 세일즈맨 중 하나라고 할 수 있는 톰 왓슨은 신입사원들에게 이 교훈을 주입시키곤 했다. 왓슨은 이렇게 주장했다. "고객을 진심으로 좋아하지 않으면 고객은 물건을 구입하지 않을 확률이 높습니다." 왓슨의 말은 교육 수준이 높은 신입사원들에게는 어리석고 단순하게 들렸고, 일부 신입사원은 그 말을 듣는 것에 질려 그만두기도 했다. 애초에 그것이 왓슨의 의도였다. 성공한 세일즈맨들은 모두 왓슨의 주장을 논쟁의 여지없는 진실로 받아들였다. 당신이 낯선 사람을 진심으로 좋아하지 않는다면 어떤 속임수로도 그 사실은 감출 수 없을 것이며, 세일즈맨으로서도 성공하지 못할 것이다.

속임수가 먹히지 않는 이유 중 하나는 대화의 장을 이루는 요소 중 적어도 몇몇은 의식적으로 통제가 불가능하기 때문인 듯하다. 예를 들어 우리는 동공의 크기를 조절할 수 없다. 시카고대학교 소속의 심리학자 에커드 헤스 박사는 이 특이한 현상에 대해 수년간 연구를 진행해왔다. 그는 동공의 크기가 빛의 세기 외에도 바라보고 있는 대상에 대한 호불호에 의해 영향받는다는 것을 알아냈다. 좋아하는 사물이나 사람을 바라보면 동공이 확장되고, 바라보는 대상을 좋아하지 않으면 동공이 축소된다는 것이다. 헤스 박사는 동공의 크기 변화가 사람들이 서로 무의식적으로 주고받는 가장 명확한 신호들 중 하나라고 믿는다. 당연하게도 눈은 우리에게 주어진 가장 중요한 소통 도구 중 하나다. 우리는 눈을 보며 따뜻하다, 빛난다, 냉철하다, 차갑다 같은 말을 한다. 헤스 박사는 우리가 이런 감정적인 판단을 할 때 대체로 동공의 크기를 기준으로 삼는다고 생각한다. 누군가에게 말걸 때 우리의 동공 크기가 작으면, 아무리 활짝 웃어 보여도 불친절하다는 평가를 받게 될 수도 있다는 것이다.

하루 종일 눈에 동공을 확장해주는 안약을 넣고 다닐 수도 없고, 대화의 장의 다른 요소들도 동공 크기만큼이나 꾸며내는 것이 어려운 상황에서, 대화의 장을 조정할 필요가 있어 보일 때 우리는 무엇을 할 수 있을까? 배럿 박사의 조언은 이렇다. "여러분이 생각하는 것보다 변화시키기 쉬워요. 무엇도 꾸며낼 필요가 없죠.”

　배럿 박사는 자신을 찾아온 스무 살의 여대생에 대한 이야기를 해줬다. 오랫동안 데이트 신청을 못 받는 자신의 처지 때문에 우울해 하는 학생이었다. “얼굴이 예쁜 사람이었어요.” 배럿 박사가 회상하며 말했다. “만약 누군가 그 학생의 대학졸업사진을 봤다면 ‘누구보다도 데이트를 많이 할 것 같네요’라고 말했을 거예요. 하지만 사실은 그렇지 못했죠. 그 학생은 외로워했어요. 스스로를 사람들 사이에 속하지 못하는 아웃사이더라고 생각했죠.”

　배럿 박사와 이 학생은 사람들에게서 느껴지는 감정에 대해 대화를 나눴다. 모든 사람이 그렇듯 이 학생의 감정도 매우 복잡했다. 정직한 심리학자인 배럿 박사는 그런 감정들을 단순화하길 거부했다. 하지만 이 학생이 거절당할까 두려워하고, 자신을 좋아하지 않는다거나 원하지 않는다는 말을 들을까봐 걱정하여 꼭 그래야 하는 상황이 아니라면 새로운 인연을 맺는 위험을 감수하려 하지 않았다는 것이 이 상황의 본질적인 사실인 듯했다. 거절에 대한 두려움이 그가 겪어야 했던 거절의 원인이었던 것이다. 그의 대화의 장은 이렇게 말하는 것처럼 보였다. “제발 나한테 다가오지 마세요. 당신이 날 좋아하지 않을까봐 가까워지는 게 두려워요. 우리 둘이 거리를 둔다면 덜 위험할 거예요.”

　배럿 박사는 이 학생에게 인류와 관련하여 자신이 생각하기에 중요하다고 보이는 사실 하나를 말해줬다. 인간은 본능적으로 서로를 좋아하고 돕고자 한다는 것이다. 배럿 박사의 주된 조언은 낯선 사람을 포함한 여러 사람들에게 말걸려고 노력하고, 그 사람들이 호감을 주고받는 걸 얼마나 원하는지 확인해보라는 것이었다. 배럿 박사가 말했다. "그 후로 이 학생의 내면에 일어난 변화들을 전부 목록으로 만들어보일 순 없지만, 대화의 장이 빠르게 변했다는 것은 압니다." 데이트 신청을 받지 못하던 학생은 배럿 박사와 대화를 나눈 후 일주일이 지났을 때 실제로 네 번의 데이트 신청을 받았다.

뉴저지에서 활동하는 심리학자 존 케네스 우덤도 그가 "외톨이 증후군" 이라고 부르는 것에 흥미를 갖고 있다. 그 또한 행운이 다른 사람들을 통해 찾아오는 경우가 자주 있으며 그로 인해 외톨이는 행운을 얻을 확률이 낮다는 의견에 동의했다. 그가 말했다. "어떤 경우에도 외톨이가 되는 건 즐겁지 못한 일이에요. 행운이라는 측면을 고려하지 않는다고 해도 말이죠. 외톨이 늑대 타입에 대해서 들어보셨을 거예요. 소위 자신의 방식에 만족하는 사람들 말이에요. 하지만 솔직히 전 그런 사람을 한 번도 만나본 적이 없어요. 홀로 지내는 걸 좋아하는 사람은 없다고 생각해요. 그렇기에 전 고립된 생활을 하는 사람들에게 밖으로 나가 이미 알고 지내는 사람뿐 아니라 낯선 사람에게도 말을 걸어보라고 조언해요. 특히 낯선 사람과의 대화를 추천하죠. 만약 사람들을 무서워하거나 거절당할까봐 걱정된다면 그걸 고칠 가장 빠른 치료제는 밖으로 나가 의식적으로 사람들을 만나는 거예요. 제가 사용한 '치료제'라는 단어에 주목해주세요. 심리학자는 정말로 실제 치료제를 의미하는 게 아니라면 그 단어를 사용하지 않아요. 타인에게 관심을 보이며 접근하면, 그 상대는 항상 기뻐하는 반응을 보이죠. 사람들에게 더 많이 다가갈수록 그 상황을 더 많이 즐길 수 있게 됩니다."

게다가 그 상황을 더 잘 즐기게 되면 동공의 크기도 더 커질 수 있다. 자신의 거미줄 구조가 너무 작다고 느끼는 사람에게 우덤 박사가 건네는 조언은 무작위로 낯선 사람들에게 어떤 말이든 걸어보라는 것이다. 그는 이상한 사실 한 가지도 언급했다. 바로 낯선 사람의 얼굴에서 가장 빠르게 미소를 끌어내는 여러 방법 중 하나가 '도움 요청'이라는 것이다. 그게 사소한 도움이라도 말이다. 사람들에게 정확한 시간을 물으면 상대로부터 사실에 기반한 대답을 얻어낼 수 있을 뿐 아니라 대게는 더 많은 얘기를 듣게 된다. "보자, 10시 10분쯤 됐네요. 꽤 정확한 시간일 거예요. 오늘 아침에 라디오를 들으며 시계를 확인했거든요." 이렇게 추가적인 정보를 더함으로써 질문을 받은 사람은 그 대화가 즐겁다는 것을 알려주고 있는 것이다. 판매직원들은 판매하고 있는 상품에 대해 조언해달라고 하면 기뻐한다. 아마도 비행기에서 대화를 시작하는 가장 확실한 방법은 도착할 도시에 있는 호텔에 대해 물어보는 것일 거다.

이렇게 거미줄 구조는 확장되기 시작한다. 그렇게 만난 사람들 중 거의 대부분은 우리에게 기쁨을 준 후 삶에서 점차 멀어져 우리 앞에 다시 나타나거나 소식을 전해올 일이 없을 것이다. 하지만 그중 몇몇은 우리에게 돌아와 행운을 가져다줄지도 모른다.

우덤 박사의 환자 중에 외롭게 지내는 중년 남성 한 명이 있었는데, 부인과는 사별하고 아이들을 다 키워 떠나보낸 사람이었다. 남자의 삶은 교착상태였다. 그는 자신의 삶이 곧 완전히 멈춰버릴까봐 두려워하는 것 같았다. 남자는 우덤 박사의 조언에 따라 일부러 사람들에게 더 자주 말을 걸었다. 그렇게 대화를 나눈 사람들 중에는 그가 담배를 사러 자주 들르는 문구점의 주인도 있었다. 남자는 이 여주인을 수년간 봐왔는데도(문구점은 출근할 때 이용하는 버스정류소 근처 모퉁이에 있었다) "안녕하세요"나 "감사합니다" 혹은 담배 브랜드 외에 다른 말은 해본 적이 없었다. 그는 날씨와 관련된 평범한 이야기로 대화를 시작했고, 친절한 여주인의 반응에 용기를 얻어 천천히 대화 주제를 넓혔다. 그로부터 몇 주 후 이 두 사람은 서로의 이름과 사소하고도 구체적인 삶 이야기를 나누게 됐다. 남자는 여주인이 묻지 않아도 자신에 대해 자세한 이야기를 해주었는데, 한번은 자신의 취미가 동전 수집이라는 얘기도 했다.

하루는 남자가 아침에 문구점에 들어가니 여주인이 그를 오매불망 기다리고 있었다. 여주인은 근처에 사는 친구 한 명에게 문제가 생겼다는 말을 했다. 친구의 아버지가 돌아가시면서 오래된 집 한 채를 물려주셨는데, 부동산 감정사가 못 보고 넘어간 듯한 지하저장소에 낡은 서랍장이 하나 있었고 친구가 그 안에서 매우 오래된 것 같은 유럽 동전을 발견했다는 것이었다. 문구점 주인의 친구는 동전의 가치도 알지 못했고 그것으로 뭘 해야 하는지도 모르는 상황이었다. "일전에 동전 수집 하신다고 했던 게 기억이 나더라고요." 여주인이 말했다. "이 동네에는 동전 감정사가 없어서 혹시 손님이 도와주실 수 있을까 궁금했어요."

남자는 도와줄 수 있었고 실제로 도와주기도 했다. 알고 보니 문구점 주인의 친구는 그와 나이가 비슷한 매력적인 미망인이었고, 그처럼 외로움을 느끼고 있었다. 현재 두 사람은 부부가 되었다.

게다가 유럽 동전 수집품은 매우 가치가 높은 것으로 드러났다. 하지만 이야기는 여기서 끝나지 않는다. 마침내 행운이라는 것이 찾아오면, 그 행운은 종종 당황스럽게도 매우 후하게 무더기로 찾아오는 것 같다. 남자는 미국 동전 전문가였기에 유럽 동전을 수집할 생각이 없었다. 그래서 그의 아내는 그 유럽 동전들을 팔았고, 동전을 판 돈으로 부부는 신혼여행을 갔다. 두 사람이 좋아하는 미시간 북쪽 지역에 위치한 호숫가 오두막을 한 달 동안 빌렸다. 그곳에 머무는 동안 남자는 미시간 주가 주최한 복권 한 장을 샀는데, 그 복권이 당첨돼 2만 5,000달러의 상금을 탔다.

2장
직감능력

　직감은 지식과 비슷하지만 완벽히 신뢰하기는 힘든 정신작용의 일부다. 어떤 사람들은 다른 사람들보다 직감을 더 많이 신뢰한다. 이들이 믿는 직감의 일부는 정확할 때도 있고 정확하지 않을 때도 있다. 확실한 것은 정확한 직감을 만들어낸 후 그 직감을 믿고 그에 따라 행동하는 능력이 '행운'을 불러오는 데 도움이 될 수 있다는 것이다. 운이 좋은 사람들은 실제로 이런 능력을 상당한 정도로 가지고 있다.

　직감능력이란 단어를 들으면 신비주의 느낌이 들지만 살펴보면 그렇지 않다. 직감능력은 합리적인 방식으로 설명 가능하다. 더군다나 이 능력이 학습될 수 있다는 유력한 증거도 존재한다.

〜

호텔 경영자 콘래드 힐튼은 막대한 성공을 거둔 사람이다. 그의 성공은 일부분 직감능력 덕분인데, 때때로 그 직감은 너무 잘 맞아서 신비하게 느껴지기도 했다. 그는 줄곧 자신이나 주변 사람에게 어떤 초자연적인 힘도 작용한 바 없다고 주장했지만, 가끔은 자신도 당혹스러움을 느낀다고 인정했다.

"저는 대체로 이런 직감이 느껴졌던 당시의 상황을 재구성할 수 있답니다. 그뿐 아니라 보통 그 직감이 어디서 기인한 것인지 알아내는 것도 가능해요. 그러니까 제가 느낀 직감을 설명할 수 있다는 겁니다. 완벽히는 아니지만 기이한 현상이 아니라는 것을 보여줄 만큼은 설명할 수 있죠. 예전에는 제대로 설명할 수 없을 때가 있었지만 말이에요."

한번은 힐튼이 시카고에 있는 낡은 호텔 하나를 인수하려 애쓰고 있었다. 그 호텔 주인은 비공개경쟁입찰 방식을 택했다. 모든 낙찰 희망가격이 특정일에 공개되고, 그중 가장 높은 가격을 제시한 사람에게 호텔이 팔리는 방식이었다. 입찰이 마감되기 며칠 전에 힐튼은 낙찰 희망가격으로 16만 5,000달러를 써냈다. 그날 밤 힐튼은 잠자리에서 막연한 불안감을 느꼈다. 다음 날 아침, 잠에서 깬 힐튼은 자신이 입찰을 따내지 못할 거라는 강한 직감을 느꼈다. "그냥 느낌이 좋지 않았어요." 그는 당시 상황을 설명해달라는 부탁에 다른 말이 생각나지 않는다는 듯 말했다. 당시 그는 그 이상한 직감에 따라 행동했고, 다시 한 번 18만 달러라는 가격을 제시했다.

힐튼이 제시한 18만 달러는 입찰에 제시된 금액 중 가장 높았다. 그 다음으로 높은 금액은 17만 9,800달러였다.

~

필라델피아의 은행원인 덜로리스는 이십대 후반의 미혼 여성이다. 그는 자신이 결혼을 하지 않았다는 것을 행운으로 생각한다. 2년 전 덜로리스는 거의 결혼할 뻔했는데, 그는 결혼 직전까지 갔던 자신의 경험을 마치 간발의 차이로 끔찍한 사고에서 벗어난 것처럼 얘기했다. "그때 결혼했더라면 끔찍했을 거예요. 약혼자는 제가 결혼을 거부하자 다른 여자와 결혼했는데, 그 남자는 지금 감옥에 있고 그와 결혼한 여자는 빚을 진 상태에서 아기를 키우고 있어요. 술을 많이 마셔서 상태는 말이 아니고요. 신의 은총이 없었더라면 제가 그렇게 됐겠죠."

항상 사랑에 있어서 불운을 겪는 사람들이 있는 것 같다. 반면 덜로리스는 자신에게 항상 운이 따른다고 생각하는데, 그게 직감능력 때문이라고 믿는다. "어떤 사람들은 그걸 여자의 직감이라고 부르더라고요." 덜로리스가 말했다. "하지만 그건 어리석은 생각이에요. 직감을 가진 남자가 있는 반면 직감을 갖지 못한 여자도 있어요. 제가 결혼할 뻔했던 이 남자의 경우도 마찬가지예요. 제 여동생은 그 남자를 마음에 들어 했어요. 저희 엄마도 흡족해 했고요. 나중에 그 남자와 결혼하게 된 불쌍한 여자도 마찬가지였죠. 그러나 제 경우엔 갑자기 어떤 직감이 느껴졌죠."

테드라는 이름의 그 남자는 상냥한 목소리를 가지고 있는 매력적인 사람이었다. 덜로리스는 은행 동료직원이 연 파티에서 그를 만났다. 그는 덜로리스에게 자신이 홍보대행사에서 일한다고 소개했다. 두 사람이 사귄 지 얼마 안 되었을 때 그는 덜로리스에게 청혼했고, 덜로리스는 그 제안에 승낙했다.

두 사람은 퇴근 후에 거의 매일 밤 함께했다. 대체로 직장 근처에 있는 레스토랑에서 만났다. "결혼 일주일 전까지만 해도 저는 그 남자에게 푹 빠져있었어요." 덜로리스가 회상하며 말했다. "하지만 그때, 어느 밤엔가 제게 직감이 찾아왔어요. 그런 직감이 어떻게, 왜 느껴진 건지 아직도 잘 모르겠어요. 평상시랑 똑같은 밤이었거든요. 우리는 보통의 연인들이 할 만한 얘기를 하고 있었어요. 왜 그런 것 있잖아요. 바보 같은 이야기를 하기도 하고 미래계획처럼 중요한 얘기를 나누기도 했죠. 우리는 와인 몇 잔을 마셨어요. 조금 있다가 테드가 화장실에 갔고, 저는 그동안 혼자 테이블에 앉아 있었는데 그때 이상한 생각이 잠깐 스쳤어요. 뭔가 이상해. 뭔가 잘못됐어."

덜로리스의 머릿속 논리적인 부분은, 그러니까 실질적인 정보를 가지고 판단하길 원하는 부분은 직감을 경멸하며 일축하라고 말했다. 하지만 이 직감은 다음 날에도 찾아왔다. 덜로리스는 아침에 커피를 마시며 쉬고 있다가 충동적으로 테드의 직장에 전화를 걸었다. 전화를 받은 한 여성이 말했다. "죄송하지만, 그분은 그만두셨어요."

덜로리스는 그때까지만 해도 아직 직감을 증명할 만한 구체적인 사실을 모으지 못한 상태였지만, 직감은 이전보다 더 강렬하고 구체적으로 변해 있었다. 직감은 이렇게 말하고 있었다. "테드는 늘 경제적으로 문제가 있는 부류의 사람이야. 테드랑 결혼한다는 건 골칫덩어리랑 결혼하는 것과 같아."

덜로리스는 결혼식을 취소했다. 물론 노발대발하는 상황이 뒤따랐다. 덜로리스에게 무엇보다 힘들게 느껴졌던 것은 테드에게 이 관계를 끝내려 하는 이유를 합리적으로 설명할 수 없다는 것이었다. 하지만 덜로리스는 자신의 직감을 믿었고 그에 따라 행동했다. 그렇게 테드는 덜로리스의 인생에서 퇴장했다.

덜로리스는 테드와 사귀는 동안 그의 친구와 지인들을 몇 명 만난 적이 있었기에, 헤어진 다음 해 동안 테드가 실제 어떤 사람이었는지 알아내려 애썼다.

알고 보니 테드는 상습적인 도박꾼이었다. 가족이며 친구, 은행, 사채업자에게 진 빚이 상당했다. 그는 다니고 있던 홍보대행사에서도 근무태만으로 해고됐다. 사무실에는 고객을 만나러 간다고 해놓고 경마장에서 시간을 보냈던 것이다.

덜로리스와 헤어지고 2년 후에 테드는 수표 위조로 유죄판결을 받아 감옥에 보내졌다.

해저드는 은퇴한 증권 중개인이며, 안락한 삶을 누릴 만큼 부자다. 사람들이 그에게 어떻게 하면 자신도 주식시장에서 돈을 벌 수 있냐고 물으면 그는 자신의 책 『월스트리트 내부자의 고백Confessions of a Wall Street Insider』을 참고하라고 말한다. 이 책은 해저드 본인처럼 까다롭고 논쟁적인데, 몇 해 전 출간된 이 책은 당시 월스트리트에서 그리 큰 호평을 받지 못했다. 이 책의 주요 주제 중 하나는 (우리 같이) 평범하고 별 볼일 없는 투자자들은 자문을 받거나 주식시장 통계를 연구해도, 도표를 그리고 워싱턴의 경제예측에 귀 기울이고 온갖 다른 방식으로 논리를 적용해도 큰돈을 벌 수 없다는 것이다. 해저드는 주식시장이 이성이 아닌 감정으로 움직이며, 따라서 합리적인 수단을 이용해 주식시장의 동향을 예측하는 것은 불가능하다고 봤다.

어떻게 해야 주식시장을 예측할 수 있을까? 해저드는 가끔 직감으로 주식시장 예측이 가능하다고 말한다. "제 직감을 믿어야 한다는 깨달음을 얻기까지 많은 시간이 걸렸어요." 그가 다시 한 번 내게 말했다. "1950년대에 처음 월스트리트에 진입했을 때, 저는 모든 합리적인 방법을 동원했어요. GNP 연구 등 모든 방법을 사용했죠. 하지만 동전 던지기보다 더 나을 게 없었어요. 저는 계속 직감을 거슬렀고, 그 끝은 안 좋았어요. 잘나가는 전문가들이 모두 주가가 오를 거라고 말하며 그 말을 증명할 논리 정연한 이유들을 대면, 저는 그들이 틀렸다는 직감을 느끼면서도 믿고 투자하곤 했어요. 그러면 결국 그들의 예측이 틀렸다는 게 밝혀졌죠. 항상은 아니었지만 제가 의문을 품기 시작할 정도로 그런 일이 자주 있었어요. 마침내 저는 스스로에게 이렇게 말했어요. '될 대로 되라지. 이런 합리적인 방법들이 동전 던지기보다 나을 게 없다면 직감을 믿는다고 해서 더 나빠질 일도 없겠지.' 저는 제 직감에 귀기울이기 시작했고 지금은 제가 그런 선택을 했다는 것이 기쁩니다."

해저드에게 엄청난 직감이 찾아온 건 1968년 말이었다. 그는 확실히 언제부터 그 직감에 시달리기 시작했는지 기억하진 못했지만 어느 금요일 밤 오스카가 운영하는 델모니코(뉴욕증권거래소 근처의 오랜 역사를 자랑하는 맛집)에서 스스로에게 처음으로 그 직감을 분명하게 표현했던 것은 기억했다. 그 주엔 여러 거래소의 거래량도 많았고 주가도 상승세였다. 델모니코 안에 있는 바는 중개인이나 스페셜리스트, 자금운용사, 프리랜서 투자자로 북적댔다. 그들 중 몇몇은 취해 있었고, 대체로 다들 행복해 보였으며, 너나할 것 없이 모두 큰 소리로 대화했다.

"저는 친구 두 명과 술을 좀 마셨어요." 해저드가 회상하며 말했다. "그러다가 친구들이 어딘가로 가버리고 저 혼자 남게 됐죠. 그 주에 아내는 웨스트코스트에 있는 가족을 방문하러 가서 집에 없었어요. 저는 집에 가기 싫어서 바에 남아 한 잔을 더 주문했죠. 사람들로 북적이는 그곳에 서서 혼자 생각에 잠겨 있는데, 갑자기 옆에 있던 일반 투자자가, 그전까지 한 번도 본 적 없고 그 이후로도 본 적 없는 사람이었는데, 제게 몸을 돌리더니 이렇게 말하는 거예요. '맙소사, 주가가 정말 대단했어요. 안 그래요?' 그 남자는 귀에 입이 걸릴 정도로 웃고 있었어요. 바 위에 올라가 춤이라도 출 것처럼 기쁜 표정이었죠. 뭐, 저 역시도 만족할 만한 상황이었어요. 저는 60년대에 부도덕하다고 할 만큼 많은 돈을 벌었고, 68년은 그 중에서도 최고의 해라 할 만했거든요. 하지만 전 그 남자처럼 행복할 수가 없었어요. 어째서인지…… 한번 들어보세요. 정말 이상한 일이었어요. 왜인지 모르겠지만 이 남자가 제 귀에다 대고 하는 말에 기운이 나기는커녕 불안해졌어요."

해저드는 지금까지도 그때의 갑작스런 두려움이 어디서 비롯됐는지 정확히 알지 못한다. 해저드는 어쩌면 그 남자의 얼굴이나 목소리, 제스처에 병적 흥분상태가 숨겨져 있었는지도 모른다고 했다. "그게 뭐였든 간에, 그 사건으로 인해 수 주 동안 제 신경을 건드렸던 느낌이 더 강렬해졌어요. 바 주위에 있는 다른 사람들을 쳐다보며 그 사람들이 하는 말을 들어보니 똑같이 불안한 분위기가 느껴졌어요. 이 기분을 설명할 수 있는 유일한 방법은, 이 사건으로 인해 떠올리게 된 일화를 소개하는 것이겠네요. 제 아이들이 어렸을 때 함께 색깔이 칠해진 나무블록으로 탑을 쌓곤 했어요. 그걸로 시합을 했죠. 서로 돌아가며 한 번에 블록 하나씩을 가지고 탑을 쌓아 올렸어요. 탑은 높아질수록 더 많이 흔들렸죠. 탑이 넘어지면 가장 마지막에 블록을 놓았던 사람이 지는 게임이었어요. 바에서 느꼈던 감정이 높은 탑을 쌓을 때의 감정과 비슷했어요. 탑이 높아지면 높아질수록 게임은 더 흥미진진해졌고 모두 즐거워했어요. 하지만 동시에 아슬아슬한 분위기도 짙어졌죠. 아시겠지만 이 게임에서 탑은 꽤 금방 무너지잖아요. 그게 바로 제가 68년도에 느꼈던 직감과 비슷했어요. 끔찍한 시기가 다가올 거라는 느낌이 들었어요. 긴장된 분위기가 느껴졌죠."

1968년이 끝나가던 시기에 그런 예측을 내놓았던 합리적 분석가들은 별로 없었다. 그러나 해저드는 사실상 가지고 있던 모든 주식을 팔았다. 그리고 그 사건 이후 얼마 지나지 않아 곧 주가가 하락하기 시작했다.

1970년대 중반쯤 되자 해저드가 보유하고 있던 주식 대부분이 그가 팔았던 가격의 절반 이하로 떨어졌다. 그중 일부는 이 책이 처음 출판될 때까지도 가격이 회복되지 않았다.

~

정확한 직감은 어디서 오는 걸까? 심리학자들과 이 분야의 권위자들은 초능력이나 신비주의에 기대지 않고 직감을 설명할 수 있다고 생각한다. 본질적으로 그 이론은 다음과 같다.

직감은 완벽히 실재하는 데이터를 기반으로 내려진 결론이다. 다시 말해 정확한 관찰과 효율적인 저장을 거쳐 머릿속에서 논리적으로 처리된 객관적인 사실에 기반을 두고 있다는 것이다. 하지만 직감의 바탕을 이루는 사실들은 우리가 의식적으로 알고 있는 사실이 아니다. 이 사실들은 우리의 의식 바로 아래 혹은 뒤에 존재하는 인지 수준에서 저장되고 처리된다. 이 때문에 직감이 올 때 특유의 '뭔지는 알겠는데 확실히는 모르는' 기분이 드는 것이다. 안다는 생각은 들지만 그걸 어떻게 아는지는 모르는

4부 운 조절: 운을 바꾸는 5가지 전략

기분 말이다.

이 흥미로운 주제에 대해 가장 잘 설명할 수 있는 사람 중 한 명이 바로 뉴욕에서 활동하는 심리학자 유진 젠들린 박사다. 마른 체형에 짙은 색 머리를 가진 러시아 혈통의 젠들린 박사는 경력의 대부분을 의식 아래에 있는 인지 수준을 연구하며 보냈다. 그는 이 연구에 입각하여 완전히 새로운 치료적 접근법을 만들어냈다. 만약 젠들린 박사가 간결함을 위해 그의 연구를 지나치게 단순화하는 것을 허락한다면, 젠들린 박사가 사실상 환자들에게 자신들의 문제를 "직감"으로 해결하도록 가르쳤다고 표현할 수 있을 것이다. 그는 깊은 곳에 숨겨진 데이터 저장소, 그러니까 직감이 생겨나는 장소를 의도적으로 탐색할 수 있는 방법을 개발했다. 그의 말에 따르면 누구든 이 방법을 배울 수 있다고 한다. 실제로 이 방법을 주제로 하여 쓴 젠들린 박사의 책에는, 매우 심각한 정신 장애를 입은 사람이 아니라면 젠들린과 같은 치료 전문가가 전혀 필요 없다는 놀라운 주장이 담겨있다. "집중"(젠들린 박사가 탐색과정을 지칭하는 용어)하는 방법을 한 번 배우고 나면, 그 후로 평생 자기 자신만의 치료사가 될 수 있다는 것이다.

"행운"의 여러 정의 중 하나는 전문가의 도움이 필요할 정도로 심각한 감정적인 문제가 없는 사람이 되는 것이라고 할 수 있다. 행운은 평온한 삶을 살면서 가끔씩 눈부신 기쁨의 환희를 느끼는 것이다. 이런 의미에서 젠들린 박사는 운 좋은 사람들 대부분이 표면으로 드러나지 않는 내면의 지식이란 우물에 어떻게 뛰어들면 좋을지 직관적으로 알아낸 사람들이라고 믿는다. 젠들린 박사의 관심 대상은 주식시장에 사용되는 직감이 아니다. 그는 삶을 살아가거나 문제에 직면하였을 때 자신의 '느낌'을 믿고 언제나 최선의 길을 선택하는 능력, 그 전반에 관심이 있다. 그가 제안하는 "집중"법은 돈이 아닌 평온을 얻도록 고안된 것이다. 하지만 우리가 행운을 연구하는 목적에 비춰봤을 때, 그런 구별은 필요 없을 것 같다. 직감은 직감이다. 직감을 효과적으로 활용하는 방법을 배울 수만 있다면, 개인적으로 중요하다고 생각하는 목적에 따라 그 기술을 사용할 수 있을 것이다.

젠들린 박사가 자신의 방법을 설명하는 과정에서 가장 먼저 지적한 점은 우리가 의식에 저장할 수 있는 있는 양보다 훨씬 더 많은 데이터를 일상적으로 받아들인다는 것이었다. 예를 들어 본인의 인생에서 중요한 역할을 하는 사람 한 명을 떠올려보자. 당신이 인지한 이 사람을 묘사하는 데이터는 수천 개, 아니 어쩌면 수백만 개에 이른다. 그 양이 어찌나 많은지 설사 그 모든 데이터를 기억에서 모두 끄집어낼 수 있다 해도, 그것들을 목록으로 나열하는 데만 여러 해가 필요할 것이다. 데이터 안에는 일과 놀이, 음식, 옷, 자동차에 대한 선호 기준이나 외모, 목소리, 제스처, 버릇, 태도, 사고방식, 감정적 반응 등이 포함돼 있다. 또한 당신과 이 사람이 주고받았던 영향들, 그러니까 같이 행복해하고, 화내고, 지루해하고, 걱정하고, 두려워했던 모든 시간들도 데이터 안에 포함돼 있다. 이 데이터 목록은 말 그대로 끝없이 이어질 수 있다. 그 사람과 접촉할 때마다 새로운 데이터가 생성되기 때문이다. 이 목록의 엄청난 규모에도 불구하고, 데이터는 우리 내면 어딘가에 저장되며 곧바로 불러오는 것도 가능하다.

만약 지금 이 책에서 잠깐 눈을 떼고 이 사람의 모습을 떠올려본다면, 곧바로 당신의 머릿속에 그의 모습이 떠오를 것이다. 부분적인 인상이 아닌 완전한 모습으로 말이다. 모든 데이터는 당신 내부 어딘가에 존재한다. 당신이 "조"나 "매리"라고 생각하는 모든 데이터가 어딘가에 저장돼 있다.

이 데이터는 어디에 저장되는 걸까? 여기서 확실한 건 의식적인 수준, 그러니까 데이터를 하나하나 처리하는 뇌의 논리적인 사고 부분에 저장되는 것은 아니다. 만약 당신이 친구 한 명을 길에서 만나면, 당신은 그를 즉시 알아볼 뿐만 아니라 현재와 과거의 모든 상황을 고려하여 그 사람에게 적합한 감정적 반응까지 바로 느낄 수 있다. 이런 신속한 인식 및 반응 과정은 지적인 능력이 필요한 추론 없이 일어난다. 의식적인 추론을 하기엔 관련 데이터가 너무 많은 것이다. 이 과정은 거의 추론 과정 없이 일어난다.

이 예는 무언가를 알고 있으면서도 그것을 어떻게 아는지 설명할 수 없는 상황, 그러니까 무언가를 알고 있다는 기분을 뒷받침할 만한 데이터를 하나하나 나열할 수 없는 상황이 충분히 있을 수 있다는 것을 보여준다. 내가 만약 당신에게 길에서 만난 친구를 알아볼 수 있었던 단서가 뭐였냐고 묻는다면, 당신은 친구의 코 모양을 꼼꼼히 분석해 설명할 수 있을까? 그의 걸음걸이는? 뺨에 있는 점은? 구겨진 옷은? 아마 당신은 그런 특징 외에도 그밖에 수많은 단서들이 서로 섞여 즉각적인 인상을 형성한다고 대답할 수밖에 없을 것이다. 당신은 사실 자신이 어떤 단서를 사용했는지 혹은 그 단서들을 어떻게 조합했는지 모른다. 그럼에도 내가 당신이 친구를 잘 알아보지 못할지도 모른다고 말한다면, 다시 말해 당신의 사실증거가 신뢰하기엔 너무 불확실하다고 말한다면 당신은 어이없어 웃을 것이다. 당신이 친구를 만나면 당신의 머릿속은 당신이 누구를 만나고 있는지 확실히 인지한다. 어떻게 아는지는 모르지만 아는 것이다.

또 다른 예를 살펴보자. 친구가 당신에게 전화를 한 상황이다. 이때 이름은 물어볼 필요가 없다. 친구의 목소리를 알아채기 위해서 몇 마디만 나눠보면 되는 것이다. 이게 어떻게 가능할까? 만약 내가 그 친구의 목소리를 알아들을 수 있게 당신이 나에게 그의 목소리를 설명해주어야 하는 상황이라면, 당신은 곧 그 일이 불가능하다는 것을 깨달을 것이다. 실제로 한번은 뉴욕전화회사가 사람들이 어떻게 전화기를 통해 서로의 목소리를 인식할 수 있는지 알아내려 했지만 결국엔 낭패감을 느끼며 포기했다. 알고 보니 그 인식 과정은 의식적으로 알고 있는 데이터와는 무관하게 발생했다. 하지만 개별적으로 정의될 수 있는 데이터가 이렇게 부족함에도 수화기 너머 익숙한 목소리가 들릴 때 우리가 확신하지 못해 곤욕을 치르는 일은 없다. 상대가 누군지 알고 있으니 말이다.

사실상 이런 종류의 안다는 느낌은 직관에 속한다. 하지만 아시다시피 그걸 어떻게 아는지는 알 수 없다.

직감은 의식의 수준으로 끌어올리지 못하는 데이터로 이뤄져 있다. 다시 말해 직감을 구성하는 사실들은 하나하나 나열하거나 알아볼 수 없는 것이며, 다른 사람(혹은 스스로)에게 자신의 판단이 신뢰할 만하다는 증명을 하기 위해 꺼내 보일 수 있는 종류의 것도 아니다. 그럼에도 직감이 잘 맞았다면, 그 직감을 구성하고 있는 사실들은 실제로 존재한다고 할 수 있다. 우리 내면 어딘가에 저장되어 있는 것이다. 맞다. 그런 사실들을 손에 쥐고 면밀히 검토해볼 수 없다는 것은 답답한 일이다. 하지만 그렇다는 사실이 직감의 힘과 효용을 무의미하게 만드는 것은 아니다. 차를 운전하기 위해 꼭 엔진이 어떻게 조립됐는지 알아야 하는 것은 아니니 말이다.

이런 식으로 직감을 의식의 개입 없이 수집된 객관적인 데이터의 결과물로 바라보면, 직감은 덜 신비롭게 느껴진다. 예를 들어 호텔 입찰 시 힐튼이 느꼈던 직감은 그의 머릿속 깊은 어딘가에 저장돼 있던 엄청난 정보들로부터 나온 것일 수도 있다. 그는 성인이 되고 줄곧 호텔업계에 몸담아왔다. 젊은 시절 텍사스에서 첫 호텔을 인수한 후부터 그는 업계의 지식을 계속 모아왔다. 수백만 개의 사실들, 즉 의식이 한꺼번에 관리하기 힘들 정도로 많은 데이터를 모아온 것이다. 게다가 힐튼은 시카고 호텔 입찰 시에 판매자나 입찰 경쟁자들에 대해서도 많은 것을 알고 있었던 게 분명하다. 다시 말하지만 여기서 알았다는 것은 구체적인 사실의 형태로 정확하게 설명할 수는 없었다는 걸 말한다. 힐튼의 뇌 속 이성적인 부분이 정보들을 모으고 그 정보들을 바탕으로 입찰에 참여했다면, 그의 뇌다른 부분은 또 다른 정보들이 저장된 어둡고 커다란 창고를 뒤져 자신이 제출한 가격이 너무 적었다는 판단을 내렸던 것이다. 그는 자신의 직감을 믿었고, 그 직감은 보기 좋게 맞았다.

분명히 덜로리스의 직감도 같은 방식으로 생겨났을 것이다. 어쩌면 그의 직감은 사고를 맡고 있는 뇌가 사소하다고 여겼던 관찰 정보에서 기인

했는지도 모른다. 이를테면 테드가 한 말이나 그의 특정 버릇 혹은 덜로리스가 어떤 질문이나 제안을 했을 때 테드가 보였던 눈동자의 움직임 같은 것 말이다. 중요하지 않다고 여겨졌던 이런 세부 사항들은 기억에서 지워졌지만 완전히 지워진 것은 아니었다. 의식적으로 인지되는 수준에서 또 다른 인지 수준으로 가라앉은 것이었다. 그 아래에서 이 정보는 처리와 검토를 거쳐 다른 사실들과 조합됐고, 그 결과 덜로리스는 자신의 직감이 다음과 같이 속삭이는 것을 듣게 된 것이다. "뭔가 잘못됐어."

해저드의 경우를 보자. 능력 좋은 세일즈맨들이 모두 그렇듯 그도 사교적인 성격이다. 그는 사람들과 대화하고, 경청하고, 그들을 관찰하며 하루를 보낸다. 평범한 날에도 하루에 여러 명을 만나기에 1년이면 그 수가 수천 명에 달한다. 해저드가 받아들이는 사람들의 인상 전체가 의식상태에서 저장되진 않지만, 그의 머릿속 다른 부분에서는 사라지지 않고 저장된다. 이곳에서는 사람들의 인상을 저장하고 분류한 다음 하나의 누적된 인상으로 쌓아나간다. 그리고 마침내 1968년이 되자, 그로부터 초자연적 현상처럼 보이는 직감이 생겨나게 된 것이다. "긴장된 분위기…… 끔찍한 시기가 다가올 거라는 느낌……."

이렇게 의식을 거치지 않는 데이터 처리 방식은 한때 주로 여성적인 것이라 여겨졌고 "여자의 직감"이라 불리기도 했다. 몇 년 전, 《보그》지는 정신과 의사 등을 모아 심포지엄을 열어 이 정의하기 힘든 주제에 대해 논하게 했다. 참석자들이 합의한 바에 따르면 선천적으로 직감능력이 더 뛰어난 성은 없지만, 최근까지 여성에게 직감능력이 더 강하게 발현되는 이유는 사회가 형성된 방식 때문이라고 한다. 남성들은 자신들의 우월성을 보여준다 생각되는 합리성을 자랑스럽게 생각했고, 그 결과 자신의 감정은 억눌렀다. 감정, 신비한 경험, 모호함 같은 것은 여성적으로 느껴지거나, 잘해봤자 그리 남성적이지 않은 것으로 받아들여졌다. 반면 과거 사회의 여성들은 대체로 자신의 이성을 사용할 기회가 적었기에(또한 이성을 사용하면 종종 놀림거리가 됐기에) 다른 방식으로 자신들의 우월성을 보여줘야 한다고 느꼈다. 그런 관점을 보여주는 것 중에 하나가 "여자의 직감"이라는 표현이다.

> 여자: "조와 제인이 바람피우고 있어."
> 남자: "그걸 어떻게 알아?"
> 여자: "그냥 알 수 있어."
> 남자: "순 엉터리네. 뒷받침할 사실도 없고……."

이런 식으로 여자와 남자는 자신만의 특별한 성향이라 느껴지는 것들을 겉으로 드러냄으로써 서로 우위를 점하려고 한다. 남자는 남성성을 보여주는 멋진 태도라고 생각했기에 객관적인 사실을 요구한 반면 여자는 직감능력을 보여줌으로써 자신의 '신비한 힘'과 남성보다 우위에 설 수 있는 수단을 지켜내려 했다. 남녀 모두 직감이 여성적이라는 견해에 동의하는 이유는 그런 인식으로부터 두 성 모두 이익을 얻는 게 있기 때문이다. 이런 성 구별의 유물은 오늘날에도 여전히 남아 있으나 오래 살아남을 가능성은 없을 것 같다.

남녀 사이에 발견되는 차이는 많은 여성이 직감이 발휘되는 내면의 과정을 적극적으로 조성하려 하고 또 그런 과정을 편안하게 받아들이는 반면에 남성들은 그렇지 못하는 것에 있다. 하지만 현명한 남자들은 그런 전통적인 남성상을 무시했고, 직감이 중요한 생존도구 중 하나라는 사실을 거리낌 없이 인정했다. 힐튼이 바로 그런 예이며, 제너럴 모터스 회장들 중 가장 성공한 인물이라 할 수 있는 앨프레드 슬론도 마찬가지다. 언젠가 사람들이 슬론에게 질문했다. 새로운 공장을 어디에 세울지, 차를 몇 대나 생산할지, 광고에 얼마를 지출할지와 같은 중요한 질문을 앞두고 현명한 결정을 내리기 위해 필요한 모든 정보를 어떻게 다 모을 수 있었느냐는 질문이었다. 슬론은 모든 관련 정보를 한데 모은다는 건 바랄 수도 없고, 그러려고 시도해본 적도 없다고 솔직한 대답을 내놨다. 그가 말했다. "사업적 판단의 최종 단계는 직감을 따르는 것입니다."

~

슬론의 대답은 우리가 일상적으로 내리는 판단 대부분에도 똑같이 적용될 수 있다. 좋든 싫든 인생을 살다 보면 우리는 크고 작은 결정을 내릴 때 끊임없이 직감을 따라야 한다. 이 직장을 다녀야 할까? 지하실에 물이 새지 않는다는 부동산중개인의 말은 사실일까? 내가 ○○○한다면 이 여자는 화를 낼까? 충분한 정보를 가지고 있는 경우는 거의 없다. 또한 합리적인 방식으로만 추론하고 결정을 내리는 경우도 거의 없다. 자신이 내린 모든 결론에 대해 항상 당당하게 논리적 설명을 내놓을 수 있었던 셜록 홈즈와는 다르게, 평범하게 사고하는 우리는 설명할 수 없는 선택을 내리는 경우가 더 많다. "내가 그 집을 산 이유는…… 글쎄요, 그게 옳다고 느껴졌기 때문이에요." 운이 좋은 사람들은 종종 알고 보면 크고 작은 인생의 기로에서 믿을 만한 직감을 느꼈던 사람들이었다. 이들은 지하실에 물이 새는 집은 절대 안 사는 사람들이다. 절대 중고차 매장에서 불량차를 골라 오지 않는 사람들이다. 절대 주가가 하락하기 시작할 때 주식을 하지 않는 사람들이다. 절대 공항 매표구의 여러 줄 중 가장 느린 줄에 서지 않는 사람들이다. 이들의 가정생활, 사회생활, 성생활, 경제생활은 문제없이 평온하다.

행운이 찾아오길 원한다면, 직감능력은 필수적이라고 할 수는 없을지라도 유용한 도구다. 그렇다면 직감능력은 어떻게 개발할 수 있을까?

이를 위해 따라야 할 규칙이 세 가지 있다.

첫 번째 규칙: 데이터베이스를 평가하는 방법을 배워라

직감은 우리의 의지와 상관없이 스스로 찾아온다. 이런저런 것이 사실이라는 강한 느낌 말이다. 그것을 믿어야 할지 말아야 할지는 어떻게 알 수 있을까? 이 질문의 첫 번째 대답을 해저드의 말을 빌려 하자면 이렇다. "저는 기초가 되는 데이터베이스가 단단한지를 자문해봐요. 당연히 이 직감의 바탕이 되는 정보가 무엇인지 저는 모르죠. 또한 그걸 알게 되리라는 기대도 하지 않아요. 하지만 제가 할 수 있는 일은 이런 정보가 실제로 존재할 수 있는지 질문해보는 것이에요. 저는 이렇게 물어요. 내가 알지 못하는 사이에 이 상황에 대한 데이터를 모아왔다고 추측해보는 것이 가능할까? 내가 이런 데이터를 모을 만한 위치에 있었던 걸까? 데이터를 실제로 볼 수 없음에도 그 데이터가 존재한다고 믿는 것이 합리적인 생각일까? 만약 그에 대한 대답이 '그렇다'이고, 직감 또한 강렬하다면 저는 그 직감을 따르는 편이에요."

앞서 우리는 복권이나 슬롯머신에서 직감을 느끼고 돈을 따게 된 사람들의 얘기를 들어봤다. 해저드가 보기엔 그 사람들이 돈을 땄다는 사실은 직감과 무관한 것이다. 그는 그런 종류의 직감을 절대 신뢰하지 않는다. 그런 직감은 내면에 숨겨진 정보에서 나왔을 가능성이 없기 때문이다. 미래의 복권 추첨 결과나 슬롯머신 속 톱니바퀴의 무작위적인 맞물림에 관한 정보라는 것이 존재하지 않기 때문이다. 따라서 그런 직감은 신뢰할 수 없는 것으로 일축해야 한다.

혹은, 해저드가 좋아하는 월스트리트에서 예를 찾아보기 위해 제스 리버모어의 특이한 사례를 살펴보도록 하자. 리버모어는 20세기 초에 월스트리트에서 성공한 유명 투자자였다. 그는 이상하리만큼 정확한 직감으로 유명했다. 그는 스스로에게도 그 직감을 설명하지 못했고 설명하려 시도해보지도 않았다. 가장 많이 회자되는 그의 직감 사례는 1906년 어느 봄에 일어났던 일이다. 리버모어는 이유 없이 불현듯 유니언 퍼시픽의 주가가 곧 떨어질 거라는 확신이 들었다. 그래서 그는 중개인의 사무실로 찾아가 수천 주를 공매했다. (월스트리트에서 쓰이는 전문용어에 익숙하지 않은 사람들을 위해서 덧붙이자면, '공매'란 주가가 떨어질 경우 많은 돈을 벌 수 있지만 주가가 오르면 빠르게 파산할 수도 있는 위험한 투자 전략이다.)

당시의 기록에 따르면 리버모어는 그날 자신의 행동에 당황했던 것 같다. 뭐, 그럴 수도 있었을 것 같다. 강세시장이 계속되고 있었고, 유니언 퍼시픽은 주식시장에서 가장 인기 있는 회사였다. 공매해야 할 이유가 전혀 없었다. 하지만 다음 날 여전히 약간 얼떨떨해 보이던 리버모어는 다시 중개인 사무실에 찾아가 수천 주를 더 공매했다.

그날 이후 4월 18일 샌프란시스코에 큰 지진이 일어났다. 엄청난 양의 유니언 퍼시픽 철도차량과 잠재 수익이 지진 잔해 속에 파묻혔다. 주가는 폭락했고, 리버모어는 손쉽게 30만 달러를 벌어들였다.

나중에야 우리는 리버모어의 직감이 맞았음을 알 수 있었다. 하지만 그렇다고 해도 그가 똑똑해서 자신의 직감에 돈을 걸었다고 보긴 어렵다. 그가 다가올 지진에 대한 정보를 미리 획득할 수는 없었을 테니까 말이다. 그의 직감에는 데이터베이스가 없었다. 파산할 위험을 무릅쓰고 그런 직감을 따랐다는 건 어리석은 행동이라 할 수도 있을 것이다.

사실 리버모어는 다사다난한 삶을 살며 두 번 이상 파산을 겪었다. 그의 직감이 항상 좋았던 것은 아니었으며, 특히 말년으로 갈수록 더 안 좋아졌다. 1930년대 말에는 아주 큰돈을 잃기도 했다. 1940년 크리스마스를 며칠 앞둔 어느 날 오후, 달아나버린 운을 곱씹어보고 있었을지도 모를 리버모어는 뉴욕 호텔로 들어가 술 몇 잔을 마신 후 화장실에서 권총자살을 했다.

　모든 것을 고려해본 결과 리버모어의 직감은 신뢰할 수 없다고 여겨지는 것이 옳다. 그의 직감이 몇 번 맞았던 적이 있었더라도 말이다. 우리가 이 책에서 논의해왔던 종류의 직감, 즉 객관적인 사실과 논리적인 과정에 바탕을 뒀다고 상정되는 직감의 측면에서 봤을 때, 리버모어의 직감은 신뢰할 수 없는 것이다. 여기서 우리가 논의해왔던 종류의 직감을 '합리적' 직감이라 이름 붙여보자. 만약 초자연적인 힘이 있다고 믿거나, 있지 않을까 의심하고 있는 사람이 있다면, 당연히 그 사람은 '합리적' 직감 말고도 다른 종류의 직감이 존재한다고 주장할 것이다. 다른 종류의 직감, 그러니까 리버모어 스타일의 직감은 '초자연적' 직감이라고 부를 수 있겠다. 초자연적 현상을 믿는 사람이라면 누구나 리버모어의 대단한 직감을 보여준 유니언 퍼시픽 사례를 가리키며 그 직감 뒤에 무언가, 그러니까 객관적 사실이 아닌 다른 어떤 것이 숨겨져 있다고 주장할 것이다. 리버모어의 직감이 대단히 정확했다는 것은 논쟁의 여지가 없는 사실이니 말이다.

　초자연적 현상을 옹호하거나 반대하는 주장을 펴는 것은 이 책의 범위를 넘어서는 일이 될 것이다. 만약 당신이 그런 힘을 믿는다면 그런 힘이 당신을 도울 수도 있고, 그런 힘을 믿지 않는다면 그 힘이 당신을 돕지 않을 수도 있다. 하지만 합리적 직감은 어느 누구든 도와줄 수 있다. 초자연적 현상에 대해선 잠시 후에 다시 다뤄보기로 하고, 지금은 합리적 직감과 데이터베이스 평가와 관련된 문제를 계속 살펴보도록 하자.

　"직감은 그 직감이 비롯된 과거 경험의 총합만큼만 정확할 수 있습니다." 스스로를 운이 좋다고 생각하는 사람들과 그렇지 않은 사람들 사이의 차이점을 연구해온 뉴욕의 정신과 의사 나탈리 셰이니스 박사가 말했다. "과거에 경험해본 상황과 관련된 직감만이 신뢰할 수 있는 직감이에요. 예를 들어 저는 환자를 치료할 때 직감을 자주 사용해요. 직감적으로 어떤 것이 효과가 있을지 없을지가 느껴져요. 이런 직감을 신뢰하는 이유는 제가 오랫동안 경험해온 분야이기 때문이에요. 저는 이런 직관을 의식이 개입되지 않은 참된 직관이라고 생각해요. 하지만 제가 모르는 분야에 관한 직감을 느낀다면, 예를 들어 대두 선물로 큰돈을 벌겠다는 직감이 느껴지면 저는 그 직감을 신뢰하지 않을 거예요. 올바른 직관일 리 없으니까요."

직감이 느껴지면 항상 그 기반을 이루는 사실들이 존재하는지 자문해보자. 자신이 그 상황에 관한 데이터를 흡수할 수 있었는지를 물어보라는 것이다. 이것이 직감의 첫 번째 규칙이다. 다음은 이 첫 번째 규칙으로부터 도출한 결론들이다.

결론 1: 방금 만난 사람에 대한 직감을 신뢰하지 말라.

운이 좋지 않은 사람들은 첫인상에 근거하여 헌신을 약속하는 경향이 있다. 반면 운이 좋은 사람들은 재차 살펴볼 기회를 갖는다.

만약 30분 전에 누군가를 만났는데 이미 그 사람의 정직성이나 호의, 지능 등 그밖에 다른 특징에 대해 직감이 왔다면, 그런 직감은 신뢰할 수 없는 것으로 치부해야 한다. 어쩌면 충분한 데이터를 모으기에 충분한 시간을 보내지 못했는지도 모른다. 첫눈에 반한다는 것은 흥미로운 일이지만 매우 위험한 일이기도 하다. 두세 번 만나본 후 판단하는 것이 더 정확하다. 첫 만남에서 알 수 없던 것을 나중에서야 알게 되면 골치 아픈 일을 겪을 수 있다.

절대 첫 만남에서 느낀 직감에 따라 감정이나 돈을 약속하면 안 된다. 예를 들어, 새 차를 구입하러 갔다고 해보자. 마음에 드는 제품과 모델이 여럿 보인다. 당신이 가장 중요하게 고려하는 점은 판매자가 질 좋은 유지관리 서비스를 적극적으로 제공해줄 것인가이다. 새 차에 문제가 생기면 판매자는 이를 잘 처리해줄 수 있을까? 당신이 만난 한 딜러는 누구보다 솔직하고 정직하며 고객을 만족시키기 위해 노력할 사람처럼 보인다. 이 직감을 믿어야 할까?

당연히 아니다. 만약 그 딜러가 능력 좋은 세일즈맨이라면, 연기를 잘하는 사람일 것이다. 그는 자신의 첫인상을 매력적으로 보이게 할 줄 아는 사람이다. 자신의 직감이 무엇을 바탕으로 만들어진 것인지 자문해보자. 어쩌면 직감의 근거가 관련 없는 기억뿐인지도 모른다. 혹은 그 딜러의 얼굴이 몇 년 전에 좋아했던 지인을 떠올리게 했을 수도 있다.

계약은 며칠 미뤄두고 다시 그 딜러를 찾아가 적어도 한 번 더 대화를 나눠보길 바란다. 그가 당신이 방문할 거라고 기대하지 않을 때 들르는 것이 좋다. 판매점의 '분위기'를 느껴보자. 그 딜러가 다른 사람들과 대화하는 것도 들어보자. 이 모든 행동을 다 따라한다고 해도 괜찮은 곳에서 차를 사게 될 거라는 장담은 할 수 없지만 올바른 선택을 할 가능성은 상당히 높여줄 것이다. 두 번째나 세 번째 만났을 때 직감 속에서 약간의 우려가 느껴질 수도 있다. 그럴 경우엔 다른 곳에서 차를 구매하면 된다.

결론 2: 노력하지 않기 위해 직감에 의지하지 말라.

가장 먼저, 결정을 내려야 하는 상황에 대해 알아낼 수 있는 모든 것을 알아내라. 그 상황에 푹 빠져 지내야 한다. 그 상황과 관련된 사실들을 열정적으로 찾아라. 처음에는 의식적으로 알고 있는 정보를 바탕으로 결정을 내리는 게 좋다. 만약 그럴 수 없다면, 그땐(그런 때에만) 직감에 의지하면 된다.

슬론이 했던 말을 기억하자. "사업적 판단의 최종 단계는⋯⋯." 여기서 "최종"이라는 표현이 중요하다. 만약 최종 단계에서 유용한 결과를 얻으려면, 그런 결과를 얻기 전에 많은 노력이 선행돼야 한다. 노력하기 싫은 마음(단순히 게으름 등의 여러 이유로 발생하게 되는 감정)은 엉터리 직감을 만들어낸다. 그것은 실체 없는 직감이다. 올바른 직감이 전혀 아닌 것이다. 그런 직감은 그저 몽상에 지나지 않는다.

이 점을 강조했던 사람들 중 한 명이 "도박, 위험 감수, 투기성 투자"라는 제목의 강의를 하기도 했던 캘리포니아대학의 정신과 의사 윌리엄 보이드 박사다. 그는 직감이라는 현상에 매료되어 줄곧 연구해왔는데, 그중에서도 특히 매번 형편없는 직감을 따르는, 그 결과 당연하게도 거의 항상 돈을 잃는 도박중독자들을 연구했다.

도박중독자나 '사고경향성'이 있는 사람들 혹은 오랜 기간 불운에 시달리는 사람들이 느끼는 감정적 고통을 설명하는 이론은 많다. 그중 널리 받아들여지는 이론은(이 주제를 언급하면 어느 칵테일 파티에서든 입만 살은 사람들이 이 이론을 반복해서 떠들어대는 걸 들을 수 있다) 이런 사람들이 무의식적으로 자기 자신을 벌주거나 파괴하고 싶은 욕망을 품고 있어 자신이 패배할 만한 상황을 만들려고 애쓴다는 것이다. 어떤 사람들은 이런 자기 파괴적 욕망을 갖고 있긴 하지만 이 이론을 뒷받침할 증거는 빈약하다. 운과 관련된 이야기나 이론을 찾아 돌아다니면서 나는 개인적으로 돈을 잃고 싶어 하는 사람을 한 번도 본 적이 없다. 이 이론보다는 보이드 박사의 연구 결과가 더 받아들이기 수월한 듯하다. 그는 이렇게 말한다. "도박 중독자들은 대체로 그냥 일하기 싫어하는 사람들이에요. 이들 중 많은 사람들이 과거 어떤 시기에 열심히 노력했지만 그로부터 형편없는 대가를 받았죠. 이 사람들은 자신이 '호구'였다고 생각해요. 이들이 가장 두려워하는 것도 그런 느낌을 다시 받는 겁니다. 그래서 노력하기를 꺼려해요. 무언가 거저 얻기를 바라죠. 이들은 자신들이 '직감'이라 부르는 것에 의지해요. 그건 모호한 예감과 같은 것인데, 뻔한 결과지만 대체로 빗나가는 예감이죠."

보이드 박사는 한때 자신이 담당했던 한 환자에 대한 얘기를 해줬다. 블랙잭에서 카드를 세는 방식인 '소프 시스템'을 한동안 연구하여 잘 사용하기도 했던 환자였다. 이 시스템은 캘리포니아대학의 수학교수 에드워드 소프가 만든 것으로, 워낙 효과가 좋아 카지노 측에서는 깜짝 놀라하며 소프 시스템의 사용을 막았으며 '계산기'가 보이면 카지노에서 퇴장시키기까지 했다. 하지만 이 시스템을 숙달하려면 많은 노력이 필요하다.

성실하게 많은 시간을 투자해야 한다. "제 환자는 결국 이 시스템을 포기했어요." 보이드 박사가 말했다 "자신이 감당하기에는 투자해야 할 노력이 너무 많다고 솔직히 인정했죠. 그는 '직감'에 의지하다 돈을 잃곤 하던 옛 시스템으로 돌아갔어요."

직감이 아닌 것을 직감이라 착각하여 그에 따라 행동하고 싶을 때마다, 그저 열심히 조사하는 게 싫어서 혹은 당신의 질문에 대답해줄 사람을 만나지 않으려고 핑계 대고 있는 것이 아닌가 솔직히 자문해보기 바란다. 일례로 월스트리트 안팎에선 이런 종류의 잘못된 직감 때문에 많은 사람들이 눈물을 흘려야 했다. 리버모어와 같은 행운(아니면 예지, 혹은 그게 뭐였던 간에)을 바랄 순 있어도 그런 운에 의지한다는 것은 어리석은 행동이다. 돈을 잃는 투자자들은 그런 운에 자주 기댄다. 이들은 스스로에게 말한다. "이 주식이 오를 거라는 직감이 와." 그러고는 실제로 어떤 사전대비 없이 주식을 구입한다. 이는 형편없는 투자자들이 왜 돈을 잃는지 설명해준다. 신뢰할 만한 데이터베이스가 없는 직감은 합리적인 직감이 아니다.

직감을 성공적으로 발휘한 예를 완벽히 설명한 글은 경제 전문기자 크리스 웰스가 1975년에 내놓은 책 『클럽에서의 마지막 날들The Last Days of the Club』에서 찾아볼 수 있다. 이 책에서 웰스는 호황기였던 1960년대에 뮤추얼펀드 매니저로 엄청난 성공을 거둔 프레드 메이츠에 대해 말한다. 메이츠의 한 동료는 웰스에게 이런 말을 해준 적이 있다. "프레드는 한 회사를 오랫동안 지켜보며 전문잡지나 업계잡지 등 여러 곳에서 정보를 모아요. 그러다 갑자기 어떤 정보 하나가 추가로 들어오면, 프레드는 마침내 그 회사의 '냄새가 괜찮다'고 단언하죠. 그게 프레드가 사용하는 표현이에요. 프레드가 왜 그런 결정을 내렸는지 설명하려 한다면, 우리는 그의 말의 90퍼센트 정도만 이해할 수 있을 거예요. 프레드는 그런 우리를 더 이해시키려 하지 않아요. 나머지 10퍼센트는 지나치게 주관적인 부분이기 때문이에요. 예술가의 영역이죠."

예술가의 영역이란 직감이 형성되는 곳을 말한다. 직감을 느끼는 다른 사람들처럼 메이츠도 자신의 직감이 어떻게 형성되는지 설명할 수 없었다. 하지만 그는 사전대비라는 탄탄한 밑바탕 없이 세워진 직감은 신뢰하면 안 된다는 것을 잘 알고 있었다.

다른 호황기의 투자신탁회사처럼 메이츠의 회사도 1969년 강세시장이 죽자 운이 다했다. 메이츠는 결국 월스트리트를 떠나 싱글들이 모이는 바를 열며 웰스에게 이렇게 설명했다. "사람들은 주식시장을 잊으려고 술을 찾아요." 그의 뛰어난 직감이 왜 빗나갔는지는 설명하긴 어렵다. 어쩌면 그 이유 중 하나는 메이츠가 두 번째 규칙을 어겼기 때문인지도 모르겠다.

두 번째 규칙: 직감과 바람을 혼동하지 말라

만약 당신의 직감이 무언가가 맞다고 말하고 있는데, 당신도 그것이 맞길 너무나 간절히 바라고 있다면, 그 직감은 의심해야 한다.

"나쁜 직감들 중 상당수는 그저 직감인 척하는 강한 바람입니다." 셰이니스 박사가 말했다. 앞서 셰이니스 박사는 "대두 선물로 큰돈을 벌 것이다"라는 직감을 예로 들어 자신은 그 직감을 신뢰하지 않겠다고 말했는데, 이 말의 두 번째 근거가 바로 여기에 있다. 직감과 바람이 머리와 마음속을 휘젓고 다니면 이 두 가지는 헷갈릴 정도로 비슷하게 느껴진다.

보이드 박사는 이런 혼동이 돈을 잃는 투자자들이나 도박꾼들의 주요 문제점이라고 말한다. "무언가를 너무 원하면 그 일이 일어날 거라고 스스로를 설득하기 쉬워요. 한 도박꾼이 저한테 이런 말을 할 수 있겠죠. '다음주에 경마장에서 큰돈을 벌 거라는 직감이 와요.' 왜 그렇게 생각하는지 물으면 그는 이렇게 대답할 겁니다. '글쎄요. 너무 오랫동안 돈을 잃었기 때문에 이제 운이 바뀔 때가 됐어요. 제게 행운이 오고 있는 게 느껴져요.' 그 사람과 논쟁을 벌이는 것은 의미가 없어요. 그 사람의 바람이 직감을 낳은 거예요. 그는 경마장으로 가서 가장 승산이 없는 말에 돈을 걸고 결국 전 재산을 잃게 되죠."

물론 직감에 대해 완벽한 확신을 갖는 것은 불가능하다. 직감은 알 수 없는 방식으로 서로 관련 맺고 있는 미지의 정보들로 형성된다. 그게 바로 직감의 본질이다. 하지만 직감을 검토해보고, 그 주변을 더듬어보고, 얼마나 강한 직감인지, 그 직감을 이루고 있는 것이 뭔지 테스트해보는 것은 가능하다. 대기업 패스트푸드 체인의 한 임원은 한 가지 방법을 사용해 이런 과정을 거친다. 그것은 바로 직감을 의도적으로 작게 나누어 분석하는 것이다.

그가 말했다. "저는 제 직감에 반박을 해봐요. 스스로에게 이렇게 말하죠. '들어봐. 이 남자에게 체인점을 주고 싶은 이유는 그저 그 사람 자식이 아픈 게 안타까워서야. 그는 약골이라 장사가 잘될 때는 일을 잘 해내겠지만 큰 경쟁자가 자기 골목에 들어서면 아무것도 못하고 한탄만 할 거야. 게다가 행동도 엉성해서 자기 체인점을 볼품없게 만들어놓을 테고, 그러면 가족 단위 고객들이 방문을 피하겠지. 이 체인점을 십대들의 소굴로 만들 거야.' 저는 실제로 그 남자가 모든 것을 망쳐놓는 상상을 해봐요. 머릿속에 장면을 떠올리는 거예요. 기름투성이인 테이블, 고객에게 무례하게 행동하는 종업원 등을 떠올리죠. 그리고 자문해봐요. '이 중 한 가지라도 일어날 가능성이 있을까?' 그런 다음 며칠 동안은 아무것도 하지 않고 기다렸다가 직감이 어떤 말을 하는지 귀기울여요. 대체로 직감은 '아니야. 그럴 가능성은 없어'라고 말하지만 몇 번은 '그래, 그럴 수도 있어'라고 말하기도 해요. 그러면 그 사람에 대한 좋았던 감정이 점차 퇴색되기 시작해요. 그때가 재평가를 해야 하는 시기예요. 그러면 결국 그 사람을 퇴짜 놓는 결말로 끝나기도 하죠."

이렇게 자신의 직감에 의도적으로 반박하는 과정을 거치는 것이 불필요하다거나 유용하지 않다고 생각하는 사람이 있을 수도 있다. 이 모든 과정 중 가장 중요한 부분은 첫 번째 단계다. 바로 직감과 희망이 구분이 되지 않는 상황에 처해 있다는 것을 인정하는 것이다. 그런 인식을 할 때 좀 더 신중한 태도를 갖게 된다.

세 번째 규칙: 직감이 자라날 여지를 만들어두라
직감은 사실들로 구성돼 있지만 감정의 형태로 다가온다. 젠들린 박사에 의하면 "많은 사람들이 자신의 감정에 그리 주의를 기울이지 않는다." 이것은 많은 사람들이 직감능력을 잘 개발시킬 수 없는 이유다. 직감을 잘 사용하려면 자신의 감정에 귀기울이고, 감정을 존중하고, 감정이 하는 말을 다 들어주어야 한다. 어쩌면 이 규칙이 세 가지 규칙 중 가장 중요하다고 할 수 있다.

결론 1: '이해'하려는 행동으로 직감을 억누르지 말라.

이는 젠들린 박사가 환자들에게 반복하여 강조하는 핵심 교훈이다. 환자들의 문제는 개인적인 어려움의 근원을 찾아내서 그 문제를 헤쳐나가기 위해 어떤 방향을 취해야 할지를 알아내려고 한다는 것이다. 젠들린 박사는 그런 환자에게 고요히 앉아 몸을 이완시킨 후 가능한 한 지적사고 과정을 멈추라고 말한다. 젠들린 박사는 주장한다. "뭐든 분석하려고 하지 마세요. 논리적으로 생각하지 마세요. '이해'하려 하지 마세요. '그건 분명 ○○○이야'라든가 'X가 맞으니까 Y도 분명히 맞을 거야'라는 말은 하지 마세요. 다만 이 상황이 어떻게 '느껴지는지'를 자문해보세요. 그 감정이 자유롭게 떠오르도록 두세요." 젠들린 박사는 상황에 대한 감정 속에 언제나 지적으로 이해할 수 있는 것보다 더 많은 내용이 담겨 있다고 말한다. 머리나 몸이 경험하는 것처럼 감정 속에는 그 상황 전체가 저장돼 있다. 이는 엄청나게 풍부한 정보와 인상으로 구성돼 있는데, 그중 많은 것들이 명시할 단어가 없는 정보들이다. 만약 당신이 문제를 해결하고 결정을 내릴 때 엄격하게 분석적인 방식을 고집한다면, 언어로 깔끔하게 묘사되며 의식적으로 알고 있는 정보와 관련된 부분만 다루기를 고집한다면, 스스로에게 너무 많은 제약을 가하는 것이다. 이는 마치 석유 시굴을 하러 갈 때 1미터까지만 팔 수 있는 드릴을 가지고 가는 것과 같다. 귀한 것들은 대부분 더 깊숙한 곳에 숨어 있기 마련이다.

운이 좋은 사람들은 본능적으로 직감이 숨겨진 깊숙한 곳까지 파고드는 방법을 알고 있다. 젠들린 박사는 누구나 이 기술을 배울 수 있다고 말하며 우리의 기운을 북돋아준다. 그는 환자들에게 일반화된 크고 모호한 감정에 다가선 후 감정 속 점차 더 작은 부분들에 '집중'해보라고 가르친다. 젠들린 박사가 전문학술지와 자신의 책 『집중Focusing』에서 설명했듯이 이 과정은 다음과 같은 방식으로 진행된다.

스스로에게 질문해보자:

"나는 이 상황을 어떻게 느끼지?"

감정이 대답한다(언어의 형태가 아닐 수 있다):

"두렵고 걱정돼."

나는 감정에게 좀 더 구체적으로 설명해달라고 부탁한다:

"어떻게 두려운데?"

감정이 언어를 통하지 않고 대답할 수 있다:

"상황을 통제하지 못하게 될 것 같은 기분이야……. 마치 무언가를 떠받치고 있는데, 그것이 내 주위에서 무너지려 하는 것 같아."

나는 더 자세히 캐묻는다:

4부 운 조절: 운을 바꾸는 5가지 전략

"그것이 무너지면 벌어지게 될 최악의 상황은 뭐지?"

나는 찾기 시작한다:

"그건 조지와 관련된 일이야. 주변에 내가 없을 때 나를 방해하려

고 한다는 직감이 느껴져."

그러면 나는 묻는다:

"나를 어떻게 방해한다는 거지? 어떤 행동을 한다는 거야?"

 이런 식이다. 이유나 설명을 요구하기보단 그저 감정을 더 많이 끌어내려 해야 한다. 본능적으로 직감을 잘 따르는 사람들은 살면서 결정을 내려야 하는 매순간마다 이런 과정을 거친다. 아이들은 직감을 사용해 결정을 내리고 진실을 포착하는 경우가 많다. 하지만 나이를 먹으면서 어떤 사람들은 그런 능력을 그대로 유지하지만, 어떤 사람들은 분석적인 추론으로 직감을 억누른다. 어쩌면 그것이 더 합리적이고 어른스러운 행동으로 보이기 때문인지도 모른다. 사실 이렇게 직감을 억누르는 행동은 종종 부모에 의해 부추겨진다.

 아이: "수잔이 나를 싫어해."

 부모: "그걸 어떻게 알아?"

 아이: "그냥 알 수 있어."

 부모: "수잔이 어떻게 했는데? 너한테 침 뱉었어? 발로 찼어?"

 아이: "아니, 그런 건 안 했어. 친절하게 굴고 그러는데, 그냥……

아, 모르겠어."

부모: "터무니없는 생각이네! 그렇게 생각할 어떤 근거도 없잖니."

이렇게 우리 중 몇몇은 타고난 재능을 잃게 된다. 우리는 직감을 사용하는 게 부끄러운 일이라고 생각하게 된다. 더 이상 직감을 믿으려고 하지 않게 되는 것이다.

결론 2: 확실한 정보와 함께 '감정적' 정보도 수집하라.

감정적 정보란 기분, 인상을 말하며 1960년대 유행어를 사용해보자면 '분위기vibe'를 뜻한다. 확실한 정보는 명백하고 객관적인 정보를 의미하며 많은 사람들이 더 실제적이라고 느끼는 사실을 말한다. 그 결과 다수의 사람들은 확실한 정보만 수집하고 다른 관찰정보들은 무관하거나 사소하고 신뢰할 수 없는 것으로 치부한다. 만약 이렇게 자신의 능력을 습관적으로 제한하게 되면 직감능력은 전혀 활용될 수가 없다.

한 남자와 한 여자가 파티에 갔다고 해보자. 나중에 친구가 이 두 사람에게 파티가 어땠는지 묻는다.

남자: "음, 조지랑 에벌린이 왔고 에드랑 페이도 있었어. 그리고 같이 바비큐한 돼지갈비를 먹었어."

여자: "옛 친구들을 많이 만날 수 있어서 즐거웠어. 근데 뭔가 딱딱한 분위기가 감돌더라고. 다들 서로 경쟁한다는 느낌이 들었어. 왜

그런 것 있잖아. 옛날보다 얼마나 성공했는지, 아이들이 얼마나 똑

똑하게 자랐는지 자랑하고⋯⋯."

남자는 자신이 접할 수 있는 정보를 확실한 정보로 제한했다면 여성은
감정적 정보, 즉 직감과 같은 것들을 다루고 있다. 만약 누군가 이 두 사람
에게 자신들의 관찰이 정확한지 증거를 대보라고 한다면, 물론 남자가 증
명할 수 있는 사실을 훨씬 많이 가지고 있을 것이다. 여자는 어떤 증거도
내놓지 못할 수도 있다. 객관적인 증거로 뒷받침할 수 없는 감정적 정보
를 수집한다는 것은 용기가 필요한 일이다. 남자들이 감정적 정보를 수집
하는 것을 피하려 하는 것은 이 때문인지도 모른다.

"분위기를 인식하는 능력은 연습으로 향상시킬 수 있어요." 뉴욕 정신과
의사인 에이브러햄 와인버그 박사는 말했다. 와인버그 박사의 환자들 중
에는 월스트리트 중개인이거나 투자자인 사람들이 많다. 그는 자신의 환
자들 중 일부가 지속적으로 다른 사람들보다 주식시장을 더 정확히 예측
하는 이유가 무엇인지 알아내려 평생을 쏟아 연구했고, 그 결과, 예측에
성공하는 사람들은 확실한 정보만큼이나 일관되게 인상을 수집하는 사
람들이라는 결론을 내렸다. "이 능력을 키우려면 매일 모든 상황에서 인
상을 수집해야 합니다." 와인버그 박사가 말했다. "보이는 것 이상으로 인
식하려 계속 노력해야 해요. 계속 자문하세요. '여기 분위기가 어떻지? 나
는 무엇을 느끼고 있지?'" 많은 사람들이 이 접근법을 비웃는 이유는 분
위기를 일반적인 오감으로 느낄 수 없다고 생각하기 때문이다. 신비주의

에 속하는 거라고 보는 것이다. 하지만 분위기는(원한다면 인상이라고 부를 수도 있다. 공간 속을 부유하는 인상인 것이다) 실재하는 것이다. 분위기를 잘 이용하고 싶다면, 주변 분위기를 완전히 받아들이려 노력해야 한다.

와인버그 박사는 이런 '분위기'가 때때로 얼마간 텔레파시로 전달되는 것 같다고 추측했다. 지금까지 함께 봐왔듯, 그렇게 생각하는 연구자들이 많다. 하지만 와이버그 박사는 분위기를 꼭 초능력의 관점에서 설명할 필요는 없다고 인정한다. 분위기는 일상생활에서 발견되는 직감, 즉 의식의 개입 없이 수집된 관찰정보로 설명될 수 있다는 것이다.

나는 개인적으로 초능력을 배제하고 설명하는 방식을 선호한다. '분위기'라는 단어보다 '감정적 정보'라는 표현을 더 즐겨 쓰는 이유도 그 때문이다. 만약 당신이 초능력 개념에 끌린다고 해도 전혀 문제될 게 없다. 어떤 설명 방식을 선호하는가와는 상관없이, 감정과 인상의 세계는 분명 존재한다. 이를 활용하려고 노력하는 사람에게 이 세계는 보물들로 가득한 곳이다.

3장
"행운의 여신은 용감한 자를 돕는다"

옛 라틴 경구는 이렇게 말한다. "행운의 여신은 용감한 자를 돕는다." 처음 이 경구를 들으면 공허한 헛소리처럼 들린다. 사람들은 로마의 장군이 다음 날 전투를 잘 치르기 위해 사기가 떨어진 병사들에게 한 말이라고 추측한다. 이 경구는 용맹하게 들리는 단어들로 이루어져 있지만 현실적인 근거는 전혀 없는 무의미한 낙관주의처럼 들린다. 행운의 여신이 종종 용감한 사람들의 편에 선다 해도, 어떤 때는 용감한 사람들에게 시련을 주기도 하기 때문이다. 이 경구와 반대되는 문장도 똑같이 진실로 받아들여질 수 있다. 이를 테면 "위험을 무릅쓰지 않으면 다치지 않을 것이다"나 군대에서 쓰이는 "어떤 것에도 자원하지 말라" 같은 것들 말이다.

그러나 여기에는 이상한 사실 하나가 발견된다. 운이 좋은 사람들은 용감한 성향을 가졌다는 것이다. 예외도 있지만, 내가 여기저기 다니며 만났던 사람들 중 가장 소심했던 사람들은 가장 운이 안 좋은 사람들이었다.

왜 그럴까? 먼저, 행운이 용감한 성향을 끌어냈을 수도 있다는 점에 주목해보자. 살면서 크게 상처받은 적이 한 번도 없는 사람이라면, 삶의 시련을 자주 겪었던 사람들보다 더 기꺼이 위험을 감수하려 할 수도 있다.

하지만 이는 반대로 생각해도 말이 된다. 용감한 행동이 행운을 불러온 것이다. 앞에서 본 옛 라틴 경구가 자명한 진리는 아니지만, 진리의 중요한 요소들이 이 경구 안에 들어 있다. 이제 이 경구를 자세히 들여다보고 분석해보자. "행운의 여신은 용감한 자를 돕는다."

프린스턴대학의 1949년 졸업생들이 1974년에 졸업 25주년을 기념했다. 이 졸업생들은 졸업 이후로 항상 화합을 바탕으로 자기 성찰적 모임을 가져왔다. 이 모임은 구성원의 활동과 관심사를 알아보기 위해 주기적으로 설문조사를 한다. 25주년엔 다른 때와 달리 복잡하면서도 구체적인 설문조사가 이뤄졌는데, 그로부터 행운과 관련된 무언가가 발견됐다.

1949년 졸업생들은 성인으로 독립하여 처음 이 세상에 발 디뎠을 때부터 다사다난했던 지난 25년간 각자의 삶과 운을 통해 많은 행복과 슬픔을 겪었다. 1949년 6월, 희망에 찬 젊은이 770명이 졸업했다. 25번째 동창회가 열렸던 시기에 이 770명 중 25명은 전쟁이나 사고, 질병으로 이미 사망한 상태였다. 운명의 장난 중에서도 돌이킬 수 없는 최악의 변덕에 희생된 사람들이었다. 또 다른 40여 명은 동문회가 애석해하며 사용한 표현을 그대로 사용하자면 "행방불명"이었다. 누구도 이들이 어디 사는지 이들에게 어떤 일이 있었는지 알지 못한다는 뜻이다. 나머지 700명 중 대략 3분의 1이 익명으로 25주년 설문에 참여했다.

그중 한 질문은 다른 모든 질문을 모두 모은 것보다 대답하기 더 까다로운 질문이었는데, 설문 참여자들 각자에게 1949년 졸업식에 참석했던 과거의 청년시절로 돌아가보라고 요구하는 내용이었다.

꿈과 미지로 가득한 유월의 화창한 날이다. 청년들은 단상에 올라가 졸업장을 받는다. 대학총장은 이들과 악수를 나누고 졸업증서를 건네준 뒤 근엄한 표정으로 특별 선물을 받고 싶은지 묻는다.

졸업생이 받고 싶어 하지 않으면 거절해도 되는 선물이다. 그 선물은 정확하다고 정평이 난 크리스털 구슬이다. 선물을 받기로 했다면, 졸업생은 이 구슬 안에서 25년 후, 그러니까 1974년의 자신을 볼 수 있다. 크리스털 구슬은 미래의 자신에 대한 중요한 사실들, 그러니까 직업적 성취나 경제적 성공, 결혼과 성생활에 대한 만족감, 가족관계, 사회적 관계, 건강상태, 인간이 느끼는 모든 기쁨과 슬픔 등 모든 것을 알려준다. 졸업생은 이 특별 선물을 수락한 후 구슬 안을 들여다본다. 그리고 1970년대 중반의 자기 모습을 확인한다. 설문지의 질문은 이때 구슬 안을 들여다본 자신의 반응이 어떠했는가였다. 놀라며 기뻐했는가? 아니면 미래의 모습이 자기가 기대했던 모습과 같았는가? 아니면 별 볼일 없는 모습에 실망했는가?

설문 참여자 중 5분의 2가 놀라며 기뻐했다고 답했다. 다른 5분의 2는 만족은 했지만 놀라진 않았다고 답했다. 25년의 결과가 전반적으로 자신이 계획했거나 예상했던 것과 같았던 것이다. 나머지 5분의 1은 별 볼일 없는 모습에 실망했다고 답했다.

놀라며 기뻐했다고 대답한 사람들은 운이 좋은 사람들이라고 볼 수 있을 것 같다. 확실한 건, 이들이 완벽한 시기에 완벽한 장소에 있었던 사람들이라는 것이다. 이들은 기대했던 것보다 더 좋은 인생을 살았다. 반면에 별 볼일 없는 모습에 실망했다고 대답했던 사람들은 자신이 기대했던 것만큼 운 좋은 인생을 살지 못했다. 어쩌면 이들 중 일부는 1949년 당시 기대를 너무 높이 가졌고 그 때문에 기대 이하의 삶을 살게 됐는지도 모른다. 하지만 대체로 이들은 운이 안 좋은 사람으로 분류될 수 있을 것 같다. 여러 가지 이유로 인해 이들에게는 즐거운 사건이 다른 사람들보다 더 적게 일어났기 때문이다.

그 이유가 뭐였을까? 어쩌면 많은 경우 제대로 된 거미줄 구조를 만들 수 없어 이런 실망스런 결과를 얻게 됐을 수도 있고, 직감능력이 부족해서 그랬을 수도 있다. 설문조사만으로는 이런 요소들에 대해 신뢰할 만한 판단을 내릴 방법이 없다. 하지만 설문조사는 뭔가 다른 것을 꽤 분명히 보여주고 있는 듯하다. 바로 운이 좋지 못한 5분의 1은 용감하지 못했던 것이다.

이 결론은 설문지 속 다른 질문과의 사이에서 드러난 주목할 만한 상관관계에서 이끌어낸 것이다. 이 다른 질문은, 설문 참여자들에게 졸업 후 일했던 회사의 개수나(직장인의 경우) 신규 개발한 사업의 개수를(사업자의 경우) 물었던 것을 의미한다. 설문 결과를 확인해보니 이 질문에 가장 큰 숫자를 써낸 사람들은 대체로 자신을 운이 좋은 사람이라고 생각할 가능성이 가장 큰 사람들이었다. 대담하게 행동하며 살아왔던 사람들(졸업 이후 6개 이상의 회사에서 일했거나 6개 이상의 사업을 시작했던 사람들) 대부분은 졸업 당시 크리스털 구슬을 들여다봤을 때 기뻐하며 놀랐을 것이라고 대답했다.

한 회사에서만 일했거나 시작한 사업이 한 개밖에 안 되는 사람들 중 상당한 비율이 별 볼일 없는 결과에 실망했다고 답했다.

물론 이 상관관계를 해석할 땐 신중해야 한다. 직장을 자주 바꾼다고 행운이 따른다거나 혹은 반대로 평생 한 회사에서만 일하는 것이 무조건 나쁘다는 것이 일반적인 진리인양 확언하면 안 된다. 앞으로도 보겠지만 직장을 어떻게 옮기느냐가 핵심이다. 또한 직장을 여러 번 옮기거나 새로운 사업을 많이 해본 사람을 그 기준만을 가지고 용감하다고 단정 지을 수도 없다.

놀라며 기뻐했다고 대답했던 1949년 졸업생들 중 인생의 시련을 겪었던 사람은 확실히 한 명도 없었다. 모두 여러 번의 이직(혹은 가장 최근에 했던 이직) 덕분에 개인적인 목표에 더 가까이 다가갈 수 있었다고 생각했다. 따라서 이들은 대체로 올바른 방식으로 이직을 했고 그 결과 행운이 따랐다고 볼 수 있다.

이직을 어떤 방식으로 한 걸까? 이에 대한 답은 바로 '용감하게'다. 운이 좋은 졸업생들은 부분적이나마 자신의 삶에서 위험을 감수하는 것을 두려워 한 적이 없었기에 행운을 얻을 수 있었다. 몇몇 경우엔 위험을 무릅쓰는 일을 매우 자주 시도하기도 했다. 이 표현만 놓고 보면 운 좋은 사람들이 한낱 운에 빌붙어 돈을 따려는 도박꾼처럼 보일 것이다. 하지만 이 표현은 따로 떼어져 홀로 읽히면 안 된다. 모험을 감수하는 행위에도 여러 종류가 있기 때문이다. 그중 가장 기본이 되는 두 가지는 현명한 모험과 어리석은 모험이다. 용감함은 행운에 있어 중요한 요소지만 올바른 형태의 용감함이어야 한다. 특정한 다른 내면 기제에 의해 억제될 수 있는 용맹함이어야 한다는 것이다. 놀라며 기뻐했다고 대답한 사람들 대부분은 실제로 그런 종류의 용감함을 보여줬던 사람들이다.

나는 회비를 완불한 1949년 졸업생 모임의 회원이자 달필가로서 이 설문조사가 시행된 이후 계속 이와 관련하여 많은 1949년 졸업생들과 이야기를 나눠왔다.

나는 또한 삶과 운, 성격을 관찰해온 다른 여러 사람들과도 대화를 나눠봤다. 그 결과 행운과 용감함에 대해 말하는 이 진부한 라틴 경구가 진리라는 것을 알게 됐다. 다만, 신중하게 해석한다면 말이다.

첫 번째 규칙: 기회가 가까이 왔을 때 그 기회를 면밀히 살필 준비가 항상 돼있어야 한다

"대학을 졸업했을 때," 운이 좋은 1949년 졸업생 중 한 명이 말했다. "제 머릿속은 직업윤리라는 오래된 가르침으로 가득했어요. 다들 알다시피 한길로만 꾸준히 노력하고, 악착같이 일하고, 산에서 몇 번을 미끄러져 내려오든 계속 기어오르는 태도 말이에요. 하지만 서른 살쯤 되니 갑자기 직업윤리라는 것이 불운을 부르는 관습, 적어도 행운을 걷어차버리

는 관습이란 사실을 깨닫게 됐어요. 내가 아는 사람들 중 가장 운이 좋은 사람들은 한길만 고수하지 않고 지그재그의 삶을 살았어요. 한길만 고수하는 것은 실수하는 거예요. 좋은 기회를 발견했을 때 새로운 방향으로 뛰어들 준비가 돼있어야 해요."

이 졸업생은 한국전쟁 당시 공군으로 복무한 후 큰 제조회사에 판매관리 수습직원으로 취업했다. "회사 곳곳에 저 같은 젊은이가 수천 명은 있었어요. 모두 이 회사의 피라미드를 오르려고 노력하고 있었죠. 한 단계한 단계 오를 때마다 좋은 자리는 점점 더 줄어들고, 이 피라미드 등반이완전히 끝나기 전 우리 대부분은 한직으로 밀려날 처지였죠. 하지만 저는악착같이 일한다거나 '승자는 절대 포기하지 않는다'거나 하는 말들을 믿고 있었고, 회사에 다니는 동안 안정을 느낄 수 있어서 좋았어요. 그래서그 회사에 오랫동안 다니며 한길만을 고수했죠."

그러던 중 신기하게도 흥미로운 기회가 이 졸업생의 시야에 들어왔다. 그는 영업 때문에 남부 도시로 출장을 다니던 중 한 호텔 식당에 들어가게 됐고, 거기서 테이블에 앉아 혼자 식사하고 있는 고등학교 동창생을만난 것이다. 그 친구는 알고 보니 뮤추얼펀드를 파는 일을 하고 있었다. 당시 그 업계는 잘 알려지지도 활성화되지도 않았지만 이제 막 빠르게 성장하고 있었다. "그 친구는 부유하고 행복한 삶을 살고 있었어요. 자신의회사가 새로운 직원을 고용해 부자로 만들어주려 혈안이 돼있다고 했어요. 저는 그가 해주는 업계 얘기에 혹했죠. 안정적인 직장을 떠나 생각조차 해본 적 없는 새로운 것을 시작한다고 생각하면 무서웠어요. 하지만 스스로에게 이렇게 말했어요. '이봐, 친구. 운명이 너한테 만능카드를 건네줬잖아. 두렵다는 이유로 그 카드를 갖다버릴 거야?' 그래서 전 결국 그 카드를 사용했죠."

이 졸업생은 뮤추얼펀드 일을 통해 부자가 됐다. 그는 수년간 두 군데의 회사에서 일했었는데, 그 후 새로운 기회가 그의 시야에 들어왔고 다른 길로 뛰어들었다. 그는 자신의 두 친구와 함께 투자관리회사를 차렸다. 이 회사와 함께 그도 많은 수익을 벌어들였다. 그런 다음 또 다른 우연이 찾아왔다. 금융업계에서 알고 지낸 몇몇 사람이 주정부위원회에서 위원으로 활동해보라는 제안을 했던 것이다. 그 주의 재정 문제를 연구하기 위해 세워진 위원회였다. "저는 항상 공직에서 일하고 싶었어요. 그래서 그 제안을 받아들였죠. 그리고 지금은 두렵고도 신나는 또 다른 기회를 살펴보고 있어요. 지난달에 제 고향 사람 몇 명이 차기 시장에 도전해보라고 제안해줬거든요. '아니에요. 저는 정치인이 아닌걸요'라고 말하고 싶었지만 그렇게 말하지 않았어요. 제가 배웠던 교훈 때문이었어요. 만약 몇 년 전에 '아니야, 난 뮤추얼펀드를 파는 사람이 아닌걸'이라고 대답했더라면 지금까지 무엇도 이루지 못했을 거예요. 저는 늘 지그재그로 나아가는 사람이에요. 이를 통해 저는 더 흥미롭고 보람 있는 삶을 살 수 있었어요. 그랬기에 내년에는, 어쩌면 제가 정치인이 되어 있을 수도 있을 것 같아요."

운이 좋지 않은 1949년 졸업생 중 한 명은 세 번째로 시킨 마티니를 앞에 두고 미래의 시장이 될 졸업생의 이야기를 들으며 슬피 고개를 끄덕였다. 유리잔 속에 든 그 투명하고 고요한 액체는 마치 그의 눈물인 듯했다. "기회를 만들려면 용기가 필요하다는 걸 오늘에야 알게 됐네요." 그가 말했다. "더 젊었을 때 알았더라면 좋았을 걸 그랬어요. 하지만 과거에 저는 그때의 상태가 너무 편했어요. 제 아내와 저는 짐을 싸서 새로운 길로 나서기가 두려웠어요. 저는 계속 한곳에 박혀 있었어요. 그러니까 진짜 완전히 박혀버린 거예요."

이 남자는 졸업 후에 한 백화점 체인에 취업하여 그곳에서만 20년 동안 일했고 나중엔 백화점 체인들 중 가장 한가한 지점의 관리자로 밀려났다. 나중에 그 체인은 1970년대 초 불경기로 심각한 문제를 겪다가 폐업했다. 내가 이 남자를 가장 최근에 만났을 때, 그는 쉰에 가까운 나이에 새 직장을 구하려 필사적으로 노력하고 있었다. 그의 아내는 자기가 일할 곳을 구한 다음 그를 떠났는데, 그에게 찾아온 불행이 그를 같이 살기 힘든 사람으로 만들었던 것이 그 이유 중 하나였다.

그는 나와 바에 앉아서 "만약에" 게임을 시작했다. 아마도 세상에서 가장 슬픈 게임일 것이다. "만약에 내가 지그재그로 나아갈 용기가 있었다면," 그가 미래의 시장이 될 졸업생이 사용했던 단어를 다시 사용하며 말했다. 그는 살면서 지나쳤던 멋진 기회들을 회상했다. 한 예로, 그는 낚시 여행 중 우연히 정박지 건설을 계획하고 있던 한 그룹회사와 연이 닿았던 적이 있다. 어렸을 때부터 배는 그의 취미였는데, 그 그룹은 그에게 정박지 관리자가 되는 것에 관심 있냐고 물었던 것이다. 게다가 이익 배당도 해주고 주주가 될 기회도 제공하겠다고 했다. 하지만 그는 기회를 보지 못하고 바로 눈앞에 있는 것만 봤다. 그는 자신의 역할을 그저 '소매점 관리자'로만 제한했다. 그 기회는 그가 가고 있던 길에서 멀리 떨어진 곳에 있었고, 그렇게 그는 기회를 면밀히 살펴보지도 않은 채 지나쳤다. "정박지 일을 맡게 된 사람은 지금 부자가 됐을 뿐 아니라 자기가 좋아하는 일을 하며 살고 있어요. 그건 제가 하고 싶었던 일이기도 하죠. 아, 저는 왜 그렇게 소심했을까요?"

"행운은 준비된 자에게 온다." 이 또한 진부한 경구 중 하나다. 이 경구를 다르게 표현하자면 이렇다. 누구에게나 행운이 될 가능성이 있는 작은 사건들이 종종 아주 가깝게 스쳐지나간다. 하지만 그것들은 용감하게 손을 뻗어 거머쥘 수 있는 사람들에게만 가치 있는 것이다.

찰스 카드웰 박사는 삶에서 운이 어떤 역할을 하는지 연구해온 버지니아공과대학교의 철학 교수다. 그는 '운'과 '운명'이란 단어를 구분해서 사용해야 한다고 제안한다. 그는 이렇게 말한다. "운이 사람에 의해 만들어진다는 말을 들어보셨을 겁니다. 하지만 '운'을 우연한 사건이라고 생각하신다면 그 말은 잘못된 겁니다. 운은 누구에게나 일어나요. 누구도 자신의 운을 만들 수 없어요. 운은 자기 마음대로 찾아왔다 떠나는 겁니다. 하지만 자신의 운명을 만들어나가는 것은 가능하죠. 항상 기회를 노리며 주의를 기울이고, 찾아온 운을 현명하게 사용하면 가능해요."

무엇보다도 운을 용감하게 사용해야 한다. 백화점 체인 관리자였던 졸업생은 스스로 시인했듯이 그러지 못했고 인생이라는 게임에서 패배를 맛봤다. 아마도 그의 소심함은 두 번째 규칙을 충분히 이해하지 못해서 생겨난 것인지도 모르겠다.

두 번째 규칙: 용감함과 성급함의 차이를 알아야 한다

만약 모든 걸 잃을 수도 있는 투기성 사업에 전 재산을 건다면 그건 성급한 것이다. 반면, 자신이 걸어왔던 길에서 벗어나야 하고, 잘 알지 못하는 세계에 발을 디딘다는 생각만으로도 두려움을 느낀다 해도, 흥미로운 새 직장에 다니기로 한다면 그건 용감한 것이다.

투기성 사업에서는 많은 돈을 벌 수 있지만 동시에 큰돈을 잃을 수도 있다. 반면 직장과 관련된 경우라면 이 역시도 얻을 것이 많겠지만 잃은 것은 그리 많지 않을 수도 있다. 과도한 소심함은 이런 구분을 잘 해내지 못해서 생겨나는 것이다.

"새로운 경력을 쌓으려 시도할 때 정말 잃게 되는 것은 뭘까요?" 운이 좋은 1949년 졸업생 중 또 다른 한 명이 말했다. 이 남자는 마흔이 갓 넘었을 때 운이 자신의 문을 두드리는 걸 들었다. 그는 대학교수라는 완전히 새로운 경력을 시작하기 위해 "우울할 만큼 지루한" 관리직을 버렸다. 게다가 대학교수는 그가 오랫동안 원했던 일이기도 했다. "아내와 아이들 그리고 저는 큰 기회가 갑자기 찾아왔을 때 모두 걱정하며 불안해했어요. 하지만 저는 자문해봤죠. 내가 진짜 두려워하는 게 뭐지? 새로운 환경에 처하는 것? 새로운 사람들을 만나는 것? 새로운 기술을 배우는 도중에 실수하는 것? 물론 저는 이것들 말고도 두려운 게 많았어요. 하지만 아내에게 이렇게 말했죠. '봐봐. 이런 것들은 생사를 좌우할 만큼 중요한 문제가 아니야. 모든 게 잘못되더라도 우리가 죽거나 하는 일은 일어나지 않을 거야. 우리는 계속 잘 살아갈 거야. 여전히 집도 있고, 음식을 살 돈도 있을 거야. 우리가 감수하려고 하는 위험은 그렇게 대단한 게 아니야. 만약 이 모험이 실패하면, 내가 다시 관리직 일을 구하면 돼.'"

그는 이 모험이 최악으로 치달았을 때의 상황을 구체적으로 상상해보기까지 했다. 그 결과를 다양한 관점으로 살핀 다음 그것이 모험을 포기해야 할 만큼 두려운 방해물은 아니라는 결론을 내렸다. "알고 보니 거의 대부분 악몽에 불과했어요. 실재하지도 않고 걱정할 필요도 없는 일들이었죠. 제 머릿속 시나리오는 이렇게 흘러갔어요.

하나, 새롭게 시작한 교수 경력이 잘 풀리지 않는다.

둘, 그만두거나 해고된다.

셋, 다시 관리직 경력을 이어나가려고 애쓴다.

넷, 하지만 나는 사십대 혹은 오십대고 아무도 나를 고용하려 하지 않는다."

이런 최악의 결과가 실제로도 보이는 것처럼 무서운 것인지 알아보려, 그는 마흔 살 이후에 구직했던 사람들과 대화를 나눠보기도 했다. 심지어 여러 40세 이상 모임 중 한 군데를 찾아가기도 했다. 많은 도시에서 모임을 꾸리고 있는 단체였는데, 특히 고용에서 나이차별을 없애기 위해 노력하는 모임이었다. 그가 이 모임을 끝내고 떠날 적엔 생각이 낙관적으로 변해 있었다.

"제가 그곳에서 얻은 메시지는 이런 것이었어요. '우리가 안락한 삶을 살 거라고 약속드리진 못해요. 마흔이 넘어서 관리직으로 재취업하는 것은 쉬운 일이 아니에요. 하지만 매일 그런 일을 해내는 남자들이 있어요. 여자도 마찬가지고요. 여자들은 나이차별만큼이나 성차별에도 맞서고 있죠. 만약 자격요건이 충분하고 진짜 노력한다면, 처음 이력서 뭉치를 보내고 3개월 안에 고용될 수도 있어요. 이례적으로 6개월이 걸리기도 해요.'"

따라서 최악의 결과는 6개월 정도 월급 없이 곤란한 상황을 겪게 될지도 모른다는 거였다. 이게 그렇게 두려워할 만한 일이었을까? 용감한 행동을 성급한 도박으로 느끼게 할 만큼 위험한 일이었을까? 그는 그렇지 않다는 결론에 이르게 됐다. 학계로의 진출은 개인적인 성장과 만족감에 큰 도움을 줄 수 있는 데 반해 그에 따른 위험부담은 아주 작은 수준이라고 결론 내린 것이다.

그렇게 그는 기회를 잡았고 이직했다. 이는 성급한 결정이 아니었다. 그는 그저 용감하게 행동했을 뿐이다.

"스스로를 운이 나쁘다고 부르는 사람들은 대체로 꽤 수동적인 사람들이에요." 수년간 운 좋은 사람들과 운이 좋지 않은 사람들 사이의 차이를 연구한 정신과 의사 와인버그 박사가 말했다. "이들은 적극적으로 기회를 이용하려 하기보다는 주어지는 대로 인생을 사는 경향이 있어요. 종종 이사람들은 변화 그 자체를 두려워하기도 해요. 어떤 위험부담도 따르지 않는 변화인데도 그렇죠. 이들은 스스로에게 이렇게 말해요. '새로운 상황을 겪는 게 두려워.' 심지어 새롭다는 사실 말고는 어떤 객관적인 위협도 없는 상황인데도 말이에요. 상황을 자세히 살펴보고 실제로 감수해야 할 위험이 무엇인지 찾아보기보다는 그저 '아니야. 이건 너무 큰 도박이야'라고 말하며 손떼려고 해요. 전혀 도박이 아닐 수도 있는데 말이죠. 익숙한 곳을 벗어나지 않으려 변명을 만들어내고 있을 뿐이에요."

두렵고 어려워 보이는 모험을 '성급함'으로 치부하며 회피하는 일은 매우 쉽고 편한 방법이다. '성급함'이란 짧은 단어는 아무것도 하지 않을 멋진 변명거리가 되어준다. 거의 난공불락의 변명이라 할 수 있다. 현명한 말처럼 들리기 때문이다. 옛 선인들의 지혜처럼 신뢰할 만한 말처럼 들린다. "위험을 무릅쓰지 않으면 다치지 않는다." 이 말대로 하면 실제로 다치지 않을 수도 있다. 하지만 동시에 개인적인 목표를 향해 성장할 기회도 잃을 수 있다.

만약 운을 끌어올리고 싶다면 성급함과 용감함의 차이를 연구해볼 필요가 있다. 이것에 대해 스스로 자문해보자. 어떤 상황이 두렵게 느껴진다면 그 상황을 정직하게 평가하려고 노력하자. 그러면 자신이 작은 모험을 피하기 위해 '성급함'이란 변명을 사용하고 있었다는 것을 발견하게 될지도 모른다.

모험을 하면 손해를 볼 수 있다. 이는 사실이다. 하지만 어떤 게임에도 참여하지 않으면 아무것도 얻어낼 수 없다는 것도 사실이다. 운이 좋은 사람들은 언제나 실패의 가능성을 염두에 둔다. 그리고 실제로 자주 실패할 수도 있다. 하지만 이들이 시도하는 모험은 작은 것이어서 실패로 입게 되는 손해도 작은 편이다. 이들은 작은 손해를 기꺼이 감수하려 함으로써 큰 이득을 얻을 수 있는 위치에 서게 된다.

성공한 투자자와 도박꾼은 이 교훈에 대해 잘 알고 있다. 카지노와 월스트리트 주변에서 종종 들을 수 있는 옛 조언에 이런 말이 있다. "식료품 살 돈으로 도박하지 말라." 쓸데가 따로 있는 돈으로, 그러니까 생계에 꼭 필요한 것을 위해 남겨 두어야 할 자금으로 투기하는 것은 두말할 것도 없이 성급한 행동이다. (또한 이 때문에 너무 긴장하여 도박할 때 분별력을 잃을 수 있다.) 하지만 여유자금으로 투기하는 것을 꼭 성급한 행동이라 볼 수는 없다. 여기서 여유자금이라 하면 잃었을 때 고통스럽기는 하겠지만 비극적인 결과로 이어지지는 않는 정도를 말한다. 이런 행동은 용기 있는 것이다. 또한 그로부터 재미도 느낄 수 있다.

도박과 투기에 끌리지 않는 사람이 있을 수도 있다. 그건 개인 선택이다. 하지만 복권을 사지도 않고, 주식시장에 용기 있게 뛰어들지도 않으면서 그로부터 돈을 버는 사람들을 질투해선 안 된다. "어떤 사람들은 운이 넘쳐나네. 나한테는 그런 일이 절대 안 일어나는데 말이야"라며 투덜거릴 자격이 없다는 것이다. 당신에게 그런 운이 오지 않는 이유는 당신이 한 번도 그들이 참여했던 게임에 도전해본 적 없기 때문이다.

행운의 여신은 소심하거나 성급한 사람을 돕지 않는다. (하지만 성급한 사람들은 자신의 돈으로 흥미진진한 경험을 많이 하게 된다.) 행운의 여신은 용감한 사람을 돕는다. 왜냐면 이들은 두 극단적인 성향 가운데 있는 단단한 토양 위에서 활동하기 때문이다. 이들은 한번 승산이 확실히 있다고 결정하면 두려워하지 않고 움직인다.

세 번째 규칙: 새로운 상황에 뛰어들려 할 때 완벽한 사전 지식을 갖추려고 고집하지 말라

1976년에 사망한 석유왕 폴 게티는 우리가 이 책에서 살펴본 규칙 세 가지 모두를 확고히 믿었던 사람이다. 그중에서도 그는 지금 소개하려 하는 마지막 규칙을 특별히 신봉했다. 최고로 운이 좋았던 이 남자의 삶을 간략히 살펴본다면 유용할 것이다. 게티는 단순히 운이 좋았던 사람이 아니다. 그는 말년까지 사교적이고 열정적이며 자신의 생각을 분명히 전달할 줄 아는 사람이었다. 게티는 자신의 놀라운 인생을 분석해보고 긴 등반을 막 시작한 젊은이들에게 들려줄 수 있는 교훈이 있는지 찾아보는 것을 좋아했다. 나는 게티와 단 한 번밖에 대화를 나눠보지 않았지만 그의 활기 넘치는 성격은 내 기억 속에 오래 남을 인상을 남겼다.

흔히 사람들은 게티가 변호사에서 석유기업가로 변모한 아버지의 재산을 물려받아 그 돈을 불린 덕에 엄청난 부를 누릴 수 있었다고 믿는다. 이는 사실이 아니다. 사실 게티의 아버지는 사망 당시 백만장자였지만, 그때 게티 자신도 이미 백만장자였다. 게티 자신의 힘으로 일군 것이었다. 그가 백만장자가 될 수 있었던 것은 부분적이나마 운을 끌어들이는 방법을 알고 있었기 때문이다.

게티는 운 좋은 사람들이 자주 그러듯 젊은 시절에 지그재그의 삶을 살았다. 대학에 다닐 땐 작가가 되고 싶어 했다. (한참 뒤에 잠깐 작가가 되기도 했는데, 그 방면에서 재능이 아예 없진 않았다.) 그 후에는 사람을 대하는 자신의 재능에 흥미를 느꼈고 미국 외교부에서 일하고 싶어 했다. 대학을 졸업하고서는 공무원 자리에 막 지원하려던 순간에 당시 아버지가 큰돈을 벌고 있었던(큰 재미까지 보고 있었던) 오클라호마 오일 붐에 관심 갖기 시작했다. 석유 사업은 게티가 가고 있던 길과는 동떨어진 분야였지만 운 좋은 부류에 속하는 게티는 기회가 스쳐갈 때 용감하게 거머쥐어야 한다는 생각이 들었다. 그래서 그는 외교 경력을 1년 정도 미루고 모험적인 채굴사업을 시도해보기로 했다.

게티는 다른 채굴사업자들의 굴착장치 근처에서 일하기도 하고 때로는 아버지에게 돈을 빌리기도 하며 돈을 모았다. 그의 아버지는 아들을 응석받이로 키우면 안 된다는 엄한 원칙을 가지고 있어서 용돈으로 조금 주는 경우 말고는 어떤 것도 그냥 주지 않았고, 빌려준 돈은 빠짐없이 기한 내에 갚으라고 요구했다. 운이 좋았던 청년 게티는 용감함과 성급함의 차이를 잘 알고 있었다. 그는 돈을 잃을 경우 심각한 결과가 초래될 만큼 큰돈이 필요한 사업에 뛰어들지 않았다. 대신 사근사근하고 영리하면서도 심리를 잘 다루는 세일즈맨으로서의 재능을 활용하여 사업에 필요한 현금 수준을 낮게 유지했다.

게티의 첫 사업 몇 개는 완전 실패였다. 그는 외교와 관련된 일을 시작해볼까 고민하기 시작했다. 하지만 1916년 초, 500달러라는 헐값에 임대 계약을 맺어 굴착하던 중, 처음으로 석유가 나오는 주요 석유정을 파게 됐다. 그리고 이 정에서 하루에 약 700배럴의 석유가 나와 게티가 젊은 나이에 큰돈을 모을 수 있게 된 토대가 되었다. (당시 그는 23살이었다.)

운이 좋았던 걸까? 물론이다. 하지만 게티는 그 운을 받을 자격이 충분히 있었다. 그는 모든 것을 제대로 해냈던 것이다.

게티가 만년에 이르렀을 때 사람들은 임대계약에 500달러를 투자할 용기를 어떻게 낼 수 있었냐고 질문했다. 그는 그곳에서 석유가 나올 거라는 걸 어떻게 알았던 걸까? 게티는 자신도 모른다고 대답했다. 그는 모을 수 있는 모든 정보를 모으고, 그 장소와 주변 지형을 연구하고, 지질학자나 다른 전문가와 대화를 나눴다. 그런 다음 마지막에 그곳이 적소라는 강한 직감을 느꼈다. 게티가 말했다. "하지만 어떤 결과가 나올지에 대해 확실히 안다는 것은 불가능해요. 만약 백 퍼센트 확실히 석유가 있는 곳을 알 수 있는 방법이 있다면 아무도 허탕 치는 일은 없을 거예요. 석유 시굴은 인생에서 겪게 되는 다른 모험들, 이를테면 결혼이나 자동차 구입과 비슷해요. 항상 운이라는 요소가 존재하고, 우리는 그 요소를 기꺼이 받아들여야 해요. 완벽한 확신만을 고집하면 절대 어떤 결정도 할 수 없을 거예요. 스스로를 마비상태로 만들 뿐이죠."

게티는 정보가 필요 없다고 생각하지 않는다. 그의 요지는 어떤 모험에서든 정보는 그만 모으고 더 나아갈지 말지를 용감하게 결정해야 할 시기가 온다는 것이었다. 충분한 정보를 모은다는 것은 거의 불가능에 가깝다. 알고 싶은 것을 전부 다 안다는 것도 거의 불가능하다. 합리적인 선에서 가능한 한 상황에 관해 정보를 모으는 것은 완벽히 타당한 일이다. 하지만 정보를 더 모으면 수익이 줄어들게 되는 지점이 항상 존재하기 마련이다. 이 지점을 지났는데도 여전히 행동은 취하지 않고 계속 '살펴보고 있는 중이야…… 확인하고 있는 중이야'라고 말하고 있다면 그건 자신의 소심한 행동에 대해 변명하고 있는 것이다. '성급함'과 비슷한 종류의 변명인 것이다. 게티의 표현대로 말하자면, 당신은 "결정하기 두려워하는 정부위원회처럼 될 거예요. 이들은 공청회를 열고, 정보를 모으고, 마음 졸이고, 안달하며, 수개월간 계속 바쁘게 활동하죠. 하지만 조금만 지나면 그게 그저 시늉일 뿐이라는 것이 드러난답니다. 행동하는 듯 보이지만 그건 그저 행동하지 않고 있는 모습을 숨기기 위한 위장이었던 거예요."

이렇게 끊임없이 안달하는 마비상태를 벗어나기 위해 하는 행동은 그게 어떤 것이든 대체로 다 도움이 된다. 이런 이유로 사소한 신비주의적 믿음('미신'이라고도 불리는 것)을 갖는 게 꼭 해가 되지도 않으며 또한 현실적인 도움이 될 가능성도 있는 것이다.

물론, 산업화된 근대국가에서라면 미신을 비웃는 게 시대 흐름에 맞는 행동이다. 모스크바에서부터 로스앤젤레스에 이르기까지 이렇게 조롱하는 행동은 존경받을 만한 지적인 태도다. 1960년대에 시작됐다고 추측되는 소위 물병자리의 시대로 인해 사람들이 신비주의적인 개념에 좀 더 관대해졌다고 주장하는 사람들이 있다. 하지만 그렇다 하더라도 지금까지 확대되어온 관대함을 보면 사회의 특정 부분에만(여러 면에서 정당한 근거를 가지고) 국한된 듯하다. 대체로 어떤 곳에서든 행운의 숫자를 믿는다거나 어깨 너머로 소금을 던진다고 인정하는 건 현명하지 못한 태도다. 그런 말을 하면서 자신이 바보라는 걸 안다는 듯이 미소라도 지어야 한다. 하지만 그런 믿음들은(크리스털, 타로카드, 신비주의처럼 확실히 극단적인 것들을 제외하고 적어도 상대적으로 더 일반적인 믿음들) 그리 어리석은 것들이 전혀 아니다. 이제 미신을 실제로 어떻게 활용하는지 살펴보도록 하자.

내가 수년 전에 운 좋은 사람들과 운이 좋지 않은 사람들을 만나며 대화를 나누기 시작했을 때, 곧 당황스러운 사실 하나를 발견하게 됐다. 예외는 있지만 운이 좋은 사람들은 미신을 믿는다는 것이었다. 게티도 마찬가지다. "네. 사소하지만 효과 좋은 미신 하나를 믿고 있죠." 내가 질문하자 게티가 대답했다. 하지만 더 자세한 얘기는 해주지 않았다. 레너드 번스타인에게는 지휘할 때면 언제나 착용하는 행운의 커프스단추가 있다. 트루먼 카포티는 재떨이에 꽁초가 세 개 이상 쌓인 것을 보고 있으면 불편해져서 재떨이 비우기에 막대한 에너지를 소모한다. 아렌느 프란시스는 관객 앞에 설 때마다 특정 펜던트를 다는데, 만약 의상과 어울리지 않으면 보지 않게 가려서 단다. 자자 가보의 경우엔 어렸을 때 받았던 반지가 있다.

유명한 별자리 신봉자들을 목록으로 만들면 꽤 큰 전화번호부 크기가 될 것이다. 그로버 클리블랜드 대통령은 정기적으로 점성가에게 자문을 받았다. J. P. 모건과 뉴욕증권거래소의 대표 중 최소 두 명(제이콥 스타우트, 시모어 크롬웰)도 마찬가지다. 코넬리어스 밴더빌트(코모도어 밴더빌트라고도 불린다)는 별자리뿐 아니라 유령에도 관심이 많았다. 그는 유령을 부르는 영매에게 자문을 구했는데, 이 영매를 통해 미래에 대한 조언을 얻었다.

성공한 사람들 중 미신을 믿는 사람이 많아 보이는 이런 현상은 최소 두 가지 경우로 해석될 수 있다.

우선, 특정 방법이 효과가 좋다는 것을 보여주는 예로 쓰일 수 있으며,

이미 그렇게 쓰여온 바 있다. "만약 J. P. 모건이 그 모든 것을 점성술 덕분에 이룰 수 있었다면, 당신은 점성술로부터 무엇을 얻을 수 있을지 한번 생각해보세요."

또 다른 해석은, 보이지 않는 힘의 작용을 당신에게 믿으라고 제안하지 않는다. 미신을 단순히 걱정스럽거나 혼란스럽거나 망설이는 순간에 도움을 줄 수 있는 훌륭한 심리적 장치라고 생각해보자. 선택을 내려야 하지만 정보가 부족하여 겁먹고 있을 때, 도움이 되는 좋은 미신 하나가 마비상태를 피할 수 있게 도와준다. 모든 사전대비가 끝났을 때, 해당 상황에 대한 중요 정보를 모두 성실히 모았을 때, 그럼에도 여전히 사용할 수 있는 정보가 충분하지 않아서 어떤 선택을 해야 할지 알 수 없을 때, 미신은 기댈 수 있는 대상이 된다. 미신은 선택을 앞둔 상황에서 우리가 의미 없는 걱정과 조급함으로부터 놓여나도록 도와준다. 우리를 용감하게 만들어준다.

이런 관점으로 보면 운이 좋은 사람들 사이에서 미신이 자주 등장하는 현상을 설명하기가 더 쉬워진다. 운이 좋은 사람들이 운이 좋은 이유는 어쩌면 다른 무엇보다도 용기와 결단력을 얻기 위해 본능적으로 미신을 자주 이용하기 때문인지도 모른다. 게티처럼 이들은 거의 모든 모험에 운의 요소가 존재한다는 것을, 종종 커다란 요인으로 작용한다는 것을 잘 안다. 운의 요소는 이성적인 비판으로 통제할 수 없다. 아무리 많은 정보를 찾아도, 아무리 많은 것을 이해해도 승률을 변화시키거나 결과에 영향을 줄 수 없다. '이 지점'에서 미신은 가치 있는 존재가 된다. 미신은 정보가 충분하지 않을 때 상대적으로 덜 괴로워하며 빠르게 선택할 수 있게 도와준다.

우리는 종종 어떤 선택을 해도 결과가 좋지 않은 상황에 직면하게 된다. 이때 마비된 듯 행동하지 않는 것은 더 나쁜 결과를 불러온다. 이를 잘 보여주는 짜증나도록 인상적인 예는 여자와 호랑이가 등장하는 프랭크 스톡턴의 악명 높은 미완성 작품에서 찾아볼 수 있다. 이 이야기의 남자 주인공은 왕의 분노를 사 어려운 선택을 내려야만 하는 벌을 받게 된다. 주인공은 두 개밖에 없는 출구가 모두 닫혀 있는 원형경기장에 갇힌다. 한쪽 문 뒤에는 여자가 있고, 다른 문 뒤에는 제때 먹이를 먹지 못한 호랑이가 있다. 주인공은 정보를 모아 합리적인 방식으로 선택을 내리려 하지만 혼란과 망설임만 더 심해질 뿐이다. 주인공의 연인인 공주가 한쪽 문을 가리키지만 그로부터 어떤 도움도 받지 못하는데, 자신의 연인이 동정심을 느껴 그러는 것인지 질투심에 눈이 멀어 그러는 것인지 알 수 없기 때문이다. 하지만 그는 선택을 내려야만 한다. 어떤 문도 열지 않고 경기장에 머물러 있으면 천천히, 하지만 확실히 굶어죽게 될 것이기 때문이다.

스톡턴은 주인공이 어떤 선택을 내렸는지 말해주지 않았다. 사람들은 주인공의 편에 서서 그가 미신을 가지고 있길 바란다. 어떤 미신이라도 믿고 있었더라면 도움이 됐을 것이다. 이 주인공은 아무리 안달해도 현명한 선택을 하는 데는 전혀 도움이 되지 않는 상황에 처해 있었다. 그런 상황에서 최선의 행동은 용감하게 결정하고 빠르게 끝내는 것이다. 어쩌면 그는 주머니에 행운의 동전을 가지고 다녔는지도 모른다. 만약 그가 그

동전을 던졌다면 곤란한 상황은 금방 끝났을 것이다.

　삶은 종종 우리에게 이 이야기처럼 닫힌 문이 등장하는 문제를 안겨준다. 따라서 만약 가벼운 미신을 믿고 있다면 그것을 '친구'처럼 대하라. 원한다면, 사람들 앞에선 그런 미신들을 비웃더라도 혼자서 소중히 여기면 된다. 어떤 문을 열지 고민할 때 그 미신이 선택에 도움을 줄 것이다.

　만약 수집한 정보를 바탕으로 봤을 때 제안 받은 일자리 두 개가 똑같이 마음에 든다면 미신이 도움이 될 수 있다. 혹은 두 사람과 사랑에 빠져 둘 모두와 결혼하고 싶을 때나 휴가를 어디로 갈지 정하지 못할 때도 마찬가지다.

　친근하게 느껴지는 미신은 정보가 부족한 상황에서만 도움이 되는 것이 아니다. 용감함을 구성하는 두 요소인 자기 확신과 자기 능력에 대한 전반적인 감정을 강화시키는 역할도 한다. 예를 들어 브리지게임을 하는 사람들 사이에서 흔히 알려진 미신 중 하나는 자리를 바꿈으로써 운을 바꿀 수 있다는 것이다. 만약 자신의 파트너와 동서 방향으로 앉아 있었다면 남북 방향으로 자리를 옮김으로써 승률을 올릴 수 있다고 생각하는 것이다. 터무니없다고 생각하는가? 글쎄, 그럴지도 모른다. 하지만 찰스 고렌은 터무니없다고 생각하지 않았다.

　몇 년 전, 《매콜즈》에 매달 칼럼을 기고하던 고렌은 기분이 좋으면 게임을 더 잘 할 수 있다는 점을 지적했다. 만약 자리를 바꿔서 기분이 좋다면, 즉 그렇게 함으로써 운이 더 좋아지고 자신감이 더 생긴다고 느낀다면, 게임 실력이 향상될 확률이 높다는 것이다. 더 용감해지고, 예리해지고,

결단력이 생기며, 매력적인 기회를 더 잘 잡을 수 있게 된다. 자리를 바꿈으로써 실제로 운을 변화시킬 수 있다.

반면에 잘 믿고 있던 미신에 대항하려 하는 것은 대체로 좋은 생각이 아니다. 1920년대에 세계적으로 유명했던 테니스 선수 헬렌 윌스는 거의 평생 오른발부터 신발을 신는 행동이 불길하다고 믿었다. 그는 종종 자신의 미신을 희화화했다. 그러던 언젠가 윌스는 자기 인생의 주인이 누구인지 보여줘야겠다는 생각을 하게 됐다. 그래서 그는 오른발부터 신발을 신고 테니스 게임에 나갔고 그 결과, 처참히 경기에 졌다.

"그냥 느낌이 좋지 않았어요." 나중에서야 윌스는 말했다. "찝찝하고 집중할 수 없었죠. 바보 같다는 거 알지만 이제 더이상 미신에 맞서려 하지 않을 거예요. 지금부터는 항상 왼발부터 신발을 신을 거고요." 왼발부터 신으면 안 될 이유가 뭐 있겠는가? 최악의 상황이라 해도 그런 행동이 무해하다는 것뿐이지 않은가. 반면에 미신을 믿어 일어날 수 있는 최상의 상황은 그로부터 윌스가 자신감을 얻고 자신의 능력을 확신하게 되는 것이다. 윌스 자신은 종종 미신을 믿는 걸 바보 같다고 생각하지만, 미신에 저항한다는 것은 더 어리석은 행동일 것이다.

이성적인 과정을 거치지 않고 미신을 믿는 게 아니라면, 미신이 해를 끼칠 공산은 적다. 문제를 해결하기 위해 최선을 다했을 때만 결정을 내리기 위한 진실을 직시하고, 직감을 이용하고, 각고의 노력을 했을 때에만 미신이 사용돼야 한다. 더이상 노력할 것이 없을 때 미신이 들어설 자리가 생기는 것이다. 예부터 내려오는 조언 한 가지는 우리에게 이렇게 말한다. "신은 스스로 돕는 자를 돕는다."

"항상 게임에서 지는 도박꾼들의 특징은 문제를 해결하기 위해 초자연적인 방법에 너무 과도하게 의지한다는 겁니다." 몽클레어주립대학교(뉴저지)의 심리학자 제이 리빙스턴 박사가 말했다. 그는 도박중독자모임에 나가는 사람들과 더불어 그들의 가족들과도 함께 2년을 지내며 왜 어떤 사람들은 항상 운이 좋지 못한지, 왜 이들은 항상 실패할 상황으로 되돌아가는지를 연구했다. "항상 지는 사람들은 대체로 자신에게 좋은 결과를 낼 능력이 없다고 느끼기에 마법 같은 신비한 힘에 의지하여 인생을 살아가려고 해요. 물론, 신비한 힘이 그들이 원하는 대로 움직여주지 않는 경우가 일반적이지만 말이죠. 항상 이기는 사람들은 이들과 많이 달라요. 미신을 믿어도 자신의 할 일을 미뤄두고 미신에 의존하진 않죠. 연속으로 안타를 치고 있는 야구선수를 예로 들어 설명해보죠. 이 선수는 양말을 갈아 신으면 불운이 올 거라 믿는 사람이에요. 그는 양말을 갈아 신지 않음으로써 좋은 기분을 유지하죠. 하지만 그러면서도 배팅 연습은 멈추지 않아요."

THE LUCK FACTOR

4장
톱니효과

톱니는 이미 얻은 이익을 보존하는 장치다. 바퀴가 앞으로 나아가게 하고 미끄러져 뒤로 돌아가지 않게 한다.

일반적으로 운이 좋은 사람들은 이와 비슷한 방식으로 삶을 구성하는 듯하다. 이들은 거의 어떤 모험이든 손해나 이득 둘 중 하나의 결과로 이어질 수 있다는 걸 잘 알고 있다. 처음부터 바퀴가 어느 방향으로 굴러갈지 알 수 있는 방법은 없다. 하지만 운이 좋은 사람들은 바퀴가 잘못된 방향으로 돌기 시작할 때를 대비해 멈출 준비가 되어 있다. 이들은 악화일로의 상황을 재빠르게 빠져나갈 능력이 있다. 나쁜 운이 더 악화되기 전에 포기하고 돌아서는 방법을 알고 있는 것이다.

이는 간단한 기술처럼 보인다. 어떤 사람은 이것이 일반적인 상식에 지

262
4부 운 조절: 운을 바꾸는 5가지 전략

나지 않는다고 생각할 수도 있다. 하지만 이는 절대 들리는 것처럼 그렇게 단순하지 않다. 많은 사람들이, 기본적으로 운이 좋지 않은 사람들이 이 기술을 제대로 사용할 줄 모르는 것 같다. 이들은 늘 스스로 나쁜 상황으로 걸어 들어가고, 많은 경우에 평생 그 상황에서 벗어나지 못한다.

톱니효과가 이해하기 쉬워 보인다면 왜 사람들은 이를 제대로 활용하지 못할까? 많은 사람들에게, 어쩌면 거의 대부분의 사람들에게는 두 가지 감정적 장해물이 존재한다는 것이 밝혀졌다.

이 장해물은 극복하기 불가능할 만큼 거대한 것이 아니다. 어떤 사람들은 매우 쉽게 이 장해물들을 극복하는 것처럼 보이는데, 이것이 우리가 이들을 운 좋은 사람들이라고 부르는 이유 중 하나다. 운이 좋은 축에 속하지 않는 우리 같은 사람들은 더 열심히 노력해야 한다. 하지만 이 장해물들의 위치와 형태를 알아내려는 행위만으로도 장해물의 영향력은 빠르게 줄어든다. 적을 잘 아는 것이 적을 이기는 첫걸음이다. 왜 행운이 자신을 비껴갔는지 그 이유를 확실히 이해할 수 있다면, 이미 당신은 "어떤 사람들은 운이 넘쳐나네!"와 같은 한탄을 하며 어리둥절해 아무것도 하지 않았던 시절보다 더 운이 좋아졌다고 할 수 있다.

이제 이 두 가지 장해물을 살펴보고, 그것들을 극복하기 위해 무엇을 해야 하는지 알아보자.

첫 번째 장해물: "내가 틀렸다"라고 말하는 것은 너무 어렵다

1975년에 사망한 제럴드 로브는 주식 투자자였다. 근래에 월스트리트에 모습을 드러낸 그 누구보다도 단연 현명하고 운이 좋은 사람이었다. 호황기였던 1950년대와 1960년대에 탁월함을 보였던 여러 사람들과는 다르게 길었던 소풍이 끝나던 1969년에 로브와 그의 재산만은 건재했다. 또한 그의 조언에 귀기울였던 사람들의 돈도 그대로 남아 있을 수 있었다. 로브는 운을 어떻게 다뤄야 하는지 잘 아는 사람이었기 때문이다. 특히 그는 톱니효과에 대해 잘 이해하고 있었다. 바퀴가 항상 옳은 방향으로만 돌지 않는다는 것을 알았고, 바퀴가 뒤로 미끄러져 구르기 시작했을 때 그에 대한 준비가 되어 있었다. 그는 운이라는 바퀴가 있던 그 자리 그대로 멈춰 서 있게 했다. 그는 자신이 번 돈을 하나도 잃지 않고 주식시장을 빠져나왔다.

로브는 똑똑하기만 했던 게 아니다. 그는 호감을 살 만큼 정직하기도 했다. 그의 조언이 담긴 가장 유명한 책은 『목숨을 걸고 투자하라The Battle for Investment Survival』이다. 언젠가 한번은 내가 그에게 왜 그런 부정적인 느낌의 제목을 지었는지 물은 적이 있다. 마치 주식 투자하려면 많은 고생과 경쟁을 겪어야 하는 것처럼 말이다. 다른 월스트리트 관련 실용서적들은 대체로 노력은 거의 하지 않고 막대한 이익과 엄청난 즐거움을 얻을 수 있다고 약속한다. 로브는 자신의 책 제목이 다소 위협적이라는 생각에 동의했다. 그는 이렇게 설명했다. "저는 사람들이 제게 찾아와 '이봐요, 로브. 당신이 쉽다고 한 일이 실제로 해보니 쉽지 않던데요'라고 말하길 원하지 않아요. 사실 대부분의 사람들에게 1달러를 버는 일은 이 지구상에서 가장 어려운 일 중 하나예요. 도랑을 파는 것이 더 쉽죠. 제 책에는 효과적인 공식들이 소개돼 있지만 그걸 활용할 용기가 있는 사람에게만 도움이 된답니다. 절제가 필요해요. 뭐랄까…… 글쎄요, 그건 누구나 갖추고 있는 그런 건 아니죠.”

그의 책에서 중요한 부분 중 하나는 톱니효과를 주식시장에 적용하는 공식이 나오는 부분이다. 이 공식을 로브가 처음 만들어낸 것은 아니다. 이미 16세기에 현명한 옛 조언자들이 암스테르담 주식시장 근처에 모인 다혈질의 젊은이들에게 이 공식에 대해 충고했었다. 로브는 이 공식을 좀 더 효과적으로 알아듣기 쉽게 표현했다. 그가 그렇게 할 수 있었던 이유는 오랜 기간 위험을 감수하며 살아오는 동안(1920년 이래) 이 공식을 계속 사용해왔으며, 이 공식에 대해 절대적인 믿음을 가지고 있었기 때문이다. 하지만 책에서도 밝혔듯이, 그는 소수의 독자들만이 공식이 제대로 작용할 만큼 충분히 용감하거나 결단력 있게 그 공식을 적용할 수 있을 거라는 것을 알고 있었다. “종이 위에 적힌 것을 보면 완벽히 논리적이라고 느끼게 되죠.” 그는 생각에 잠겨 우울하게 말했다. “사람들은 그것을 읽고 ‘야! 그래! 멋지군!’ 같은 말을 해요. 하지만 그걸 실제로 활용하기 시작하면 그 과정이 고통스럽다는 걸 알게 되죠. 자신이 어떤 사람인지 알게 된답니다.”

기본적으로 이 공식은 다음과 같이 작용한다. 당신은 사들일 주식을 하나 고른다. 가정상 그 선택은 열심히 정보를 모으고, 조언을 받고, 직감을 활용하고, 합리적인 판단이라는 여러 요소들을 모아 이를 바탕으로 내려진 것이라고 해보자. 그럼에도 이런 과정의 매우 초반에는 미래에 대해서 알 수 없다는 사실을 스스로 인정해야만 한다. 사전 대비를 잘 했다면 주가가 만족할 만큼 오를 거라고 기대해볼 합리적인 근거를 확보한 것이지만 그렇다고 확신할 수는 없다. 미리 예측할 수 없었던 상황이 발생하거나, 직감을 활용할 때 정보를 제대로 조합하지 못해서 주식을 산 바로 다음 날 가격이 떨어질 수도 있다. 아니면 가격이 잠시 올랐다가 다시 하락할 수도 있다. 혹은 운이 좋다면 오랫동안 가격이 상승하다가 떨어질 수도 있다. 이 모든 것들이 미리 예측하거나 통제할 수 없는 것이다. 다른 모든 모험들과 마찬가지로 주식 투자도 일정부분 운에 휘둘리게 되어 있다.

그러나 한 가지 분명한 것이 있다. 빠르든 늦든, 가격이 떨어질 거라는 것이다. 로브의 공식에 의하면 가격이 떨어질 때 톱니구조는 효과를 발휘한다. 주식을 보유하고 있을 때의 최고가에서 가격이 10~15퍼센트가 떨어지면, 지금 흑자를 내고 있든 손해를 보고 있든 상관없이 주식을 모두 팔아야 한다.

이 공식이 수익을 보장해주지는 않는다. 연이어 산 주식들의 가격이 모두 10퍼센트 하락하는 걸 절망스럽게 바라보며 어쩔 수 없이 다 팔아야 하는 일이 일어날 수도 있다. 이 공식을 사용하는 누구든 이익이 날 때까지 기다리는 동안 얼마간의 작은 손해를 감수할 준비가 되어 있어야 한다. 이 공식이 보장하는 것은 1929년과 1969년에 많은 투자자들이 겪었던 사례처럼 큰돈을 잃어 파산하는 일은 일어나지 않을 거라는 것이다. 톱니효과는 불운으로부터 우리를 보호해주는 역할을 한다.

이는 완전히 합리적인 공식이다. 하지만 안타깝게도 비교적 소수만이 이를 제대로 사용할 줄 안다. 로브 자신도 애석해하며 지적했듯, 이 공식은 큰 고통을 수반한다. 이 공식을 적용하자면 다른 어려움도 많지만 무엇보다도 자신과 다른 사람들의 눈을 보며 "내 생각이 틀렸어"라고 말해야 하기 때문이다.

쓰라린 일이다. 때로는 견디기 힘들 정도의 고통이 느껴지기도 한다. 일반적으로 보통의 투자자들은 그런 고통을 피하고자 하기에 계속 그저 그런 투자자로 남거나 파산한다. 이들은 값이 떨어지기 시작한 주식을 사면, 자신의 판단이 옳았다는 걸 증명해줄 일이 미래에 일어날 거라는 희망으로 그 주식을 팔지 않고 버틴다. "지금의 가격 하락은 일시적인 것일 뿐이야." 이들은 기대에 부풀어 스스로에게 말한다. "내가 이 주식을 샀던 건 옳은 일이었어. 초반에 불운을 좀 겪었다고 팔아버린다면 성급한 행동이 될 수도 있어. 팔면 후회하게 될 거야. 시간이 지나면 내 말이 맞았다는 게 밝혀질 테지."

팔면 후회하게 될 수도 있다는 것은 확실히 사실이다. <레프트 비하인드 블루스The Left-Behind Blues>는 월스트리트에서 가장 슬픈 노래 중 하나로 꼽힌다. 이 음악에는 방금 판 주식의 가격이 두 배가 됐을 때 느껴지는 암울한 우울감이 표현돼 있다. 이 우울한 경험은 누구에게나 일어날 수 있으며, 실제로 매년 수천 명의 침울한 주식거래자들에게 일어나는 일이다. 하지만 그런 일이 언제 일어날지 예견할 수 있는 방법은 절대 없다. 주가가 떨어지기 시작하면, 가격이 갑자기 다시 오르길 기도하기보다는 계속 하락세를 보일 거라고 추측하는 것이 더 현명한 태도다. 용감히 행동을 취하여 작은 손해만 보고 그 상황을 벗어나는 것이 더 안전한 방법이다.

물론 팔아버린 주식의 값이 오르면 속상할 것이다. 하지만 그 주식을 계속 가지고 있다가 파산하게 된다면 그것은 훨씬 더 통탄할 일이 될 것이다.

이게 바로 운이 좋지 못한 투자자들이 종종 하는 일이며, 이들이 운이 좋지 못한 핵심 이유이기도 하다. 이들은 감정적인 장해물 때문에 손해가 되는 주식을 팔지 못하고 붙들고 있으면서 매입했던 금액으로 가격이 회복되길 기도한다. 그런 일이 일어날 가능성도 없진 않다. 몇 달, 몇 년, 혹은 수십 년이 걸릴 수도 있다. (1969년에 돈을 잃은 사람들 중 많은 사람들이 여전히 잃은 돈을 회복하지 못했으며, 이 문제에 관해서라면 1929년에 돈을 잃은 사람들도 다를 게 없다.) 만약 10년을 기다린 후에 손해보고 있던 주식이 원래 가격으로 회복된다면, 이들은 결국 자신이 현명했음을 확신할 수 있게 될지도 모른다. 이들은 이렇게 말할 수 있을 것이다. "아하! 이제 적자에서 벗어났어!" 하지만 그의 돈은 지난 10년 동안 정체된 투자에 묶여 있었던 것이 된다. 장기예금에 넣어두었다면 그 돈을 두 배로 늘릴 수도 있었을 기간 동안 말이다. 이들의 자금이 묶여 있는 동안, 이들보다 운이 더 좋은 투자자들은 그 돈을 빼서 다른 유용한 곳에 사용했을 것이다.

물론, 운이 좋은 투자자들도 "내 생각이 틀렸어"라고 말해야 하는 불쾌한 상황을 여러 번 겪어야 했을 것이다. 이들은 자기 자신, 중개인, 가족, 어쩌면 친구에게까지 자신이 틀렸음을 인정해야 했을 거고, 분명 이들도 그런 굴욕을 받아들여야 하는 매 순간이 끔찍했을 것이다. 하지만 이들은 그런 굴욕을 겪어야만 한다고 결심했고, 실제로 그 결심을 용감하게 실천

했다.

1973년에 출간된 흥미로운 책 『정신, 성, 그리고 주식 Psyche, Sex and Stocks』을 보면 정신과 의사 스탠리 블록과 심리학자 새뮤얼 코렌티가 주식시장의 '타고난 실패자들'을 오랫동안 연구한 내용이 소개돼 있다. 두 연구자가 밝혀낸 바에 따르면 이 우울한 실패자들에게서 드러나는 가장 일반적인 특징 중 하나가 "자신의 탁월함을 증명해야 한다는 저항하기 힘든 욕구"를 느낀다는 것이다. 자신이 똑똑하다고 느끼고 싶고, 다른 사람에게도 똑똑해 보이고 싶은 욕구는 의심의 여지없이 거의 모든 사람에게 존재한다. 이 욕구는 잘만 통제되면 훌륭한 성취를 이끌어내는 동력이 되기도 한다. 하지만 자신이 틀렸다는 것을 인정하지 못할 정도로 이 욕구가 강렬해져 저항할 수 없는 정도가 된다면, 심지어 모든 사실증거들이 명백히 자신이 틀렸다는 것을 가리키고 있을 때에도 그렇다면, 그 욕구는 불행의 씨앗이 된다.

아마도 주식시장에서의 결과는 다른 어떤 곳에서의 결과보다 더 명확하고 직접적으로 관찰 가능한 것일 거다. 하지만 유심히 관찰해보면, 인생의 거의 모든 분야에서 이런 욕구로 인해 문제를 겪고 있는 불운한 사람들을 찾아볼 수 있다. 또한 그 경우 거의 대부분이 톱니효과를 재빨리, 대담하게 적용했다면 나쁜 결정을 바로잡을 수도 있었을 상황이었지만 그렇게 재빠르고 대담하게 톱니효과를 적용하는 일은 결코 일어나지 않았다는 것도 관찰을 통해 알 수 있다.

코네티컷에서 개업한 임상심리학자 로날드 레이몬드 박사가 밝혀낸 바에 따르면, 운이 좋지 않은 사람들은 의식하지 못한 사이에 잘 되지 않을 거라고 생각하는 결혼 같은 장기적 관계를 시작하는 경우가 자주 있다고 한다. 초반에 재빠르게 행동하면 결함 있는 관계가 덫으로 변하기 전에 그 관계로부터 벗어날 수 있지만, 그런 행동을 하려면 당연하게도 누군가는 "내가 잘못 생각했어"라고 말해야 한다. 두 사람 중 한 사람 혹은 두 사람 모두 결혼식을 취소해야 하는 창피와 고통을 겪어야 할 수도 있다.

"사람들은 그런 일을 피하고 싶어 해요. 그런 행동을 하면 자신이 어리석고 우스워 보인다고 생각하기 때문이에요." 레이몬드 박사가 말했다. "그래서 심각히 의문이 들기 시작해도 떠밀려가듯 결혼식까지 하게 되죠. 결혼식 날이 가까워질수록 상황은 벗어나기 더 힘들어져요. 결국 순전히 관성에 의해 별로 원하지도 않는 결혼을 하게 되는 겁니다. 그러고는 이후로 수년간 불행하게 살아야 하죠. 평생이 될 수도 있고요. 결국 이들은 저 같은 사람들을 찾아와 상담을 받아요. 출구를 찾는 거죠. 이 사람들이 해야 했던 것은 결혼식이 있기 전 당당히 나서서 '멈춰! 지금 난 잘못된 방향으로 가고 있어'라고 말하는 거였어요. 하지만 그런 얘기를 해준다 해도 소용없어요. 이 사람들도 이미 알거든요. 물론 늦어버렸죠."

운이 좋지 않은 사람들은 "이미 늦어버린" 상황에 자주 처하게 된다. 언제나 의심스러운 모험이 시작되는 초반에는 톱니효과를 꽤 쉽게 적용하여 손실 없이, 혹은 작은 손실만 입고 빠져나올 수 있는 순간이 존재한다. 하지만 그런 순간은 매우 빠르게 지나갈 수 있다. 그 순간이 지나가면 접착제 같은 상황은 순식간에 우리 발 근처에서 굳어버린다. 그렇게 갇히는 것이다. 어쩌면 평생 말이다.

"싫어하는 일에 매여 있는 사람들이 얼마나 많은지 떠올리다 보면 안타까워져요." 관리직 전문 헤드헌터 바탈리아가 말했다. "많은 경우가 인생의 초반에 변화를 꾀해볼 수도 있었던 사람들이죠. 하지만 한 직장이나 경력에 오래 머무를수록 점점 더 그로부터 벗어나기가 어려워져요."

피츠제럴드도 이와 비슷한 생각을 하며 다음과 같은 말을 했다. "미국인들의 삶에는 2막이 없다." 물론 과장 섞인 말이다. 사람들은 가끔 경력에 변화를 주기도 하고 인생 중간에 삶을 재설계하기도 한다. 하지만 이는 힘든 일이라 자주 일어나지 않는다. 확실히 미국에서(이 문제에 대해서라면 유럽도 마찬가지다) 흔히 찾아볼 수 있는 삶의 패턴은 아니다. 일반적인 패턴이라면 서른 혹은 그보다 더 어릴 때 인생의 중심기둥이 한곳에 고정되며, 그 후 작은 보수만 이뤄질 뿐이다.

만약 우리가 나중에서야 인생이라는 구조물이 과거에 꿈꿨던 거대하고 고매한 성에 훨씬 못 미친다는 것을 알게 된다면, 우리는 스스로를 다소 운 나쁜 사람이라 받아들이게 될 것이다. 중심기둥이 고정되기 전에 "내 생각이 틀렸어"라고 기꺼이 말하기만 했다면 이런 불운은 피할 수 있었을 것이다.

바탈리아는 이런 피할 수 있는 불운과 관련된 전형적인 이야기 하나를 해주었다. 한 젊은 화학자가 노스웨스트에 있는 작은 광산회사를 떠나 더 높은 보수를 주는 뉴욕의 큰 회사로 이직했다. 그의 아내는 남편이 실수하는 거라고 생각했다. 고향의 산과 송어하천을 떠나 도시생활을 하게 되면 괴로워할 거라고 확신했다. 광산회사의 대표도 그의 이직이 현명하지 못하다고 생각했다. 큰 조직 안에서의 생활에 제대로 적응하지 못할 거라고 본 것이다. "자네는 6개월도 안 지나 내 사무실에 찾아와서는 다시 일자리를 달라고 부탁하게 될 걸세." 광산회사 대표가 온화하게 말했다. "기다려줄 테니 돌아오고 싶으면 말하게나."

뉴욕으로 이사한 지 몇 달이 지나지 않아, 이 젊은 화학자는 아내와 이전 상사의 말이 옳았다는 것을 알게 됐다. 그는 대도시에서의 삶이 싫었다. 게다가 새 직장에서는 예상치 못했던 불운이 찾아왔다. 경영진에 큰 변화가 있었던 것이다. 그를 고용해주고 창창한 앞날까지 약속해줬던 상무가 갑자기 다른 곳으로 전근을 가게 되어 사실상 실권을 잃게 됐다. 진행되던 변화가 다 마무리되고 보니, 젊은 화학자의 직장 환경과 미래는 이직했을 때 합의했던 것과는 너무나도 달라져 있었다.

톱니구조를 적용해야 할 때였다. 하지만 화학자는 아내와 이전 상사에게 그들의 말이 맞았다는 말을 하고 싶지 않았다. 그래서 그는 뉴욕에 머물며 출발은 잘못됐지만 앞으로 일이 잘 풀려 행복한 결말을 맞게 되길 바랐다.

"그냥 아무것도 안 하고 기다려도 문제가 저절로 사라지는 때가 가끔 있긴 하죠." 바탈리아가 말했다. "그런 생각을 인생철학으로 삼아 살아가는 사람을 많이 알고 있어요. 그들은 이렇게 생각해요. '그냥 기다리다 보면 날 방해하는 이 사람이 언제가 내 인생에서 사라질 거야. 어쩌면 죽을 수도 있고. 이 모든 나쁜 상황이 내가 예상할 수 없는 방식으로 변하게 될 거야.' 물론, 시간이 흐르다 보면 문제가 절로 사라질 때가 가끔 있죠. 하지만 제가 보기에 그런 수동적인 기다림을 바탕으로 인생철학을 세운다는 건 확률상 불리한 게임을 고집하는 것과 같아요. 대체로 문제는 그냥 사라지지 않아요. 적어도 빨리 사라지진 않죠. 사라지지 않고 더 심각해지는 경우가 훨씬 더 많고요."

그게 바로 젊은 화학자가 겪은 일이었다. 마침내 이 문제가 금방 끝나지 않을 거라는 생각을 하게 됐을 때, 그는 이미 꼼짝 못하는 신세가 된 후였다. 이직 후 처음 몇 년간은 그래도 그 회사를 벗어나는 게 가능했을 수도 있다. 하지만 그의 방해물은 단지 그것뿐만이 아니었다. 그는 또 다른 장해물에 직면하게 됐고, 문제가 사라지길 계속 기다리면 기다릴수록 그 두 번째 장해물은 점점 더 커져만 갔다.

두 번째 장해물: 투자한 것을 포기하는 것은 너무 어렵다

투자는 어쩌면 돈, 애정, 시간, 노력, 헌신 중 일부 혹은 전부가 필요한 일일 것이다. 어떤 형태의 투자든, 사람들은 투자 대상을 소중하게 다루고 보호하려 한다. 만약 자신이 하고 있는 여러 모험적 사업 중 하나가 잘못된 방향으로 나아가고 있다면, 그 상황에서 벗어날 수 있는 유일한 방법은 그 사업에 투자했던 것들을 포기하는 것이다. 이는 자신의 생각이 틀렸음을 시인하는 것만큼 괴로운 일이며, 가끔은 그보다 더 괴롭게 느껴지기도 한다. 몇몇 사람에게는 이 일이 너무 괴로운 일이라 아예 실행하는 것이 불가능해 보이기도 한다. 그렇게 그들은 실패로 끝날 게 뻔한 사업에 완전히 묶이게 된다. 불운이 더 심각한 불운으로 변해가는 동안, 무기력하게 버둥거리는 일 말고는 할 수 있는 일이 없게 되는 것이다.

바탈리아가 해준 이야기 속 화학자는 자신이 뉴욕 일자리를 위해 이미 엄청난 투자를 해버렸다고 생각했다. 전국을 가로질러 가족과 이사하고 교외지역에 있는 집에 가구를 들이느라 초기에 현금 투자를 해야 했고, 시간 투자도 매일 점점 불어나고 있었다. 게다가 그는 이 직장에 맞는 새로운 기술을 배우기 위해 엄청난 양의 노력도 투자해야 했다. 회사가 지원하는 연구 세미나에 참석하고 야간대학에 진학해 부족한 기술교육을 보충해야 했기 때문이다. 그는 또한 여러 해가 지나감에 따라 장기근무자를 위한 회사연금과 상여제도에 투자한 금액이 많아지고 있다는 생각도 하기 시작했다.

7, 8년 후 화학자는 이 두 번째 장해물을 넘지 못하고 완전히 갇혔다는 생각을 하게 됐다. 이제 그는 한때 마음에 품었던 순수 연구직에 대한 꿈이 절대 실현되지 못할 거라는 걸 안다. 그는 회사에서 가장 정체된 부서에 붙박인 채로 주로 구매와 품질관리 일을 한다. 중년이 된 현재에도 여전히 그 일을 하고 있는 이 화학자는 은퇴를 기다리며 우울하게 시간을 때우며 지낸다. 그는 자신의 삶에 만족하지 못하고 가끔 친구들에게 다른 사람들이 누리는 행운을 자기는 얻지 못했다고 한탄한다. 이는 어느 정도 맞는 말이다. 하지만 뉴욕에서의 일이 처음 틀어지기 시작했을 때, 그는 톱니효과를 적용해 큰 손실 없이 그 상황을 벗어날 수 있었다. 충분히 빠르게 행동했더라면 그 일은 뒤로하고 더 좋은 운을 찾아 나섰을 수도 있

었다. 하지만 그는 그렇게 하지 않았다. 너무 늦어버렸다고 말하게 되는 순간이 덧없이 찾아온 것이다.

　이렇게 투자한 것을 포기하기 꺼리는 심리는 월스트리트에서도 큰 고통을 불러오는 씨앗으로 작용한다. 톱니효과 공식을 제안하는 로브는 불운이 닥쳤을 때 투자한 금액의 10퍼센트를 단호하면서도 빠르게 포기해야 한고 말한다. 그의 말대로 하면 우리는 투자금의 90퍼센트를 지킬 수 있다. 이는 위로가 될 만한 금액이지만 많은 사람들은 이를 만족할 만한 위로라고 생각하지 않는다. 코렌티 박사와 블록 박사가 이런 사람들을 지칭하던 불쾌한 표현 그대로를 사용하자면, 이 "주변머리 없는" 투자자들은 무언가 포기하는 것을 못견딘다. 이들은 한번 모험을 시작하면 실패로 끝날 게 분명해도 그 일에서 벗어나지 못한다.

　이런 심리적 장해물은 포커 같은 도박게임에서 훨씬 더 강력하게 작용할 수 있다. 인생의 여러 중요한 모험들과 마찬가지로, 포커 판이 시작되면 그 게임에 계속 참여하기 위해 추가적인 투자가 필요하다. 이런 면에서 보면 포커는 월스트리트보다 더 다루기 힘든 게임이다. 주식 매입의 경우(신용매입이 아니라면), 한 번의 투자로 모든 게 끝난다. 만약 투자한 사업이 손해를 초래하게 되었는데도 그 사업에서 철수하지 않았다면, 자신의 돈이 줄어드는 모습을 비참하게 바라보는 일 말고는 다른 일을 해야 할 필요는 없는 것이다. 누구도 추가적으로 더 투자하라고 요구하지 않는다. 하지만 포커는 다르다. 교묘하게 고통을 주는 이 게임에선 이미 투자한 돈을 지키기 위해 계속 추가적인 투자를 해야 한다. 포커 판에 오래 머물면 머무를수록 투자금을 계속 불어나고, 그럴수록 투자금을 포기하기가 더 어려워진다.

미네소타대학교 커뮤니케이션학 교수 루이스 마하이절 박사는 포커게임과 이 게임에서 늘 지거나 이기는 사람들의 특징에 대해 일가견이 있는 사람이다. 마하이절 박사는 고등학교를 중퇴하고 이후 10년을 프로 도박꾼으로 돈을 벌었다. 그의 표현을 그대로 사용하자면 "사람들을 등쳐먹는 일"이었다. 포커로 버는 수익은 꽤 괜찮았다. 마하이절 박사는 자신이 포커로 성공할 수 있었던 주 원인으로 사람에 대한 연구와 이해를 꼽았는데, 여기에서 말하는 사람에 "그 자신도 포함"된다. 결국 부정한 방식의 돈벌이에 신물이 난 그는 고등학교 졸업에 준하는 수료증을 얻어 대학에 진학한 후 박사가 됐다. 하지만 그는 포커게임과 게임에서 늘 지거나 이기는 사람들에 대해 여전히 많은 것을 기억하고 있었다.

마하이절 박사가 말했다. "실력이 좋은 프로 도박꾼들의 눈에 띄는 특징은 참여하고 있던 판을 언제 어떻게 빠져나와 손해를 줄여야 하는지 잘 안다는 거예요. 물론 이들은 모든 수학적 확률도 암기하고 있죠. 이는 게임에서 우위를 얻을 수 있는 방법이지만, 이들이 가지고 있는 결정적인 우위는 감정의 영역에서 발휘돼요. 확률상 자신이 이길 수 없다고 여겨지면, 그 사실을 부정하려 하지 않고 판돈을 포기한 후 카드를 내려놓죠. 늘 게임에서 지는 사람들은 그런 행동을 할 심리적 준비가 안 돼 있어요. 투자한 돈을 잃지 않으려는 마음이 너무 간절하다 보니 그 돈을 지키기 위해 무모한 도전을 하죠."

4부 운 조절: 운을 바꾸는 5가지 전략

크게 얻기 위해 작은 손해를 여러 번 감수하려는 태도, 바로 이것이 장기간에 걸쳐 수익을 올리는 도박꾼과 투자자들의 주요 특징이다. 예외는 없다. 또한 이는 특정 분야에서뿐 아니라 운이 좋은 사람들 전반에게서도 발견된다. 로브는 이렇게 말한 바 있다. "언제 팔아야 할지 알고 이를 제때 실행할 용기를 가지고 있는 것, 이것이 성공적인 삶을 살기 위한 필수 기술이죠. 주식시장에만 국한되는 것이 아니에요. 이 기술을 전혀 알지 못하는 것보다는 비효율적인 방식으로라도 사용해보는 것이 훨씬 이득이죠."

실제로 운이 좋은 사람들은 꼭 팔아야 할 때 그것을 팔아버리는 능력이 있다. 일반적으로 이들은 만족스럽지 않은 연인관계에 매이지 않으려고 한다. 사랑이라는 감정적 투자를 포기해야 하더라도, 그런 관계가 결혼으로 굳어지기 전에 벗어나는 것이 좋다는 것을 잘 알고 있다. 또한 이들은 불만족스러운 직장을 그만둘 때도 너무 오래 기다리지 않고 실행한다. 설령 그로 인해 자기개발을 위해 투자했던 것들을 모두 버려야 한다 해도 말이다.

나는 이전에 스위스 출신의 은행원이자 자수성가한 백만장자를 만난 적이 있다. 그는 자신의 투자철학을 다음과 같이 요약해서 말해줬다. "만약 호랑이와의 줄다리기에서 지고 있다면, 호랑이가 당신의 팔을 잡아채기 전에 그 줄을 줘버려야 합니다. 줄은 언제든 새로 살 수 있으니까요." 인생을 살다 보면 큰 손해를 피하기 위해 작은 손해를 봐야만 하는 순간이 있다. 아마도 열 살 이상의 사람을 붙잡고 물어본다면 거의 누구든 이것이 진리임을 인정할 것이다. 하지만 운이 좋은 사람들만이 그것을 철저히 행동으로 옮기는 것 같다.

이 장(혹은 이전 장)의 내용은 운 좋은 사람들이 변덕스럽다는 의미로 해석돼서는 안 된다. 숲속으로 날아간 골프공처럼 이 상황에서 저 상황으로, 이 사람에서 저 사람으로, 이 장소에서 저 장소로 아무렇게나 튕겨 다님으로써 운을 상승시킬 수 있다는 증거는 전혀 없다. 우리가 취할 수 있는 유용한 대응은 각 상황을 평가하고 원했던 결과가 나올 거라는 확신이 들면 그 상황을 고수하는 것이다. 그리고 그 상황이 불리해질 경우에만 톱니효과를 활용하면 된다.

내 연구대상이 되어준 운 좋은 사람들의 삶을 보면, 대체로 변덕스럽게 여기저기로 이동하며 살지 않았다. 이들은 변화를 위한 변화를 추구하지 않았다. 다시 말해, 만성적인 지루함이나 남의 떡이 더 커 보이는 유치한 생각 때문에 변화를 원하는 사람은 없었다. 이들은 전과 다르지 않는 수준으로 한 직업에서 비슷한 직업으로, 그리고 또 다른 직업으로 전전하지 않았다. 또한 알 수 없는 어떤 개인적 행복을 찾는 혼란스런 과정에서 우연히 헌신을 약속했다가 그 약속을 취소하는 식으로 이혼을 여러 번 하지도 않았다. 쉬지 않고 목적 없이 이동하며 다니는 것은 행운을 만날 확률을 올려주지 않으며, 몇몇 경우엔 실제로 불운을 초래하기도 한다는 것이 입증된 사례도 있다.

운에 관한 한, 변화를 꾀할 때 유용하게 쓰일 근거로 다음의 두 가지만 염두에 둔다면 충분하지 않을까 싶다. 그중 하나가 이전 장에서 이미 논의했듯 명백해 보이는 행운이 시야에 들어오면 용감하게 그 행운을 거머쥐어야 한다는 것이다. 그리고 우리는 이 장에서 나머지 한 가지 이유를 더 살펴봤는데, 바로 상황이 나쁜 쪽으로 흐르면, 즉 불운이 오면 상황이 더 악화되어 발목 잡히기 전에 톱니효과를 적용해서 빨리 빠져나오라는 것이다.

용감함과 톱니효과는 운 조절에서 쌍을 이루는 요소다. 이 두 요소를 통해 어느 정도 자신의 운을 의지대로 고르는 것이 가능하다. 행운은 거머쥐고 불운은 버리는 것이다. 이는 통에서 사과를 고르는 것과 거의 비슷하다. 운을 고르는 일이 훨씬 더 어렵다는 것만 빼고 말이다. 이는 너무 어려워서 그 방법을 알고 있는 사람은 소수뿐이다. 우리는 그들을 운 좋은 사람들이라고 부른다.

마지막으로 용감함과 톱니효과에 대해 알아둬야 할 게 하나 더 있다. 용감함과 톱니효과는 상호보완관계라는 것이다. 만약 당신이 용감한 사람이라면 필요한 순간에 빠르고 결단력 있게 톱니구조를 적용할 수 있다. 또한 당신이 톱니효과를 신뢰하며 적용할 수 있는 사람이라면, 그러니까 톱니효과로 인해 잘못된 상황에 발이 묶이는 일은 없을 거라고 믿는다면, 그 사실로 인해 당신은 더 용감해질 수 있다.

톱니효과를 제대로 적용할 수만 있다면, 이전에 두려워 시도해보지 않았을 매력적인 모험에 뛰어들 수 있다. 자신에게 이렇게 말해보자. "그래, 이 모험을 하는 동안 운이 나쁘게 흐르면 무언가를 잃을 수도 있어. 하지만 난 그 손해가 커지지 않게 막을 거야. 만약 이 직장에서 일이 잘 풀리지 않으면, 만약 이 사람과 잘 지낼 수 없게 되면, 만약 내일 주식시장이 폭락하면…… 나는 내가 틀렸다는 것을 인정하고 10퍼센트만 손해보고 포기할 거야."

이렇게 당신은 그 모험에 열중하게 된다. 용감한 태도로 말이다. 잠재적인 손해는 제한되지만 잠재적 이익에는 제한이 없다. 어느 정도 한계는 있지만 완벽히 현실적인 방식으로 운은 통제된다.

5장
비관주의의 역설

'행운'과 '낙관'이란 단어는 왠지 비슷한 부류처럼 여겨진다. 나는 수년 전 유난히 운이 좋거나 운이 나쁜 사람들과 긴 이야기를 나누기 시작했을 때, 운이 가장 좋은 사람들은 매우 낙관적일 것이라고 기대했다. 하지만 내 예상은 틀렸다.

물론 운이 좋은 사람들은 전반적으로 행복하다. 우리는 이들을 운 좋은 사람이라 부르고, 이들도 스스로를 그렇게 여긴다. 노력과 운의 작용(혹은 운명이나 신, 다른 어떤 것)에 의해 자신에게 중요한 개인적 목표를 이루었기 때문이다. 이들 대부분이 즐겁고 만족스러운 삶을 살고 있다고 말해도 틀리지 않을 것이다. 이 사람들은 자주 웃는다. 함께 어울리면 재밌는 사람들이다. 하지만 이들을 낙관적이라고 묘사한다면 잘못된 표현이 사용된 것이다. 낙관적이라는 것은 최상의 결과가 나올 거라고 예상하는 것이다. 운이 좋은 사람들은 대체로 그렇지 않다. 사실 이들 중 다수가 마음속에 비관주의의 기본 핵심을 너무나 극도로 엄하고 예민하게 키우고 있어, 이런 모습을 우연히 처음으로 보게 된 사람들은 놀랄 정도다. 맞다. 이들은 비관주의를 키워낸다. 비관주의를 애정 어린 관심으로 보살피고, 공격으로부터 보호하며, 비관주의를 날렵하고 단단한 상태로 유지하기 위해 매일 훈련한다. 때로는 의식적으로, 때로는 본능적으로 이들은 비관주의를 귀중한 것으로 여긴다. 비관주의를 잃는다는 것은 운을 잃을 수도 있다는 것이다.

처음에 나는 이 현상을 이해하기 어려웠다. 역설적으로 느껴졌기 때문이다. 운이 좋은 사람들은 낙관적이어야 하지 않을까? 나는 라스베이거스의 프로 도박꾼이 다음과 같이 말하는 것을 듣고 어리둥절했다. "질 준비가 되어 있지 않은 상태에서 승리를 생각하지 마세요." 게티도 이렇게 말한 적이 있다. "제가 사업을 시작할 때 주로 하는 생각은 상황이 안 좋게 풀릴 경우 어떻게 손실을 줄일까라는 것입니다." 막대한 성공을 거머쥔 한 여성 투자자는 이렇게 말하기도 했다. "저는 네 번의 거래 중 세 번은 돈을 잃을 거라고 예상해요. 그리고 네 번 모두 손해를 봐도 그렇게 놀라지 않죠."

노련하고 영리한 로브는 이들 중에서도 가장 놀라운 말을 했다. 그는 단호하게 말했다. "주식시장에서 낙관주의는 자살행위다."

이게 도대체 어찌된 일일까? 이제 이 부분에 대해 같이 알아보자.

4부 운 조절: 운을 바꾸는 5가지 전략

알고 보니, 운 좋은 사람들 사이에서 사용되는 비관주의는 두 가지 기본 법칙으로 정확하게 설명될 수 있었다. 이 두 법칙은 서로 맞물려 있다. 사실 이 둘은 하나의 법칙을 구성하는 두 부분이므로 한꺼번에 고려돼야 한다. 하지만 이해하기 쉽도록 두 부분을 잠시만 따로 분리하여 하나씩 살펴보도록 하자.

머피의 법칙(Murphy's Law)

적어도 내가 확인한 바에 의하면, 과거에도 지금도 '머피의 법칙'을 만들어낸 머피 교수라는 사람은 존재하지 않는다. 머피라는 특정 이름이 이 법칙과 관련 맺게 된 이유는 세월의 뒤안길에 잊혀버렸다. 하지만 머피의 법칙은 널리 알려진 법칙이며 공학자나, 경영인 등 불확실성의 세계에서 확실성을 원하는 사람들에 의해 반복적으로 거론되는 법칙이다. 이 법칙은 말한다. "무언가 잘 안 될 확률이 있다면, 그 일은 잘 안 되게 될 것이다."

이전 장에서 우리는 행운의 여신이 용감한 자를 돕는다는 것을 확인했고, 용감한 행동이 어떻게 행운을 얻을 확률을 높여주는지 그 이유 몇 가지를 살펴봤다. 하지만 그것 말고도 우리는 운이 좋은 사람들이 항상 상황이 잘못될 경우에 대비해 톱니구조를 준비한 채 모험에 뛰어든다는 것도 확인했다. 당연한 말이지만 운이 좋은 사람들은 행운의 여신이 도와주는 사람들이다. 하지만 이들이 행운의 여신의 도움을 받는 이유 중 하나는 절대로 자신의 운이 좋을 거라고 가정하지 않기 때문이다. 이들은 행운의 여신이 변덕스럽다는 것을 안다. 행운의 여신은 오늘 친절하게 대해주다가도 내일이면 발길질을 할 수도 있다.

절대, 절대 행운이 자신의 편이라고 생각하지 말라. 삶이 정점에 올라 가장 환하게 빛날 때, 난공불락의 행운이 당신을 고양시키고, 양분을 제공해주고, 보호해주는 때가 바로 불운에 가장 취약해지는 때다. 행복감이 비관주의를 무장해제시키는 시기인 것이다. 비관주의를 잃으면 우리는 위태로워진다. 방심으로 틈이 생기는 것이다. 톱니구조와 멀어지고, 듣기싫은 경고를 하려 하는 소소한 낯선 직감들을 무시한다. 그러다가 갑자기우리의 얼굴은 진흙탕에 처박히게 된다. 행운의 여신의 발이 우리의 목을짓누르게 된다.

사업하는 여성에게 친절하지 않던 세계에서 큰돈을 번 헬레나 루빈스타인은 머피의 법칙을 잘 이해하는 이례적인 사람이었다. 그는 어떤 행복감도 무력화시킬 수 없는 단단한 비관주의를 타고난 사람이었다. 그는 죽기직전 95세의 나이로 『아름다움에 바친 삶My Life for Beauty』이라는 책을 냈는데, 이 책 속에는 호주에 있는 엘리베이터도 없는 건물에서 미용실을 시작해 유명한 세계적 기업을 세운 그의 눈부신 사업 성장 스토리가 소개되어 있다. 루빈스타인은 이런 성공에 있어 운의 신비한 힘도 한 역할을 했음을 거리낌없이 인정했다. 이 책에는 "운명의 장난"이나 "행운의 천사"같은 문구가 가득하다. 하지만 안타깝게도 그는 이 모든 행운의 원인에대해선 거의 얘기하지 않았고, 책의 분위기를 가볍게 유지하려 그랬던 건지 내가 그의 핵심 특징으로 꼽는 것, 즉 돌처럼 단단한 비관주의에 대해서는 단 한마디도 하지 않았다.

비관주의라는 말이 의아한가? 이는 사실이다. 나는 언젠가 내가 맡은 잡지기사 때문에 루빈스타인과 통화한 적이 있다. 그는 내가 공중전화로 통화하고 있다는 걸 알게 되자마자 나에게 전화번호를 달라고 했다. "전화가 끊어질지도 모르니까요." 나는 그런 가능성에 대해서 생각해본 적이 없었지만, 루빈스타인은 확실히 머피의 법칙을 잘 알고 있는 사람 같았다. 만약 무언가 잘못될 가능성이 있다면 그 일은 잘못되게 돼 있다. 실제로 정말 그런 일이 일어났다. 우리가 통화하는 도중 전화가 끊겼고, 나는 주머니에 동전이 하나도 없었다.

물론 비관주의는 행운으로 가득했던 파란만장한 루빈스타인의 삶에서 훨씬 더 중요한 방식으로 제 역할을 해냈다. 루빈스타인은 자신의 식대로 머피의 법칙을 이렇게 해석했다. "만약 이 제품을 잘못된 방식으로 사용할 가능성이 있다면, 누군가는 그 방법을 찾아낼 것이다." 또한 그로부터 이런 결론을 끌어내기도 했다. "그 방법을 찾아낸 여성에게는 수다스러운 친구들이 있을 것이다." 한번은 새로운 크림이 개발 중에 있었는데, 루빈스타인은 누군가 그 크림병을 라디에이터 위에 올려두면 어떤 일이 일어나느냐고 물은 적이 있다. 실제로 확인해봤을 때 일어났던 일은 이 상품의 잠재적 재앙이었다. 그 제품은 온도가 올라가면 거품이 생기면서 역겨운 냄새가 나는 수프처럼 변했던 것이다. 결국 그 제품의 개발은 취소됐다.

루빈스타인은 런던에서 무용가 이사도라 던컨을 만났을 때 그의 모습을 감탄하며 바라봤던 적이 있다. 루빈스타인은 언제나 인테리어 장식이나 옷에 있어 그가 "세련되다"라고 부르는 것, 즉 극적이고, 색채가 풍부한 것에 끌렸다. 또한 이사도라 던컨이 자주 입었던 끝이 끌리는 긴 스카프나 숄도 좋아했다. "그런 스카프나 숄을 내가 두르면 어때 보일까 궁금했어요." 루빈스타인은 나중에 당시의 얘기를 해줬다. 하지만 머피의 법칙에 빠져 있었던 그는 결국 그 생각을 포기했다. 루빈스타인은 스카프가 닫힌 문에 끼이거나, 디너파티에 나온 수프 속에 빠지거나, 선반에 올려놓은 깨지기 쉬운 작은 조각상을 건드리는 모습을 상상했다. 스카프 문제에 있어선 루빈스타인의 비관주의가 충분히 발휘됐다고는 할 수 없는 게, 이사도라 던컨이 49세의 나이로 달리던 차에 스카프 끝이 걸려 사망하는 사건이 발생했기 때문이다.

어쩌면 이사도라 던컨은 심리학자나 가정의가 "사고경향성"이 있다고 부르는 불안한 성향의 부류에 속하는지도 모른다. 그에게 일어났던 사건들 중 대부분은 발가락을 찧거나 손가락이 베이는 등의 사소한 일들이었지만 몇몇은 심각했거나 심각해질 수도 있는 일들이었다. 이를테면 갑판에 나있는 구멍 속으로 떨어졌을 때처럼 말이다. 확실히 이런 사고들은 서투른 행동이나 무지 때문에 일어난 것이 아니었다. 적어도 무대에서만큼은 그가 보기 드문 우아함을 갖춘 여성이었기 때문이다. 어쩌면 그저 이사도라 던컨은 무언가 일이 잘못된 방향으로 진행될 가능성이 있을 때, 그냥 그렇게 되도록 놔두는 사람이었는지도 모른다. 신체적인 부상뿐 아니라 인생의 모든 영역에서 보여지는 그의 부주의함은 가끔 혀를 내두를 정도였다. 이사도라 던컨에게는 사생아가 세 명 있었다. (세 아이 모두 이사도라 던컨보다 먼저 사망했는데, 한 명은 태어난 직후에 사망했으며, 나머지 두 명은 자동차사고로 사망했다). 또한 그는 여권 등의 서류를 잃어버려 항상 다양한 정부기관과 문제를 겪었다. 파산상태에 처해 있는 경우가 많았고 성난 채권자를 피해 다니느라 많은 시간을 허비했다. 수입이 부족해서가 아니라 놀라울 정도로 돈 관리를 제대로 하지 못해서였다.

오래된 한 정신분석 이론에 따르면 이런 부류의 사람들은, 그러니까 엄청난 재능을 가지고 있음에도 항상 곤경에 처하고, 사고를 잘 당하며, 결국은 젊은 나이에 죽게 되는 사람들은 무의식적으로 자기 자신을 파괴하고 싶은 욕망을 품고 있을 수 있다고 한다. 이 이론은 여전히 디너파티 분석가들에게는 일리 있다고 받아들여지지만, 이 이론을 받아들이는 정신건강 관련 전문가들의 수는 줄어들고 있다. 캘리포니아대학교 정신과 의사이자 사고경향성 권위자로 전국에 알려진 프레더릭 맥과이어 박사는 이 이론을 신중한 태도로 바라본다. "어떤 사고의 경우엔 마조히즘이나 자살감정과 관련성을 보이긴 하는 것 같아요." 그가 말했다. "하지만 이를 사고경향성 전반을 포괄하는 설명으로 사용하는 것은 잘못된 것일 수 있어요. 가능한 설명은 많아요."

도박중독모임에 나가는 사람들 중 항상 게임에서 지는 사람들을 대상으로 연구해온 몽클레어주립대학교의 심리학자 제이 리빙스턴 박사도 맥과이어 박사와 비슷한 말을 했다. "그 오래된 심리분석 이론은 이미 구식이 됐어요. 말씀하시는 게 사고든 다른 여러 형태의 장기적인 불운에 관한 것이든 간에, 제가 알기론 이 이론은 게임에서 자주 지는 사람들 중 대다수가 혹은 심지어 많은 사람들이 지고 싶어 한다고 말하는데, 이는 실제 사실과 모순됩니다. 제 경험상 대부분의 사람들은 '이기고' 싶어 해요. 만약 그들이 게임에서 졌다면, 그건 그들이 그러고 싶어서가 아니라 다른 문제가 있기 때문이에요. 많은 경우, 낙관주의가 과도해서 생기는 문제죠."

혹은 머피의 법칙의 측면에서 말해보자면, 비관주의가 너무 부족해서 생기는 문제이기도 하다. 이것은 이사도라 던컨이 사고를 당하고, 서류를 잃어버리고, 돈 문제에 시달리며 믿기 힘든 삶을 살았던 주 요인이기도 했던 것 같다. 확실히 그는 운을 너무 많이 믿었다. "저는 신들에게 속해 있어요." 이사도라 던컨은 다소 과장되고 장황한 자서전에 이렇게 썼다. "조짐과 징후가 제 삶을 이끌어주죠……." 새로운 상황에 처할 때마다 그는 이 신들이(혹은 더 간단히 말하면 운이) 자신을 돌봐줄 거라고 기대했다. 어떤 일이 잘못될 수 있을까 곰곰이 의문을 갖거나 불행에 대비해 예방책을 세우는 경우가 거의 없었다. 충동적으로 큰 야외파티와 무용공연의 날짜를 잡았을 때, 한 친구가 우천을 대비해 실내 장소를 찾아보는 게 신중한 행동일 거라고 제안하자 그는 그 친구를 "고루하다"고 꾸짖으며 다음과 같은 극적인 말도 덧붙였다. "인생은 살라고 있는 거지 걱정하라고 있는 게 아니야!" 예상했겠지만, 파티가 열리던 날엔 비가 내렸다. 파티에 참석한 몇 안 되는 사람들 중엔 출장뷔페 직원이 있었는데, 그는 저장보관이 불가능한 어마어마한 양의 값비싼 음식 대금을 치러달라고 요구했다.

이것이 비관주의의 역설을 보여주는 사례다. 운을 가장 많이 믿는 사람들은 운이 가장 좋지 않은 사람들이다. 행운의 여신은 우리가 자신에게 너무 기대면 종종 우리로부터 몸을 빼 피한다. 운이 좋은 사람들은 비관주의를 유지함으로써 사고를 피한다. 이들은 이렇게 묻는다. "내가 침실 안쪽을 페인트칠할 때 어떤 나쁜 일이 일어날 수 있을까? 그래! 내가 문 반대쪽에 주의하라는 게시물을 붙여도 어떤 바보가 최악의 순간에 문을 열 수도 있어. 문이 열리면 얼굴을 다치게 될 거야. 혹은 팔꿈치를 다칠 수도 있고, 바닥에 브러시를 떨어뜨릴 수도 있지. 아니면 문 때문에 페인트통이 쓰러질 수도 있을 거야. 어쩌면 이 모든 게 다 일어날 수도 있어. 운이 나쁠 수도 있으니 이 모든 일이 분명히 일어날 거라는 가정하에 행동해야겠어. 페인트통은 여기가 아니라 저기에 두고, 한 발을 문에 대고 고정시킨 자세로 서 있어야지." 반면에 운이 나쁜 사람들은 어깨를 으쓱하며 이렇게 말한다. "나는 내 운을 믿어. 행운은 내 편이야. 이 일을 하는 데 10분밖에 안 걸릴 텐데 뭐. 애들도 주위에 없고 할아버지는 TV 앞에서 주무시고 계시니까." 물론 이 날은 할아버지가 잠을 이룰 수 없어 안경을 찾느라 실수로 페인트칠을 하고 있는 방의 문을 열고 들어가게 되는, 1년에 한 번 있는 그런 날이 될 수도 있다. 이는 거의 예측 가능한 일이다.

남아프리카공화국에서 수년간 버스기사들의 교통사고에 대해 철저한 연구가 진행된 적이 있는데, 그 연구에서도 비관주의의 중요성에 관해 비슷한 결과가 나타났다. "위험성 높은" 기사들, 즉 일반적인 사람들보다 더 자주 사고에 휘말리는 기사들의 두드러지는 성격적 특징이 과도한 낙관주의라는 사실이 밝혀진 것이다. 이들의 낙관주의는 세 가지 방향으로 적용됐다. 위험성 높은 버스기사들은 첫째로 자신의 운전능력을, 둘째로 다른 운전자들의 분별력과 운전능력을, 셋째로 운을 너무 많이 믿었다. 사고경향성을 보이는 운전자들 중 몇몇은 미신에 대한 믿음이 매우 강했다. 이들은 운(각자의 정의에 따라 다르게 표현될 수 있다)에 심하게 의존했으며, 자신의 운명을 스스로 통제하려 하기보다는 운이 인생의 어떤 순간들이나 위험한 교차로를 안전하게 통과하도록 도와줄 거라고 믿었다. 우리는 이전 장에서 미신이 결정을 내려야 하는 상황에서 유용하게 쓰일 수 있다는 것을 확인했다. 하지만 이는 오직 해당 문제의 해결을 위해 동원할 수 있는 모든 합리적 방법을 철저히 살펴본 후에만 해당되는 일이다.

비관주의가 부족해서 생기는 문제는 다른 분야의 사람들에게도 나타난다. 바로, 항상 경마나 도박판에서 큰돈을 잃어 몸과 마음이 지쳐 있는 사람들이다. 무의식적 자기파괴 욕구를 주장하는 정신분석 이론은 사고경향성뿐 아니라 도박중독에도 적용돼왔다. 나는 앞서 카지노나 경마장, 길에서 하는 주사위 게임에서 이 이론을 뒷받침할 사실증거를 전혀 찾지 못했다고 말한 적이 있다. 이 이론은 이례적으로 심각한 정신장애가 있는 사람들의 경우를 제외하고는 전혀 설득력이 없다. 거의 모든 도박꾼들은 행운을 원하고, 게임에서 지면 우울해한다. 이들은 게임에서 이길 때면 종종 정신을 못 차릴 정도로 과장된 기쁨에 도취되기도 한다. 바로 이런 기쁨을 얻기 위해, 즉 누군가에게는 인생의 가장 지극한 즐거움인 이런 감정적 오르가즘을 위해 도박꾼들은 변덕스런 운명의 여신에게 자꾸만 돈을 갖다 바치는 것이다.

파산하여 굶어 죽길 바라는 도박꾼은 없다. 그와 정반대다. 대체로 문제가 되는 것은 지나친 낙관이다. 리빙스턴 박사가 말했다. "도박중독자가 되어가는 과정을 살펴보면 이들이 초반에는 돈을 따던 사람들이었다는 것을 알 수 있어요. 처음 도박을 시작했을 때 운이 이들의 편이었던 거죠. 그 경험이 너무 좋았던 나머지 이들은 그런 경험을 반복적으로 경험하길 원하게 된 거예요. 물론 그런 경험을 반복적으로 경험하는 건 불가능해요. 확률의 법칙에 위배되니까요. 당신도 저도 잘 아는 사실이죠. 하지만 도박중독자들은 그와 같은 희망을 계속해서 품어요."

이는 낙관주의의 저주다. UCLA의 정신과 의사이자 위험감수 현상을 연구하는 보이드 박사도 "초심자의 행운"이 위험할 수 있다고 생각하는 사람 중 한 명이다. 그는 다음과 같이 말했다. "그게 어떤 종류이든 만약 자신 안에 도박중독자가 될 씨앗이 내재한다면 당신 인생의 최상의 시나리오는 첫 베팅 몇 번을 비참하게 지는 거예요. 만약 잠재적인 도박중독자가 우연히 초심자의 행운을 맛보게 된다면, 그 일이야말로 진짜 불운이라고 할 수 있어요. 그 사람을 파멸로 이끌 수 있는 비운이죠."

이는 인생 전반에도 적용된다. 보험업계를 이해하는 여러 방식 중 하나는 보험사들이 비관주의를 판매한다고 보는 관점이다. 사람들은 불운에 대비해 보험을 구입한다. 만약 불운을 예상하지 않는다면, 즉 하늘의 별이나 자신이 믿는 신 혹은 그밖에 다른 신비한 힘이 자신을 보호해줄 거라고 믿는다면 보험을 사지 않을 것이다. 노스웨스턴 뮤추얼의 직원 피터 페이건은 말했다. "일반적으로 제 단골 고객이 될 가능성이 가장 낮은 사람들은 초년에 행운을 누렸던 젊은이들이에요. 자신과 가족들에게 질병이나 심각한 경제적 문제 같은 나쁜 일이 한 번도 일어난 적이 없었기에 자신들이 무적이라고 생각하거든요. 이런 느낌을 모호하게 느끼는 사람도 있지만 반면 어떤 사람들은 정말 자신들이 편애를 받고 있다고 믿어요. 이들은 '난 항상 운이 좋았어'라든가 '내가 곤란한 상황에 처하면 항상 무언가가 나타나줬어'라는 말을 해요. 이런 행복한 낙관에 찬물을 끼얹는 게 늘 미안하지만, 사실 이렇게 운이 좋은 사람들이 가장 불운에 걸려들기 쉬운 사람들이에요. 보험을 구입하지도 않고 다른 예방책도 세우지 않으니까요. 스스로를 운이 좋다고 느끼기 때문에 나중에 재앙과 같은 불운을 겪는 게 되는 거예요."

스스로를 운 좋은 사람이라고 느끼게 만들었던 원인은 큰 위험을 초래하는 원인이 되기도 한다. 그러니 절대 그런 느낌이 뿌리내리지 못하게 해야 한다. 머피의 법칙을 잊으면 안 된다.

늘 게임에서 지는 도박중독자들과는 대조적으로 항상 이기는 게임을 하는 침착한 성향의 프로 도박꾼들은 머피의 법칙보다 더 멀리 나아간다. 머피의 법칙이 너무 관대한 관점을 제공한다고 생각하기 때문이다. 이들은 단순히 어떤 일이 잘못될 거라고 예상하지 않는다. 어떤 일이 최악의 상황으로 치닫게 될 거라고 생각한다. 일반적인 불운뿐 아니라 심각한 불운까지도 예상하며 대비하는 것이다.

라스베이거스에서 활동하는 한 프로 도박꾼은 다음과 같이 말했다. "게임에서 지는 사람들은 우리가 '압박'이라고 부르는 문제에 대해서 전혀 생각을 안 해요. 압박이란 계속 돈을 잃고 있을 때 도박자금에 가해지는 부담을 의미해요. 행운이 찾아오길 기다리는 동안 여러 번의 실패를 감당하려면 충분한 자본을 가지고 있어야 해요. 자본금이 많을수록 더 많은 압박을 감당할 수 있게 돼요. 게임에서 지는 사람들은 항상 이 압박을 과소평가해요. 한참 부족한 현금을 들고 게임에 참가하죠. 이들은 이렇게 생각해요. '나한테는 일반적인 연패 횟수를 견딜 만큼 충분한 자금이 있어.' 프로들은 알죠. 그런 식으로 일이 풀리지 않는다는 걸요. 일반적인 불운 그 이상을 예상해야 해요. 지독한 불운에 대비하고 있어야 하죠."

룰렛이라는 낭만적이고도 사람들을 격분하게 만드는 오래된 게임을 보면, 그의 말이 사실이라는 것이 분명하게 드러난다. 예를 들어 당신이 확률이 반반인 게임, 이를테면 빨간색과 검정색 중에 하나를 고르는 베팅을 하기로 했다고 가정해보자. 매번 룰렛을 한 번 돌릴 때마다 당신은 1달러만을 베팅하기로 했다. 평균의 법칙에 따르면, 대충 계산해봤을 때 당신은 대략 룰렛이 두 번 돌아갈 때마다 한 번 이기게 되며, 때때로 주사위가 '하우스' 넘버인 초록색에 들어가면 추가적으로 더 질 수도 있다. 당신은 스스로에게 이렇게 말할 수 있다. "마치 시계가 째깍째깍거리듯 룰렛의 색깔이 종일 검정-빨강-검정-빨강으로 나오지 않을 거라는 건 나도 알아. 한 색깔이 연속으로 나오다가 또 다른 한 색이 연속으로 나오겠지. 운이 나쁠 때를 대비해야겠어. 아마 내가 연속으로 지는 일은 많아봐야 다섯 번일 거야. 하우스 넘버가 걸려 1~2달러를 더 잃을 수도 있는 상황까지 고려하면, 7달러를 가지고 게임에 참여했을 때 자본금에 대한 압박을 견딜 수 있을 거야. 이 정도면 오늘밤 내내 게임할 수 있겠다!"

그 정도만 가지고는 10판 혹은 15판 만에 가지고 있는 돈을 다 써버릴 수 있다. 운이 더 나쁘면 더 금방 끝날 수도 있다. 이는 단순한 결과다. 당신은 최악의 운을 고려하지 않았던 것이다.

자본금에 대한 압박만 아니라면 누구나 룰렛게임을 이길 수 있는 공식이 얼마든 손쉽게 개발됐을 것이다. 룰렛게임에서 이기기 위해 매번 질 때마다 베팅금액을 늘린다고 해보자. 지난 손실을 모두 만회할 만큼의 우승상금을 타기 위해 그에 맞춰 베팅금액을 늘리는 것이다. 이는 간단한 방법처럼 보이지만 이 방법대로 하면 아주 오랫동안 연속으로 질 경우 천문학적인 액수의 자본금이 필요하다. (또한 누군가 천문학적인 액수의 자본금을 가지고 있을 경우에 대비해 모든 카지노는 베팅금액에 제한을 두어 사업장을 보호한다.) 주로 이런 이유 때문에 수세기에 걸쳐 고안된 (여전히 라스베이거스와 몬테카를로의 낙관적인 호구들 사이에서 소문처럼 떠도는) 수십 개의 룰렛 '승리공식' 중 그 어떤 것도 신뢰할 만한 효과를 내지 못하는 것이다. 만약 불운이 일반적인 수준에서 멈춘다면 이런 공식 중 몇 가지는 꽤 괜찮은 효과를 낼 수도 있다. 하지만 언젠가는 꼭 만나게 될 일반적인 수준 이상의 불운을 실제로 만난다면 그 어떤 공식도 소용이 없을 것이다.

수학을 이용해 도박을 하는 무작위 이론 주창자 마틴 가드너는 최악의 상황에 대비해야 한다는 이 원칙을 굳게 믿는다. 《사이언티픽 아메리칸》에 기고한 그의 글 중에는 빌리 리라는 이름을 가진 한 남자가 다음과 같이 한 말이 인용돼 있다. "걱정하지 마세요. 번개는 절대 같은 장소에 두 번……."

미첼의 법칙(Mitchell's Law)

마사 미첼은 알칸사스에서 평범하게 태어나 각고 끝에 모델로 성공한 후, 빠르게 성공가도를 달리고 있던 한 변호사와 결혼하여 아찔할 만큼 높은 명성과 부를 얻었으나, 닉슨 정부가 불명예스러운 말기를 보내는 동안 그의 삶은 완전히 산산조각이 났다. 나는 1975년 언젠가 편집자 두 명과 함께 뉴욕에서 마사 미첼을 만나 점심을 함께했다. 우리는 미첼이 앞으로 쓸지도 모를 자서전에 대해 묻고 싶은 게 있었다. 지난 몇 년간 신문기사를 통해 미첼을 접했던 우리는 목소리 큰 자존심 센 여자를 만나게 될 거라 예상했다. 하지만 우리가 만난 미첼은 그런 여자가 아니었다. 그는 부드러운 목소리로 이렇게 말했다. "인생은 비누처럼 놓치기가 쉬워요. 만약 자신이 인생을 잘 쥐고 있다고 생각한다면 그건 잘못 생각하고 있는 거예요."

이게 미첼의 법칙이다. 법칙에 이름이 있어야겠다 싶어 나는 미첼의 이름을 이 법칙 앞에 붙였다. (어쩌면 내가 미첼을 점점 더 좋아하게 돼서 그랬는지도 모른다.) 이 이름이 아닌 다른 이름을 붙였더라도 괜찮았을 것이다. 미첼 외의 여러 사람들이 자신만의 방식으로 이 법칙을 잘 설명해주었기 때문이다. 예를 들어 관리직 전문 헤드헌터 바탈리아는 이렇게 말했다. "사람들은 인생계획에 대해 얘기하는 것을 좋아해요. 하지만 적어도 그 계획의 절반은 운이나 운명 혹은 그밖에 개인이 나름대로 믿는 어떤 것에 의해 좌우되는 거예요. 만약 성공한 사람이 저에게 와서 자신이 계획한 대로 인생이 풀렸다고 말한다면 저는 그 사람에게 선택적 기억상실증을 앓고 있는 거라고 말해줄 거예요." 한편 더글라스는 이렇게 말했다. "우리는 자신의 인생을 통제하고 있다고 생각하고 싶어 하지만 그건 터무니없는 환상이에요. 언제나 알 수 없는 변수가 존재하죠."

그 알 수 없는 변수가 행운이다. 이 책의 서두에서 나는 운을 "우리 삶에 영향을 주지만, 우리가 통제할 수 없는 것처럼 보이는 사건들"이라고 정의한 바 있다. 만약 누군가 자신의 인생은 그런 사건들에 영향을 받지 않는다고 말한다면, 그 사람은 착각하고 있는 것이다. 이런 착각은 위험할 수 있다. "제가 세상을 쥐락펴락 하던 때가 있었죠." 미첼은 말했다. "원하는 것은 뭐든 가졌고, '통제'하고 있다는 느낌도 들었어요. 제 인생을 통제하고 있다고 생각했죠. 저는 이렇게 생각했어요. '신중하게만 행동한다면 지금 가지고 있는 것들을 하나도 잃지 않을 거야.' 뭐, 그런 느낌은 가짜였어요. 저는 모든 것을 잃었어요. 제가 그토록 자신감에 차 있거나 스스로를 강하게 생각하지 않았더라면 미리 예방책을 세워둘 수 있었을 거예요, 제가 할 수 있었지만 하지 않았던 일들이죠,"

미첼의 말은 비관주의가, 즉 자신의 사건 통제능력에 대한 비관적인 관점이 유용하게 작용했을지도 모른다는 것이었다. 1960년대에 미첼은 자신에게 일어날 일들을 예상할 수 없었다. 자신의 남편이 엄청난 정부 스캔들에 연루되고, 사회적으로나 정치적으로나 정점에 있던 부부가 함께 곤두박질치며 추락하고, 그런 혼란 속에서 남편과 갈라서고, 그 결과 아무 힘도 없이 사실상 파산상태가 되어 병든 채 홀로 남게 될 거라고 말이다. 누구도 그런 믿기 힘든 사건의 연속을 예측할 수는 없었을 것이다. 하지만 불운이 찾아올 가능성은 고려할 수 있었고 실제로 그렇게 했어야 했다. 미첼은 예방책을 마련할 수 있었다. 적어도 돈에 있어서는 말이다. 또한 감정적으로도 대비할 수 있었다. 그렇게 함으로써 불운이 갑자기 찾아왔을 때 심하게 놀라거나 큰 타격을 받지 않을 수도 있었다. 그는 인생의 정점에 서 있을 때 "인생은 비누처럼 놓치기가 쉬워요"라고 말할 수도 있었다. 하지만 미첼이 안타까워하며 인정했듯, 그런 깨달음은 너무 늦게 찾아왔다. 운이 좋은 사람들은 예측하거나 통제하기 어려운 사건이 언제라도 우연히 찾아올 수 있다는 것을 운이 나쁜 사람들보다 훨씬 더 잘 인지하고 있다. 어떤 사람도 자신의 인생을 완전히 통제할 수 없다. 운이 좋은 사람들은 이런 불확실한 환경에 적응한 사람들이다. 이들은 불확실한 세상이 던져주는 기회를 잡을 준비가 되어 있고, 불확실한 세상의 위험으로부터 자신을 보호한다. 만약 작은 행운이 곁을 스쳐지나면 (앞에서 함께 살펴봤듯) 이들은 그것을 무시하고 계획한 목표를 향해 한길만 걷는 대신 그 행운을 거머쥘 것이다. 불운이 찾아오면 이들은 불운에 잡아먹히기 전에 재빠르게 옆으로 뛰어 비킬 준비가 되어 있을 것이다. 운이 좋은 사람들은 인생이 고분고분하다거나, 정확히 계획될 수 있다거나, 원하는 대로 풀릴 거라는 망상을 품지 않는다. 어떤 사람들은 인생이 그렇게 제멋대로인 점을 재밌어하고 흥미로워하지만 또 다른 어떤 사람들은 그럼 점을 싫어한다. 운이 나쁜 사람들도 마찬가지다. 운이 좋은 사람과 나쁜 사람 사이의 차이점은 운이 좋은 사람들은 그런 무질서가 좋든 싫든 간에 자신이 해결해야 할 하나의 사실로 받아들인다는 것이다.

운이 나쁜 사람들은 무질서를 받아들이기보다는 그것에 저항하려는 경향이 있다. 이는 미시간주립대학교 행정학 교수인 유진 에머슨 제닝스의 연구에서 분명하게 드러난다. 제닝스 박사는 성공과 실패에 도움이 되는 특징이 무엇인지 알아보기 위해 관리자들의 삶을 면밀히 관찰했다. 이 오랜 연구로부터 나온 뛰어난 책『성공적인 경영Executive Success』을 통해 제닝스 박사는 "실패를 자주하는" 관리자들에게 뚜렷이 나타나는 두 가지 특징이 불운에 "영향 받지 않는다는 환상"과 삶의 모든 사건들을 "장악하고 있다는 환상"이라고 말한다.

"관리자의 일은 계획을 가지고 어떤 일들이 일어나게 하는 것이다." 제닝스 박사는 이렇게 말한다. "(하지만) 때때로 어떤 일들은 실수와 우연으로 일어나기도 한다." 항상 성공적인 결과를 내는 관리자는 그런 불운에 감정적으로 준비가 되어 있으며, 불운이 닥쳤을 때 의기소침해지지 않는다. 반면 실패를 자주 하는 관리자는 영향을 받지 않는다는 환상과 장악하고 있다는 환상을 가지고 있어 휘청거리며 균형을 잃을 가능성이 높다.

"관리자들은 저마다 운을 대하는 방식이 있어요." 제닝스 박사는 말했다. 성공하는 사람들은 아무리 신중하게 계획을 세워도 운에 의해 형편없는 결과가 나올 수도 있음을 잘 안다. 그런 일이 일어나면 성공하는 관리자들은 당연히 불만을 갖게 되지만 "뭐, 내가 잘못 관리한 탓도 있고 운이 나쁘기도 했어"라고 말하며 불운을 넘어선다. 반면 자주 실패하는 관리자들은 무작위로 일어나는 불행을 그렇게 침착한 방식으로 처리하기엔 감정적 준비가 되어 있지 않다. 이들은 사건들을 완전히 통제하고 있다는 환상이나 통제해야만 했다는 환상에 매달리기 때문에 불운이 찾아와 이들의 통제력을 무력화시키면 스스로를 비난하는 경향이 있다. 이들은 "난 실패했어"라는 반응을 보인다.

수학자 호러스 레빈슨은 이런 반응이 사업에서 많은 문제를 초래한다고 생각한다. 그런 반응의 영향으로 불운이 더 심각한 수준으로 변하기 때문이다. 레빈슨 박사는 자신의 책 『우연과 운 그리고 통계학Chance, Luck and Statistics 』에서 한 가지 상황을 가정하며 소개했다. 경쟁사로부터 시장점유율을 뺏어오기 위해 한 영업부장이 매우 영리한 계획을 만들었는데, 그 계획을 처음으로 시험하고 있을 때 불운이 끼어들어 모든 일이 일그러진 상황이었다. 계획을 제안한 영업부장은 다시 한 번 시험해보길 원하여 이렇게 말했다. "우연한 사건 때문에 계획이 망가진 겁니다. 이런 사건이 똑같은 방식으로 다시 일어날 일은 없을 거예요." 그런 일은 또 일어날 수 있으며 제대로 된 비관주의자라면 그런 일을 예방할 준비를 해둘 것이다. 하지만 회사의 다른 직원들은 그 계획을 다시 시험하고 싶어 하지 않았다. 그들은 말했다. "사실을 직시하세요. 그 계획은 실패였어요." 그렇게 해서 좋은 아이디어일 수도 있던 계획이 폐기됐고 능력 좋은 관리직 직원도 타격을 받게 됐다. 레빈슨 박사는 이 이야기에 대해 다음과 같이 말했다. "사업장에서 매우, 너무 일반적으로 받아들여지는 사고방식을 보여주는 이야기예요. 이런 사고방식의 특징은 사업과 관련된 업무에서 운의 요소를 완전히 고려하지 않거나 부분적으로만 고려한다는 겁니다."

혹은 인간사 전반에 그런 사고방식이 적용되고 있는지도 모른다. 통제하고 있다는 환상을 고집하는 사람들은 두 가지 위험에 노출될 수 있다. 첫 번째 위험은 알 수 없는 불운이 언제고 나타나 통제력을 빼앗아갈 수 있는데 그런 상황을 막을 예방책을 만들어둘 수 없다는 것이다. 두 번째 위험은 불운이 닥쳤을 때 사기가 심하게 꺾인다는 것이다. 도움이 되지 않는 방식으로 반응하게 된다.

이런 관점에서 보면 프로 도박꾼들이 상당수의 경영인들보다 더 똑똑하다. 도박꾼이었다가 대학교수가 된 마하이절 박사의 말을 빌리자면 "프로 도박꾼들은 특정 카드게임의 결과가 운과 능력이라는 두 가지 요소에 의해 좌우된다는 것을 알아요. 이들은 두 가지 요소들을 분리해서 생각하기 위해 매우, 매우 조심하죠. 프로들이 노리는 호구는, 다른 문제도 있지만 무엇보다도 이 두 가지 요소를 구분하지 못하는 사람들이에요. 일반적으로 이런 호구들은 자신이 실제보다 더 잘 통제하고 있다고 믿죠."

예를 들어 프로의 먹이가 되는 사람들은 여러 번 좋을 패를 받고 팔꿈치 옆에 칩 무더기를 가지런히 쌓아놓게 되면, 일반적으로 두 가지 반응을 보인다. 이들은 "와, 난 정말 똑똑해!"라고 생각하거나 "오늘 밤 행운의 여신은 나의 편이야! 질 수가 없는 운이지!"라고 생각한다. 둘 중 어떤 경우든 이들은 장악하고 있다는 환상, 그러니까 사건들을 통제하고 있다는 느낌을 키우게 된다.

호구들을 등쳐먹는 사람들은 건너편 테이블에 앉아 그 모습을 보며 만족해한다. 이들은 호구가 5센트의 가치도 없는 패에 엄청난 돈을 걸도록 유인하면 이들이 걸려들 거라는 걸 안다. 이 호구는 운의 흐름이 변화할 때를 대비해 준비해둔 게 없다. 그는 자신의 능력이, 혹은 운이, 혹은 둘 모두가 천하무적이라고 생각한다. 호구를 노리는 사람은 이런 환상을 강화하기 위해 신중하게 계획한 멘트를 던진다. "영리한 베팅이었어요! 이봐요. 당신 오늘 운이 정말 좋네요!" 이 사람은 압박을 충분히 견딜 만큼의 자본을 가지고 있어서 행운이 자신에게 다가올 때까지 인내심 있게 기다릴 것이고, 때가 되면 먹잇감을 향해 달려들 것이다.

그렇게 호구는 자신이 딴 돈 전부뿐 아니라 자본금까지 잃게 된다. 만약 그 돈을 딴 사람이 호구를 잘 부릴 줄만 안다면 호구가 빌릴 수 있는 돈까지 가져갈 것이다.

자신이 사건을 통제할 수 있다고 확신하는 것은 예외 없이 항상 실수다. 윌리엄 호프만 주니어가 몇 년 전에 펴낸 『실패자^{The Loser}』는 잘 알려지진 않았지만 흥미로운 책으로, 이 교훈을 가장 명확하게 설명해주는 책 중 하나다. 호프만은 도박중독자였는데(특히 경마를 좋아했다), 이 책에는 그런 그가 빈곤과 빚, 타락을 향해 오랫동안 천천히 추락하는 이야기가 담겨 있다. 호프만은 비관주의를 갖춰야 한다는 마지막 원칙을 포함하여 운 조절의 거의 모든 원칙을 위반했다. 특히 그는 오래된 직업윤리 가르침을 마음에 간직하고 있었는데, 유명한 운동코치였던 아버지로부터 배운 것이었다. 그가 들었던 설교는 이런 것이었다. "네 실력이 좋다면 운 같은 건 필요가 없단다."

우리는 이 책의 앞부분에서 직업윤리의 몇몇 교훈이 불운을 키운다는 것을 확인한 바 있다. 아마 그중에서도 이번 것이 최악일 것이다. 이 교훈의 오류가 너무나도 자명하여 그토록 오랫동안 전해져 내려온 이유가 궁금해질 정도다. 그러나 호프만은 운이 나쁜 다른 사람들과 마찬가지로 이 가르침을 삶 전반을 아우르는 철학으로 삼았다. 그는 자신이 경마를 잘한다고 믿었다. 어쩌면 진짜 실력이 좋았는지도 모른다. 확실히 호프만은 훈련을 많이 했다. 하지만 자신의 실력을 너무 많이 신뢰하는 바람에 운이라는 요소를 무시했다. 운은 그가 기꺼이 인정하는 수준보다 훨씬 더 중요한 요소였다. 운은 호프만이 실패하게 된 원인이었다.

불운이 찾아올 가능성을 절대 무시하면 안 된다. 그럴 가능성은 언제나 존재한다. 사건들을 통제할 수 있다는 생각에 의문을 제기하자. 통제하고 있던 것들이 언제든, 어느 방향으로든 손아귀에서 빠져나가 어떤 결과든 초래할 수 있으니 그에 대비해야 한다.

미첼의 말은 확실히 옳았다. 인생은 비누처럼 놓치기 쉽다.

∽

우리는 머피의 법칙과 미첼의 법칙을 각각 살펴봤다. 이제 이 두 법칙을 하나로 모아 어떤 의미가 만들어지는지 확인해보자. 머피의 법칙은 운에 너무 의지하지 말라고 충고한다. 상황이 잘될 수 있는 가능성과 잘되지 못할 가능성은 동일하기 때문이다. 미첼의 법칙은 사건들을 너무 통제하려고 하지 말라고 말한다. 우리의 통제력은 우리가 생각하는 것만큼 그렇게 대단하지 않기 때문이다.

이 두 가지 법칙이 말하고자 하는 것은 이것이다.

"상황이 나빠졌을 때 무엇을 할지 미리 생각하지 않은 채로 새로운 상황에 뛰어들지 말라."

이것이 운 좋은 사람들의 비관주의다. 비관주의의 중심에는 특별하지만 소박한 낙관주의가 숨겨져 있다. 불운이 우리의 손아귀에서 통제력을 빼앗아갈 수 있다면 행운도 마찬가지이기 때문이다. 우리는 이 기분 좋은 가능성을 "행운의 여신은 용감한 자를 돕는다" 현상을 관찰하며 살펴본 바 있다. 용감한 사람들은 행운이 곁을 지나갈 때 그것을 거머쥘 준비가 되어 있다. 그것이 계획에 없던 새로운 방향으로의 탈선을 의미한다 해도 말이다. 이들은 삶을 빈틈없이 통제하려 하지 않는다. 그렇기에 현재 걸어가고 있는 길에서 멀리 떨어진 행운이라도 무시하며 지나치지 않는다.

따라서 머피의 법칙과 미첼의 법칙으로 구성된 비관주의 법칙에서는 다음과 같은 낙관적 결론이 도출될 수 있다.

"만약 무언가 잘돼가고 있다면, 그것에 반박하려 하지 말라."

혹은 이를 다른 방식으로 표현하자면 다음과 같다.

"행운이 당신을 다른 방향으로 이끈다면 그 행운이 이끄는 대로 가라."

이 조언을 따른다면 좋은 결과가 있을 것이다. 아무리 잘 쥐고 있으려해도 삶은 놓치기 쉽다. 완벽한 통제라는 것은 환상이다. 부디 행운이 당신과 함께하길.

운의 원리

1판 1쇄 찍음   2021년 9월 1일
1판 1쇄 펴냄   2021년 9월 8일

지은이   막스 귄터
옮긴이   홍보람
펴낸이   조윤규
편집   민기범
디자인   홍민지

펴낸곳   (주)프롬북스
등록   제313-2007-000021호
주소   (07788) 서울특별시 강서구 마곡중앙로 161-17 보타닉파크타워1 612호
전화   영업부 02-3661-7283 / 기획편집부 02-3661-7284 | 팩스 02-3661-7285
이메일   frombooks7@naver.com

ISBN   979-11-88167-51-7 (03180)